数据分析与Stata软件应用

微课版

宋志刚 ◎ 主编　谢蕾蕾 ◎ 编著

人民邮电出版社
北京

图书在版编目（CIP）数据

数据分析与Stata软件应用 : 微课版 / 宋志刚主编 ; 谢蕾蕾编著. -- 北京 : 人民邮电出版社, 2023.3
数据科学与统计系列新形态教材
ISBN 978-7-115-60293-0

Ⅰ. ①数… Ⅱ. ①宋… ②谢… Ⅲ. ①统计分析－应用软件－高等学校－教材 Ⅳ. ①C819

中国版本图书馆CIP数据核字(2022)第201422号

内 容 提 要

Stata是目前应用最为广泛的数据分析软件之一，深受各行业用户的青睐。本书基于Stata 16.0，以数据分析理论为主线，按照数据分析过程编写。全书讲解由浅入深，共8章，涵盖数据分析的3个阶段，包括数据分析方法的基本概念和分析流程、Stata软件在数据获取与整理上的功能、数据特征描述、数据的统计推断、内部关联结构分析、相关关系分析和回归关系分析等。本书每章均提供知识框架，并配合丰富的案例分析，以加深读者对所学内容的理解。

本书配有PPT课件、教学大纲、电子教案、源代码、案例数据集、习题答案、上机实训参考答案等教学资源，使用本书的教师可在人邮教育社区免费下载使用。

本书适用于具有一定数据分析基础知识，且对应用数据分析软件进行实例分析和实现有需求的读者。本书可供高等院校经济学、统计学、管理学的学生使用，并可作为通信、金融、制造、教育科研、商业咨询、市场调查、商业统计分析等行业分析人员的实际应用工具手册。

◆ 主　　编　宋志刚
　编　　著　谢蕾蕾
　责任编辑　王　迎
　责任印制　李　东　胡　南

◆ 人民邮电出版社出版发行　　北京市丰台区成寿寺路11号
　邮编　100164　　电子邮件　315@ptpress.com.cn
　网址　https://www.ptpress.com.cn
　北京市艺辉印刷有限公司印刷

◆ 开本：787×1092　1/16
　印张：11.75　　　2023年3月第1版
　字数：284千字　　2023年3月北京第1次印刷

定价：49.80元

读者服务热线：(010)81055256　印装质量热线：(010)81055316
反盗版热线：(010)81055315
广告经营许可证：京东市监广登字20170147号

前言

作为统计处理和数据分析的软件，Stata 已经在社会科学、医学以及一些数理学科领域得到了广泛应用。与其他数据分析软件相比，Stata 具有功能强大、语法简单、较易掌握、运算速度快、结果简单易读等特点。随着大数据时代的发展，不仅是高等院校的学生，各行各业对数据分析理论和实际操作的需求都呈现爆炸式增长，同时众多的数据分析人员和爱好者也迫切需要结合大量实际案例进行程序语言分析。因此，市场亟须以基本数据分析程序命令语言介绍为目的、结合实际案例分析的参考书。

另外，并非所有的读者都有较为扎实的数据分析理论基础，但他们同样具有数据分析的需求。这一部分读者迫切需要包含与软件操作相结合的数据分析基础知识介绍，但难度和深度又不会太大的数据分析软件参考书，通过学习能够充分理解数据分析方法使用的基本原理，并能根据软件输出结果做出科学合理的判断。

本书内容

本书是全面介绍 Stata 软件，以及如何使用该软件解决实际问题的专业图书。本书以 Stata 16.0 为基础，以数据分析基本流程为依据，依照数据分析的 3 个阶段进行讲解。

第 1 阶段：Stata 软件的操作入门与数据管理。主要包括数据分析的基本概念和分析流程，以及 Stata 软件在数据获取与整理上的功能，具体内容为第 1 章～第 2 章。

第 2 阶段：数据预分析。主要包括数据的描述统计和统计推断，以及数据内部关联结构的分析，具体内容为第 3 章～第 5 章。

第 3 阶段：统计模型精准分析。主要介绍相关关系分析和回归关系分析等常用的基本统计分析方法的操作和应用，具体内容为第 6 章～第 7 章。

第 8 章引入 3 个综合案例，介绍完整的数据分析过程，以及数据分析过程中遇到问题的解决方法和路径。

本书特色

为了使读者更好地学习 Stata 软件的操作与应用，本书将数据分析方法原理与软件操作有机结合，以案例分析的形式由浅入深地讲解各种数据分析方法的软件操作和结果解读。本书的特色如下。

1．内容全面。编者按照数据分析项目的完整流程安排章节内容，系统介绍每一环节可能用到的数据分析方法原理和软件相关操作。

2．简单易学。简化数据分析方法原理的推导过程，注重方法的实用性。详细介绍软件操作流程，对读者可能遇到的问题及解决方法进行充分介绍，便于各类读者学习。

3．案例分析详细。提供医疗、经济、管理等行业的真实案例，对案例数据类型的选择及适用方法的综合运用给出了详细讲解，使本书具有较高的实践价值。

在本书的编写过程中，编者郑州航空工业管理学院的宋志刚和华北水利水电大学的谢蕾蕾得到了学校领导和同事的鼓励、帮助和支持，这里一并表示由衷的感谢。

由于编者水平有限，书中难免存在表达欠妥之处。编者由衷希望本书能够帮助读者更加深入地了解数据分析方法，进一步促进数据分析在各行各业的应用，也希望广大读者和专家学者能够拨冗提出宝贵的修改建议，修改建议可直接反馈至编者的电子邮箱：xieleilei@ncwu.edu.cn。

编者

目录

第1章 数据分析与Stata软件概述

数据分析是以数据资料为依据，根据不同的数据类型，以合理的数据分析方法为手段，将定量分析和定性分析相结合去认识事物的一种研究活动。完整的数据分析流程包括项目计划、数据获取与准备、变量数据特征探讨、模型精准分析和结果报告这5个阶段。目前有多种数据分析软件可进行数据分析，其中Stata软件以其突出的优势，成为使用最为广泛的数据分析软件之一。

1-1　数据分析与Stata软件概述

学习目标

（1）了解数据分析基本概念、基本流程和常用软件。

（2）熟悉数据分析基本方法。

（3）熟悉Stata软件的界面、命令输入形式和文件类型。

知识框架

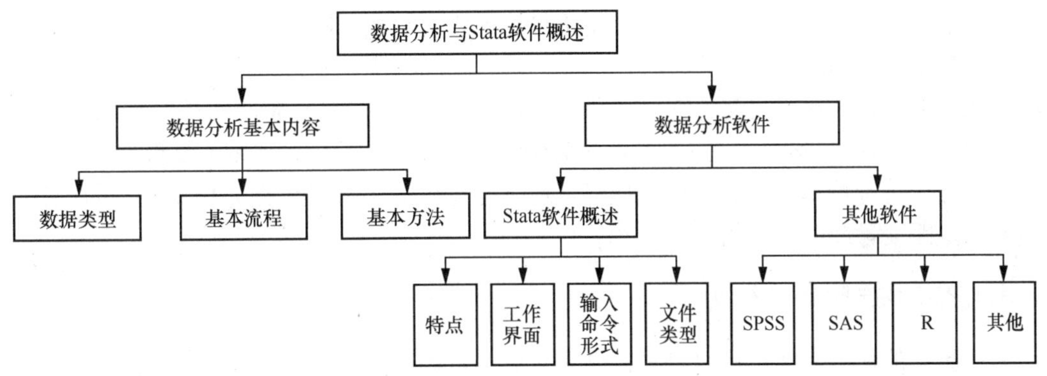

1.1　数据分析的数据类型

数据分析的基础是数据，数据类型是数据分析的核心概念，也是选择数据分析方法的依据。在进行数据分析之前，首先要判断数据类型，以便采用适合的数据分析方法。

1.1.1　根据测量精度分类

按照测量精度，数据分为4种类型：定性变量数据、定序变量数据、定距变量数据和定比变量数据。

1. 定性变量数据

定性变量又称为名义变量。这是一种测量精度最低、最粗略的基于“质”因素的变量，它的取值只代表观测对象的不同类别，如“姓名”变量、“性别”变量等都是定性变量。定性变量的取值称为定性变量数据或名义变量数据，这种数据是枚举型的，即由计数而得。唯一适合于定性变量数据的数学关系是等价关系。最常用于综合定性变量数据取值的统计量是频数、比率、百分比等。

2. 定序变量数据

定序变量又称为有序变量、顺序变量，它取值的大小能够表示观测对象的某种顺序关系（等级、方位或大小等），也是基于“质”因素的变量。例如，“最高学历”变量的取值是：1—小学及以下；2—初中；3—高中；4—大学专科；5—大学本科；6—研究生及以上。由小到大的取值代表学历由低到高。定序变量的取值称为定序变量数据或有序变量数据。适合于定序变量数据的数学关系是大于（>）和小于（<）关系。在定序变量数据中，同一组内的各单位是等价的；相邻组之间的单位是不等价的，它们存在大于或小于的关系。最适合用于综合定序变量数据取值的统计量是中位数。

3. 定距变量数据

定距变量又称为间隔变量，它的取值之间可以比较大小，可以计算出差值的大小。定距变量的取值称为定距变量数据或间隔变量数据。定距变量数据是一些真实的数值，具有公共的、不变的测定单位，可以进行加、减、乘、除运算。定距变量数据的基本特点是两个相同间隔的数值的差值相等。定距变量数据不仅可以规定等价关系、大于关系和小于关系，还可以规定任意两个相同间隔数值的比值或差值。将每个数值分别乘一个正的常数再加上一个常数，即进行正线性变换，并不影响定距变量数据原有的基本信息。因此，常用的统计量（如均值、标准差、相关系数等）都可直接用于描述定距变量数据特征。

4. 定比变量数据

定比变量又称为比率变量，它与定距变量意义相近，差别在于定距变量中的“0”值只表示某一取值，不表示“没有”。定比变量的取值称为定比变量数据或比率变量数据。定比变量数据也同样可进行算术运算和线性变换等。通常对定距变量和定比变量不需再加以区分，两者统称为定距变量或间隔变量。

1.1.2 根据使用途径分类

根据数据的使用途径，可以将数据分为数值变量数据和分类变量数据。

1. 数值变量数据

根据数值变量数据的连续性特征，可将数据分为连续变量数据和离散变量数据。

连续变量数据是指在一定区间内可以任意取值的变量数据，其数值是连续不断的，相邻两个数值之间可以无限分割，即可以取无限个数值。比如身高、国内生产总值等。

离散变量数据是指变量取值可以按一定顺序一一列举，通常是以整数位取值的变量数据。离散变量数据通常通过计数获得，比如一个地区的常住人口、文章中错字的个数等。

总体而言，连续变量数据和离散变量数据与按测量精度分类的 4 种数据类型并非一一对应关系。离散变量数据和连续变量数据都可以是定性、定序、定距和定比类型的数据。

2. 分类变量数据

在数据分析过程中，经常会用到分类变量，分类变量数据是可以描述数据差别、等级或顺序的变量数据，其变量数据取值可以是定性、定序、定比和定距类型的，具体可以分为有序分类变量和无序分类变量两种类型。一般而言，指定为分类变量的数据将不再参与数学运算，而只能用于类别划分。

1.2 数据分析基本流程

任何数据分析流程都要经过项目计划、数据获取与准备、变量数据特征探讨、模型精准分析和结果报告5个阶段。

1. 项目计划

在数据分析项目的初始阶段，首先要制订详细的项目计划，以免浪费资源。项目计划的内容包括确定研究问题和研究对象、样本抽取方法、样本量、数据搜集方式、数据分析方法和分析工具、项目预算等。

2. 数据获取与准备

该阶段按照项目计划搜集和准备数据。项目所需数据分为“一手”数据和“二手”数据，项目所需数据中有些可以直接获取，有些则需要自行调查或访问获取。不论是通过哪种形式获得的数据，都需要将其读入分析软件，从而进行下一步的数据分析。

搜集来的数据并不能直接用于数据分析，还需经历数据准备阶段。该阶段的主要任务包括数据排序、数据选择、新变量生成、变量转换等工作。

3. 变量数据特征探讨

该阶段针对变量数据的特征进行探讨，按照探讨内容的深度和方法的复杂程度，变量数据特征探讨分为3种形式。

（1）变量数据特征初级探讨

变量数据特征初级探讨主要是数据描述分析，是指通过参数估计输出相关统计量，并辅以统计表或统计图，从而对数据的集中趋势、离散趋势、分布特征等信息进行详细了解。

（2）探索性数据推断

探索性数据推断主要进行分类数据的均值比较分析，包括两样本的均值比较、多样本的均值比较等，可以采用参数分析方法，如t检验、方差分析等，也可采用非参数分析方法。

（3）数据内部关联结构分析

数据内部关联结构分析包括两个维度，一是样本间关联结构分析，主要方法包括聚类分析等；二是变量间关联结构分析，主要方法包括主成分分析、因子分析等。

通过对变量数据特征不同层次的探讨，可对变量数据的分布、差异和内在关联特征有基本的了解，并为后续的模型精准分析奠定基础。

4. 模型精准分析

该阶段在上述变量数据特征探讨的基础上选择最优的数据分析模型，寻求变量间数据信息的完美呈现和解释。该阶段的分析工作需要较为扎实的数据分析专业知识，可利用多变量分析模型、时间序列分析模型、空间数据分析模型等多种方法展开研究。

5．结果报告

该阶段将整个数据分析项目的结果以合适的方式表达出来，从而使得决策者或者读者快速理解和掌握核心内容，并能据此做出科学决策。数据分析结果报告可采用文本、表格、图形或者网页等多种形式呈现。

1.3 数据分析基本方法

按照数据分析的目的和实现途径，常用的数据分析方法可以概括为4类。

1．描述统计分析方法

描述统计分析是对数据指标的初步认识。根据数据指标的特征，描述统计分析分为集中趋势的描述指标分析、离散趋势的描述指标分析、分布状态的描述指标分析、其他趋势的描述指标分析。数据类型不同，描述统计分析方法的应用有所区别。对于连续变量数据，主要进行参数的点估计和区间估计；对于离散变量数据，除集中、离散、分布状态的描述指标分析外，还可应用频数分析、多变量的交叉列联表分析、多选题的描述统计分析等。

2．统计推断方法

统计推断是指应用统计假设检验的方法对事件发生概率进行计算。根据变量组合的不同，统计推断分为单变量的统计推断方法和双变量的统计推断方法。

单变量的统计推断方法可以分为3种情况：针对数据独立性或随机性的检验、针对分布类型的检验、在假定分布类型后对某个分布参数的检验。双变量的统计推断可根据变量的主次关系分为自变量的统计推断和因变量的统计推断，因此双变量的统计推断方法分为4种情况：无序分类因变量的统计推断、有序分类因变量的统计推断、连续性因变量的统计推断，以及部分变量主次关系的统计推断。

3．多变量模型分析方法

在多变量模型分析中，变量不仅可以根据主次关系分为因变量和自变量，而且可以有多个自变量或因变量。多变量模型种类较多，常见的有方差分析模型（一般线性模型）、广义线性模型、混合线性模型、回归模型等，其中方差分析模型包括单变量和多变量方差分析模型，回归模型包括线性回归模型、非线性回归模型、结构方程模型、逻辑回归模型等。除了这些常用的多变量模型分析方法之外，其他较为常用的多变量模型分析方法还包括生存分析模型方法、对数线性模型方法、时间序列模型方法等。

4．多元统计分析方法

在多元统计分析方法中，变量间很难区分出主次关系，因此多元统计分析方法的分析重点在于探讨各变量或元素的内在关联结构和分类。常用的多元统计分析方法包括着重于探讨变量间内在结构关联的主成分分析和因子分析，着重于探讨数据分类的聚类分析和判别分析，着重于探讨元素间关联关系的对应分析、多维尺度分析和信效度分析等。

除此之外，还有一些数据分析方法虽然也用于研究多变量之间的关系，但是由于不具备简单的模型表达，因此多被归纳为数据挖掘方法，如神经网络、支持向量机、树模型、贝叶斯网络、最近邻元素分析等。

1.4　常用数据分析软件

目前常用的数据分析软件包括 SPSS、SAS、R、Stata、Python 和 Microsoft Excel 等，部分软件简介如下。

1．SPSS

SPSS 软件是全球专业统计分析软件的“领导者”，一直致力于为企事业单位提升运用数据科学方法进行决策的能力。随着其被 IBM 公司收购，SPSS 软件更名为 IBM SPSS Statistics，并定位于满足标准的统计分析需求，IBM SPSS Statistics 具有高度的易用性，并适应医疗、银行、证券、保险、商业、制造业、科研、教育等各行业的实战需求。不仅专业的统计分析和数据挖掘人员，普通的数据分析爱好者也可通过 SPSS 软件实现数据获取、基本统计分析、统计推断、模型分析，以及统计报告的分析全流程，因此市场对 SPSS 软件的需求呈现出爆发式增长。

2．SAS

SAS 系统于 1966 年由美国北卡罗来纳州州立大学开始研制，1976 年美国成立 SAS 软件研究所，并对 SAS 系统进行维护、开发、销售和培训工作。SAS 软件研究所自成立以来，就以 SAS 系统的卓越技术和可靠技术支撑闻名于世，逐渐发展成为全球领先的独立软件开发商。

SAS 系统是世界领先的信息系统，是一款大型规模化的集成应用软件，具有完备的数据存取、管理、分析和显示功能。SAS 系统使用起来灵活方便、功能齐全，SAS 系统编程能力强且简单易学，其将数据处理和统计分析融为一体，在医学、管理学、经济学、教育和生产等领域有广泛应用。

3．R

R 软件是一款数据分析软件，也是一种数学计算环境。它提供了弹性的、互动的环境来分析和处理数据。R 软件提供若干统计软件包，以及一些集成的统计工具和各种数学计算、统计计算函数。使用者只需要根据统计模型指定相应的数据库及相关的参数，便可以灵活地进行数据分析工作。使用者也可以根据自己的需求构建全新的统计计算方法。R 软件提供了从数据存取到计算结果分享的简洁的计算工作流程，在简化数据分析过程的同时，通过内嵌统计函数，帮助使用者学习和掌握 R 软件的语法，也为使用者进行计算方法的创新提供条件。

4．其他统计分析软件

除了 SPSS、SAS 和 R 软件外，在数据处理和统计分析领域，可利用的软件还包括 Python 和 Microsoft Excel 软件等。

Python 是由荷兰人吉多 • 范罗苏姆（Guido van Rossum）于 1989 年发明的，并于 1991 年首次公开发行。它是一种简单易学的编程工具，其编写的代码具有简洁性、易读性和易维护性的特点。Python 原本主要应用于系统维护和网页开发，随着大数据时代的到来，Python 在数据挖掘、机器学习、人工智能等领域获得了广泛应用。

Microsoft Excel 软件是大家极为熟悉的分析软件。Excel 具有强大的数据预处理以及图表制作功能，简单易学，但是其局限性在于处理的数据量偏小，并且除非用户通晓 VBA 编程语言，否则针对同一数据集绘制图表十分烦琐和困难。

1.5 Stata 软件概述

Stata 由美国计算机资源中心（Computer Resource Center）研制，目前为 Stata 公司的产品，本书采用的版本为 Stata 16.0。Stata 兼具 SPSS 人机互动便捷和 SAS 编程功能强大的特点，在经济学、管理学、社会学、医学以及一些数理学科领域的教学和科研工作中得到了广泛应用，并与 SPSS、SAS 共称三大权威数据分析软件。

1.5.1 Stata 的特点

与其他数据分析软件相比，Stata 软件具有以下特点。

1．短小精悍、功能强大

Stata 软件安装文件不到 1GB，相对于其他软件属于“袖珍型”软件。但是 Stata 具有非常强大的数据分析功能，包含数据管理、统计分析、数据可视化展示等功能，并且 Stata 软件不断更新，各种功能变得更加完善。

2．操作简单、语法易学

Stata 软件可通过单击菜单和输入命令两种形式提交任务。相对而言，初学者更应当采用后者进行 Stata 软件的学习。Stata 的命令构成和语法结构非常简单，相似的统计模型的分析命令往往是同一个命令，这十分有利于用户识记基本命令。同时 Stata 软件又十分灵活，通过选项的添加可以区分不同的模型，Stata 的语法和命令结构与 SPSS、SAS 软件的较为接近，用户可以方便地在不同统计软件间切换。

Stata 软件中的.do 文件可以将数据处理与分析过程记录下来，从而有利于用户检查和修改整个分析流程，也有利于相似命令的统一处理，十分便捷和灵活。

3．运算速度快、结果简单易读

Stata 运行时将数据读入计算机内存，由内存完成运算过程，并不需要返回硬盘读取数据，因此运算速度相对较快，提交任务后即刻可得运算结果。若数据分析过程中数据有变化，则也可使用命令即时存储新数据。

Stata 的输出结果简单明了，虽然是全英文的输出结果，但是专业术语是通用的，国内用户也可以快速掌握。Stata 的运算结果不论是表格、文字还是图形，都可以直接复制、粘贴到 Word 等文字编辑器中；数据也可以直接复制、粘贴到 Excel 等表格处理器中。

1.5.2 Stata 的工作界面

双击 Stata 图标，可见图 1-1 所示的工作界面。该界面包含常规的菜单栏、工具栏、状态栏等，还包括 Stata 的 5 个主要窗口。

1．结果窗口

结果窗口位于工作界面的中上部，是面积最大的一部分，如图 1-2 所示。结果窗口主要显示用户提交的需要执行的命令、命令运行结果，以及错误信息等。结果窗口中用不同的颜色来区分不同的信息，提交的需要执行的命令用白色显示，命令运行结果用黄色或绿色显示，错误信息用红色显示。

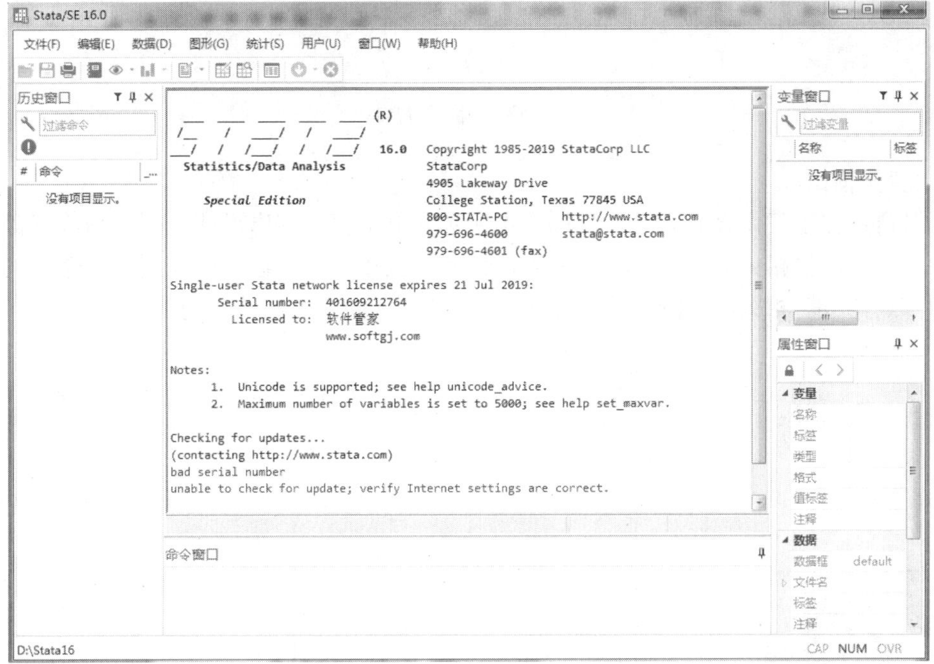

图 1-1　Stata 16.0 工作界面

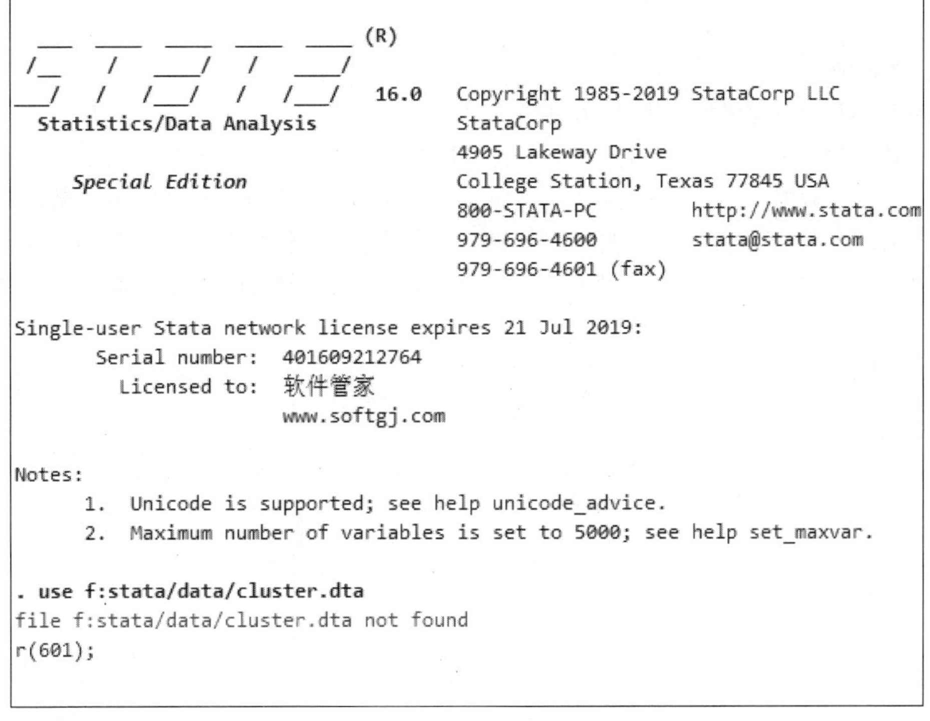

```
  ___  ____  ____  ____  ____ (R)
 /__    /   ____/   /   ____/
___/   /   /___/   /   /___/   16.0   Copyright 1985-2019 StataCorp LLC
  Statistics/Data Analysis            StataCorp
                                      4905 Lakeway Drive
     Special Edition                  College Station, Texas 77845 USA
                                      800-STATA-PC        http://www.stata.com
                                      979-696-4600        stata@stata.com
                                      979-696-4601 (fax)

Single-user Stata network license expires 21 Jul 2019:
       Serial number:  401609212764
         Licensed to:  软件管家
                       www.softgj.com

Notes:
      1.  Unicode is supported; see help unicode_advice.
      2.  Maximum number of variables is set to 5000; see help set_maxvar.

. use f:stata/data/cluster.dta
file f:stata/data/cluster.dta not found
r(601);
```

图 1-2　结果窗口

2. 命令窗口

命令窗口位于结果窗口下方，如图 1-3 所示。用户在此处输入命令，单击“Enter”键提交命令后，Stata 的运行结果就会在结果窗口中显示出来。

图 1-3　命令窗口

3. 变量窗口

变量窗口位于工作界面右侧，如图 1-4 所示。变量窗口列出当前数据中的所有变量名称和标签，以及其他相关信息。变量名称可以在此处直接修改，也可以采用在命令窗口中提交命令的方式修改，相关命令的语法将在第 2 章介绍。

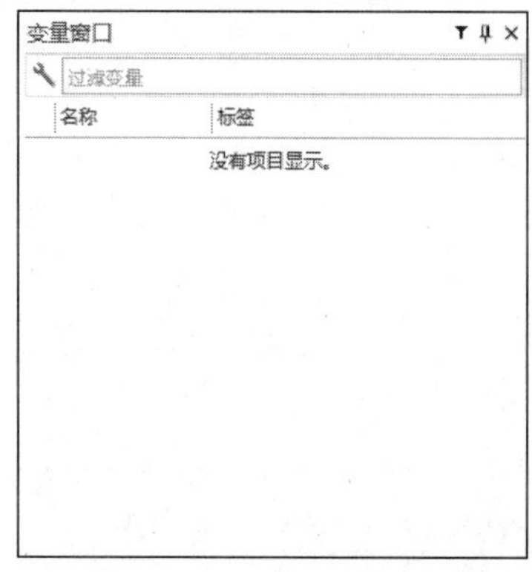

图 1-4　变量窗口

4. 属性窗口

属性窗口与变量窗口配合使用。在变量窗口勾选一个变量后，下面的属性窗口即显示所勾选变量的基本信息，包括两个方面的信息，一是变量信息，包括名称、标签、类型、格式、值标签和注释等；二是数据信息，包括数据框、文件名、标签、注释、变量的个数、观测数、文件大小等，如图 1-5 所示。变量窗口中涉及的变量名称、变量标签和文件名称等信息可在此处直接修改，也可采用在命令窗口中提交命令的形式进行修改，相关命令的具体语法将在第 2 章中介绍。

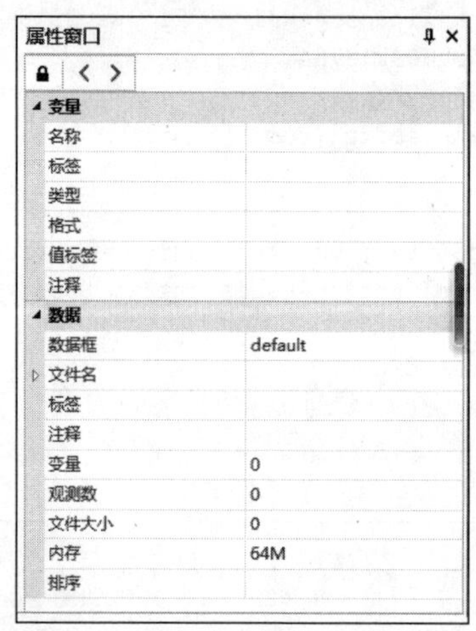

图 1-5　属性窗口

5. 历史窗口

历史窗口位于工作界面左侧，如图 1-6 所示。所有执行过的命令会按顺序依次在该窗口中列出，单击其中一条命令，该命令会自动复制到命令窗口中，用户可修改该命令后提交，也可直接提交；若用户需要重复执行某条命令，则在历史窗口中双击该命令即可。

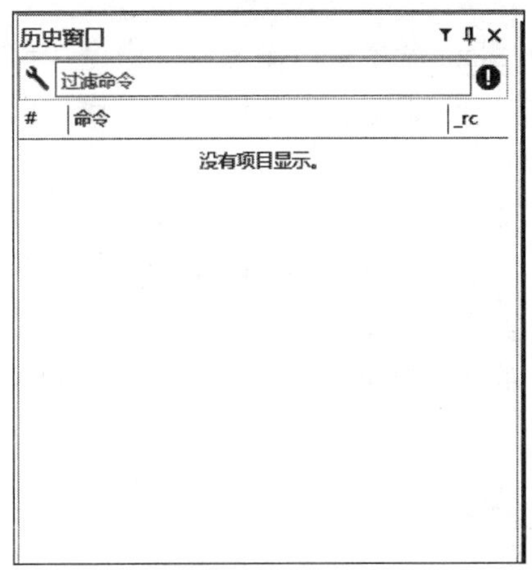

图 1-6　历史窗口

6. Stata 菜单栏

Stata 可以通过单击菜单和输入命令两种形式提交任务，因此通过 Stata 的菜单栏也可完成由相关命令实现的操作。Stata 菜单栏主要由文件、编辑、数据、图形、统计、用户、窗口和帮助 8 个菜单组成，如图 1-7 所示。

- 文件：主要进行文件的打开、导入、导出、输出等操作。
- 编辑：主要对文件进行复制、粘贴、清除和查找等操作。
- 数据：主要对数据进行基本的整理，包括编辑、更改、排序和合并等操作。
- 图形：可进行多种图形的绘制，包括二维图、条形图、点图、饼图等常用的基本图形。
- 统计：囊括了常用的基本统计分析模型，包括假设检验模型、线性模型、时间序列模型、面板数据模型、生存分析模型和结构方程模型等。
- 用户：用来管理用户的数据、图片和统计分析结果。
- 窗口：帮助用户管理前文介绍的 5 种窗口，以及编辑、查看数据的设置。
- 帮助：为用户提供帮助信息。

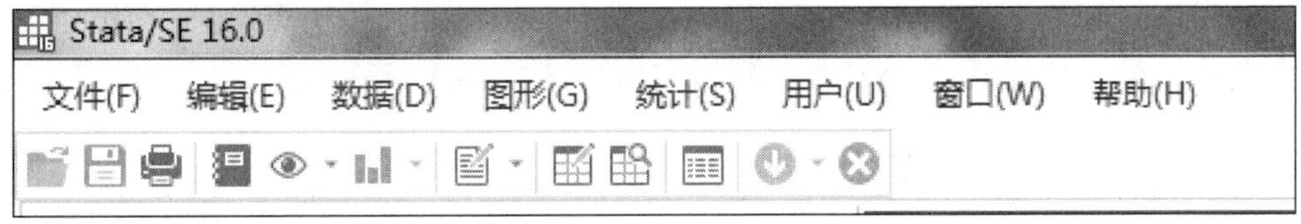

图 1-7　Stata 菜单栏

1.5.3　Stata 的命令输入形式

Stata 的命令输入形式有 3 种：单击菜单输入、命令窗口输入、编写.do 文件提交给 Stata。

1．单击菜单输入

该形式比较适合初学者，或者对程序编写规则不太熟悉的用户。通过单击菜单形式可以完成简单的数据整理和数据分析任务，虽然有些复杂的任务也可通过单击菜单的形式完成，但是这不是较好的形式。

2．命令窗口输入

在该形式下，用户每次在Stata命令窗口输入一行命令，单击“Enter”键后即提交给Stata运行。运行结果很快出现在结果窗口，并且便于用户一步一步观察运行结果，比较适合探索性的数据处理和分析。

3．编写.do文件提交给Stata

该形式把所有需要执行的命令按照执行顺序集中编写到一个扩展名为.do的命令程序文件中，可在命令窗口直接运行该文件。在这种形式下，Stata会根据文件的指令执行所有命令，此时要求编写的.do文件正确率较高，否则在运行过程中会因为部分错误而无法得出后续的结果。

1.5.4 Stata的文件类型

Stata具有一套独特的文件系统，不同类型的文件由不同的扩展名区别，Stata也通过识别扩展名来给予用户不同的运行程序。Stata的文件类型包括数据文件、命令程序文件、运行程序文件、帮助文件、结果记录文件、图形文件和数据代码文件等。

1．数据文件

数据文件的扩展名为.dta，其内容为Stata所使用的数据。

2．命令程序文件

命令程序文件的扩展名为.do，其内容为提交给Stata执行的一系列命令的集合。

3．运行程序文件

运行程序文件的扩展名为.ado，其内容为Stata用以完成用户提交的数据处理与统计分析任务的程序文件，文件名即该程序在Stata中的命令名称。

4．帮助文件

帮助文件的扩展名为.hlp，其内容为Stata在线帮助的重要组成部分，提示用户怎样使用命令，包括命令的语法结构和解释，以及一些用法案例。帮助文件与相应的.ado文件具有相同的文件名，它们之间的区别仅在于扩展名不同，因此形成成对文件。

5．结果记录文件

结果记录文件的扩展名为.smcl或.log，其内容为Stata的运行结果，.smcl为Stata专门设定的结果文件格式，.log为一般的文本格式。如无特殊需要，则一般以.log文本格式为主。

6．图形文件

图形文件的扩展名为.gph，其内容为Stata绘制的图形，同时Stata还可以导出其他格式的图形文件，如扩展名为.ps、.wmf和.eps的图形文件。

7．数据代码文件

数据代码文件的扩展名为.dct，其内容为数据说明、数据等，用文本格式编写而成。

习　题

1．试述不同分类标准下数据类型的划分。
2．常用的三大数据分析软件是什么？各自有何特点？
3．Stata 的命令输入形式有哪些？

上机实训

完成 Stata 16.0 的安装，并展示其工作界面。

第2章 数据的获取、整理与Stata实现

数据的获取和整理是数据分析的基础步骤。不论获得的是一手数据还是二手数据，都需要对其进行基本的整理，使之符合后续数据分析的要求。Stata支持数据获取和整理阶段的多种相关操作，数据获取包括不同类型数据的读入、变量的定义、数据与变量的标签与注释等。数据整理包括数据排序、数据子集选择、新变量和虚拟变量的产生、变量转换等。熟练掌握数据获取和整理的基本操作，有利于提高后续数据分析的效率。

学习目标

（1）了解创建和读入不同类型数据文件的基本方法。

（2）熟练掌握常用的数据整理的基本语法。

（3）能够利用Stata软件完成数据读入、整理的综合操作。

知识框架

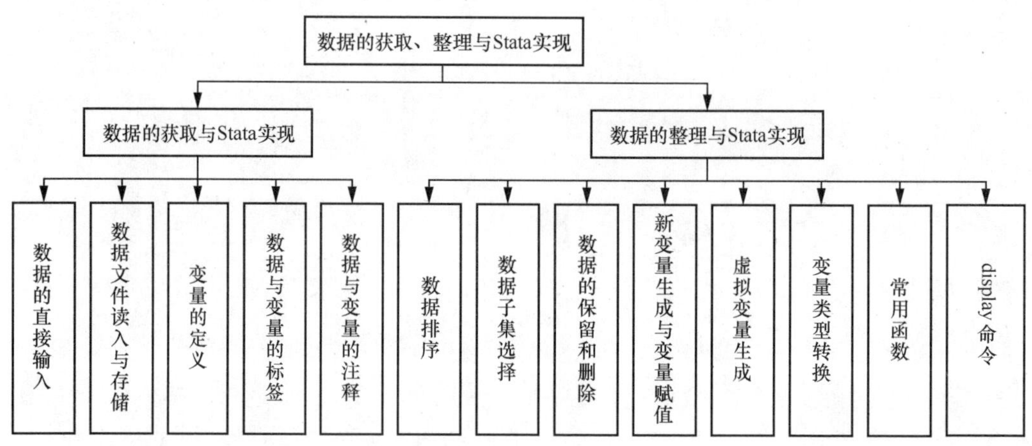

2.1 数据的获取与Stata实现

2-1 数据的获取与Stata实现

变量是统计分析的基本单位。在表2-1所示的数据结构中，列为变量，行为观测个案，行列交叉的单元格中的数据是对应的观测个案在对应变量上的取值。

表 2-1 数据结构

变量名称 / 观测个案	变量 1	变量 2	变量 3	…
观测个案 1	变量取值			
观测个案 2				
观测个案 3				
…				

2.1.1 数据的直接输入

当数据量不是很大时，用户可以通过直接在 Stata 中输入数据的方式来形成数据文件。Stata 有两种直接输入数据的方法。

1. 使用数据编辑器

用户可以使用 Stata 表格化的数据编辑器进行数据输入。单击数据编辑器按钮 ，或者选择“数据”→“数据编辑器”→“数据编辑器（编辑）”命令，如图 2-1 所示，打开一个与 Excel 非常类似的界面，该界面中的操作与 Excel 表格中的操作基本相同。

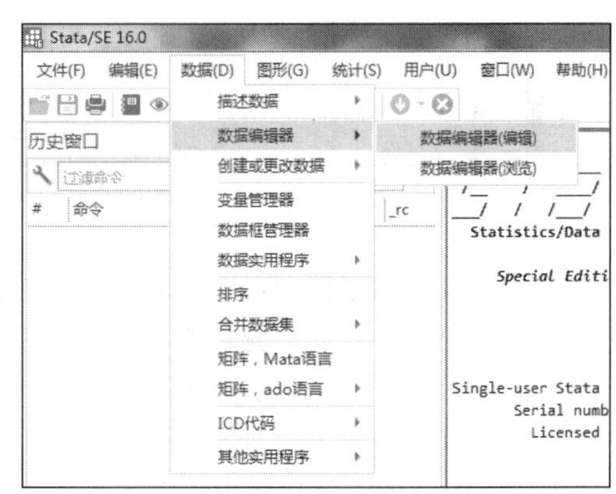

图 2-1 选择“数据”→“数据编辑器”→“数据编辑器（编辑）”命令

数据编辑器初始状态如图 2-2 所示，每一列代表一个变量，变量自动命名为 var1，如果用户还需要设置更多的变量，则 Stata 自动将变量依次命名为 var2、var3…直到最后一列。

图 2-2 数据编辑器初始状态

用户可以直接在右侧的变量窗口更改变量名称，并加上变量标签，如图 2-3 所示。

图 2-3　更改或设置变量名称

在输入数据的过程中，若为某一个变量输入的第一个数据为数值，则 Stata 默认该列对应变量为数值变量，其后只允许在该列输入数值。若为某一变量输入的第一个数据是非数值字符，则 Stata 默认此列变量为字符变量。在数据编辑器和数据浏览器中，字符变量显示为红色，这样可以快速区分数值变量和字符变量。

另外，用户也可以从其他表格处理软件（如 Excel）中直接将数据复制、粘贴到数据编辑器中。

2. 使用命令窗口

用户可以在命令窗口中使用 input 命令输入数据。使用命令输入数据分为以下两步。

【第 1 步】使用 input 命令。

```
. input varname1 varname2 varname3…
```

【第 2 步】输入该命令后，Stata 进入数据输入模式。数据输入界面最左侧第一栏是 Stata 自动给出的观测个案序号。用户在每一个个案序号右侧，根据 input 命令后输入变量的排列顺序，逐一输入相应个案在各个变量上的取值。在输入完所有观测个案的变量取值后，输入命令 end，Stata 会自动退出数据输入模式。同时，Stata 内存自动保存这些数据。

例如，输入命令：

```
input y x
```

结果窗口显示变量名称，并在最左侧显示个案序号 1，用户在命令窗口输入第 1 个个案对应的 y 和 x 值，按“Enter”键后即可将其读入内存，同时结果窗口显示个案序号 2，用户可输入第 2 个个案对应的 y 和 x 值，依次进行下去，直到所有数据输入完成，用户输入命令 end，数据输入过程结束，如图 2-4 所示。

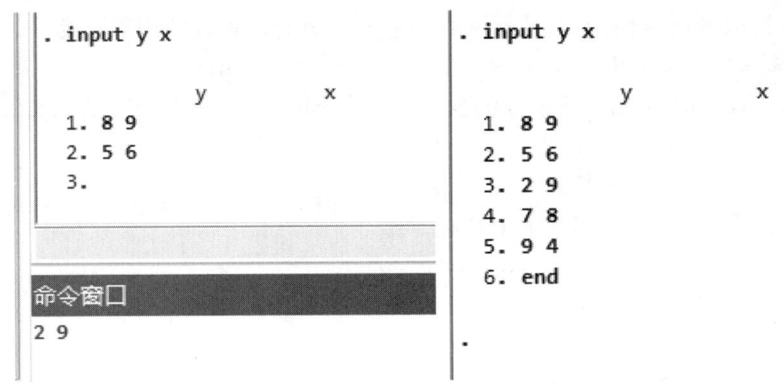

图 2-4　数据输入过程及结果

2.1.2　数据文件的读入

在数据分析过程中，除了 2.1.1 节介绍的直接输入数据外，更多情况下是读取已经存在的数据文件。其中，Stata 自有格式的数据文件、Excel 格式的数据文件和文本格式的数据文件是最常用的 3 种数据文件，下面介绍这 3 种格式数据文件的读入。

1．读入数据文件的基本原则

（1）当 Stata 内存已经有数据时，在打开数据文件之前，必须先用 clear 命令清除内存，或者在使用 use 命令后添加选项“clear”，否则 Stata 将提示错误信息。

（2）如果用户没有改变 Stata 默认的 1MB 内存容量，那么在读取大容量数据文件之前，需要先增加内存容量，否则 Stata 将提示错误信息。用户可以使用 set memory 来设定存储空间的大小。一般将存储空间设置为 50MB 就可满足需要，对应的命令为：

```
. set memory 50m, permanently
```

2．读入 Stata 自有格式的数据文件

读入 Stata 自有格式数据文件的命令是 use，该命令的语法为：

```
. use filename [, clear]
```

filename 是完整的路径及文件名。如果数据文件在当前工作目录下，则无须指明路径。如果不在当前工作目录下，则需要使用路径指定文件。Stata 数据文件的扩展名为.dta，用户可以省略不写，但是其他格式数据文件的扩展名需要完整写出。例如：

```
. use f:\stata\data\cha2a
```

如果数据文件的路径中含有空格，那么在使用 use 命令时需将整个路径和文件名用双引号标注。例如：

```
. use “f:\stata\data one\cha2a”
```

当 Stata 内存已经有数据时，若未先清除内存，则 Stata 将提示错误信息，如图 2-5 所示。加入 clear 命令后，即可正常读入数据文件，如图 2-6 所示。

```
. use f:\stata\data\cha2a
no; dataset in memory has changed since last saved
r(4);
```

图 2-5　错误提示

```
. clear

. use f:\stata\data\cha2a
```

图 2-6　错误修正

当用户只需读取 Stata 自有格式数据文件中的一部分时，可以使用以下命令。

```
. use varname1 varname2 using f:\stata\chapter2\data1
```

其中，varname1、varname2 是希望读取的变量名称，using 后为数据的路径和文件名。

除此之外，用户还可以使用以下命令读取部分数据。例如：

```
. use in 1/20 using f:\stata\data\cha2a
```

此命令读取所有数据中的前 20 个个案。

```
. use if female=1 using f:\stata\data\cha2a
```

此命令读取数据中变量 female 取值为 1 的所有个案。

需要注意的是，这些命令是可以混合使用的。

3．读取 Excel 格式的数据文件

读取 Excel 格式数据文件的方法在 2.1.1 节中有所介绍，具体分为两步。

【第 1 步】将 Excel 数据文件中需要导入的内容选定并复制到剪贴板上，也可直接右击选择复制或按 “Ctrl+C”组合键。

【第 2 步】切换到 Stata 的数据编辑器窗口，右击选择“粘贴”或按 “Ctrl+V”组合键，将数据粘贴至其中，并弹出对话框询问是将第一行数据作为变量名还是数据，如图 2-7 所示。

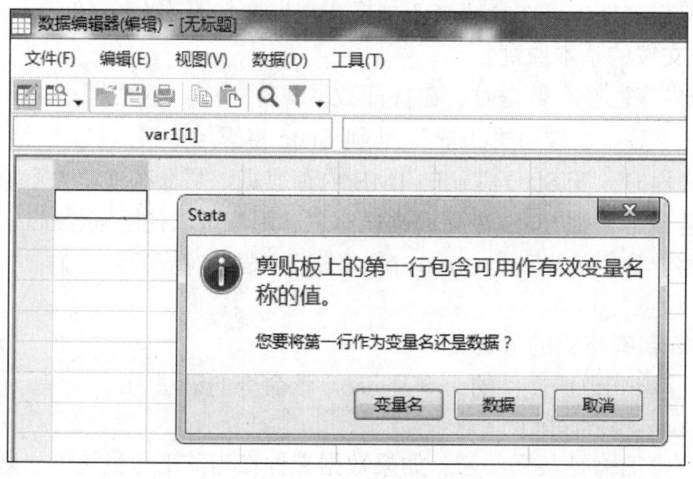

图 2-7 粘贴数据提示信息

根据数据具体情况设置后即可将数据读入数据编辑器中，从而形成数据文件。图 2-8 所示为某大学某班级学生的性别、生源地、综合成绩、身高、体重、健康状况等信息的调查数据。在数据编辑器窗口中以红色显示的是字符变量，以黑色显示的是数值变量。

4．读入文本格式的数据文件

根据文本文件格式的不同，Stata 给出了 3 种读取文本格式数据文件的命令。

insheet：适用于文件中各列用指定的分隔符（如“,”“;”等）隔开的文本格式数据文件，每一行代表一个个案的数据，没有多余的行和列数据。

infile：适用于文件中各列用指定的空格符“ ”隔开的文本格式数据文件，可以存在多余的行和列数据。

infix：适用于各列位置固定的文本格式数据文件。

需要注意的是，读取文本格式数据文件时，文件名称必须加上扩展名，不可省略。

	id	source	score	high	weight	health
1	1	henan	85	160	56	2
2	2	jilin	89	178	80	1
3	3	henan	84	189	86	3
4	4	shanghai	79	175	79	2
5	5	hainan	95	170	51	2
6	6	henan	92	166	49	2
7	7	hainan	84	159	50	1
8	8	hainan	86	163	51	1
9	9	henan	88	160	48	3
10	10	henan	87	176	75	3
11	11	henan	76	178	76	2
12	12	henan	92	160	52	1
13	13	henan	77	175	76	3
14	14	henan	78	159	51	2
15	15	hebei	85	162	53	3
16	16	beijing	79	180	78	1
17	17	hainan	84	182	80	2
18	18	hainan	88	176	77	3
19	19	shanghai	90	166	51	2
20	20	jilin	91	179	80	1
21	21	hebei	86	175	78	2
22	22	henan	87	163	51	2
23	23	jilin	93	160	52	2
24	24	beijing	75	161	51	2

图 2-8　数据读入结果（部分）

（1）insheet 命令

insheet 命令适用文件的扩展名为.txt。

```
.insheet using filename.txt, comma
```

在该命令中，数据是以逗号（comma）为分隔符的，逗号也可以省略，Stata 系统会自动识别分隔符。除了逗号之外，还经常使用分号或制表符作为分隔符。

如果文本文件的第一行不是变量名称，直接就是数据，那么在使用 insheet 命令时需要将变量名称按数据情况一一列出，指示 Stata 各列数据的变量名称由用户指定。命令为：

```
.insheet varname1 varname2 … using filename.txt
```

insheet 命令对文本数据的格式要求较为严格，用户可以先使用 Excel 生成含有分隔符的文本文件，然后使用 insheet 命令会更为便利。

data1.txt 数据文件的信息如图 2-9 所示，利用 insheet 命令可以读入该数据文件，在 insheet 命令中并未使用“,comma”选项，Stata 会自动识别数据文件中的分隔符。识别后的 Stata 数据如图 2-10 所示。

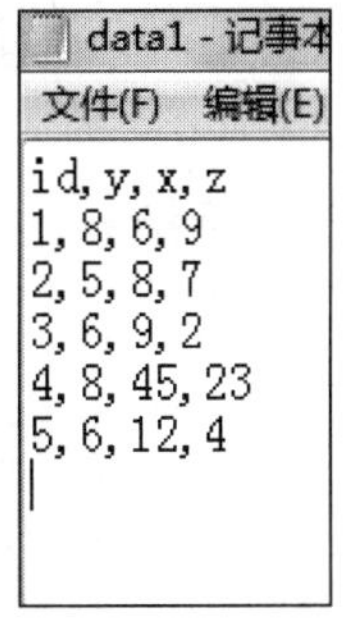

图 2-9　data1.txt 数据文件

```
. insheet using f:/stata/data/data1.txt
(4 vars, 5 obs)

. list id y x z

     +-------------------+
     | id   y    x    z  |
     |-------------------|
  1. |  1   8    6    9  |
  2. |  2   5    8    7  |
  3. |  3   6    9    2  |
  4. |  4   8   45   23  |
  5. |  5   6   12    4  |
     +-------------------+
```

图 2-10　读入 data1.txt 数据文件及结果

（2）infile 命令

使用 infile 命令时需要注意以下问题。

① 数据文件中不能出现变量名，需要在 infile 命令中设置和定义变量。

② 数据文件中的不同数值之间只允许使用空格作为分隔符，可以是一个空格，也可以是多个空格。这也意味着一个字符名称中间不允许出现空格，否则其会被认定为两个字符名称。如果字符名称之间需要有空格，则可以用双引号将整个字符包含起来，这样 Stata 会将空格识别为字符名称的组成部分，而不将其识别为两个字符名称。

③ 缺失数据不可以使用空格表示，可以使用特定的标识表示缺失数据，通常使用“.”。

④ 文本数据并不一定是一个完整的数据矩阵，数据矩阵可以是不规则的。

infile 命令的语法为：

```
. infile varname1 varname2 varname3… using filename.txt
```

文本数据文件 data2.txt 如图 2-11 所示，该文件中没有变量名称，数据之间采用空格作为分隔符，同时有缺失数据存在，用“.”表示。在 Stata 中读入该数据文件的命令以及结果如图 2-12 所示。

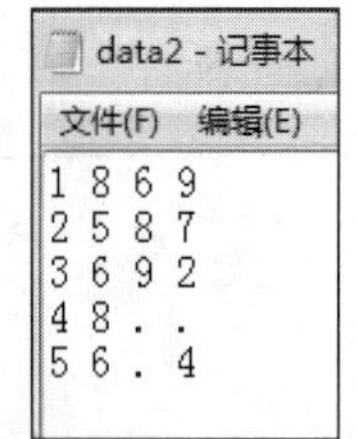

图 2-11　data2.txt 数据文件

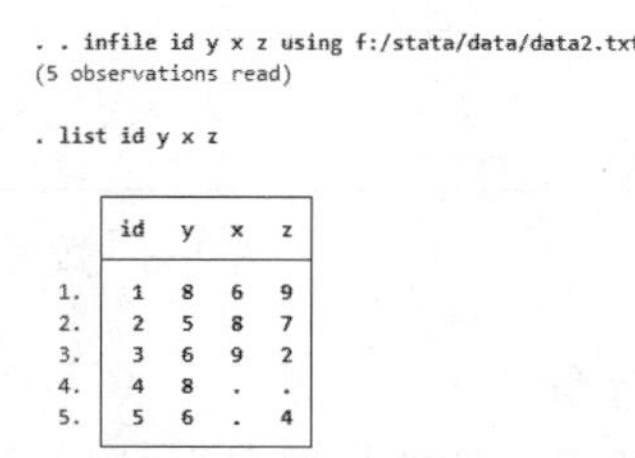

图 2-12　读入 data2.txt 数据文件及结果

（3）infix 命令

使用 infix 命令时，用户需要给出数据已经设定的格式，即数据的各个变量间应该用空格隔开且左右对称，因此，用户在使用 infix 命令时需要指明每一个变量所占据的列的位置。

infix 命令的语法举例为：

```
. infix varname1 1-2 varname2 3-4…using filename.txt
```

在该命令中，第一个变量（varname1）占据第 1、第 2 两列，第二个变量（varname2）占据第 3、第 4 列。当然数据占据的行数应根据实际情况写入命令。需要注意的是，如果表示占据行数的地方显示的是空格，则 Stata 将空格读取为缺失值。filename.txt 为读入的数据文件名。

文本数据文件 data3.txt 如图 2-13 所示，该文件中没有变量名称，数据之间采用空格作为分隔符，同时有缺失数据存在，用空格表示，在该数据文件中，第 1、第 2 列为第一个变量 id 的范围，第 3～5 列为第二个变量 y 的范围，第 6～8 列为第三个变量 x 的范围。在 Stata 中读入该数据文件的命令以及结果如图 2-14 所示。

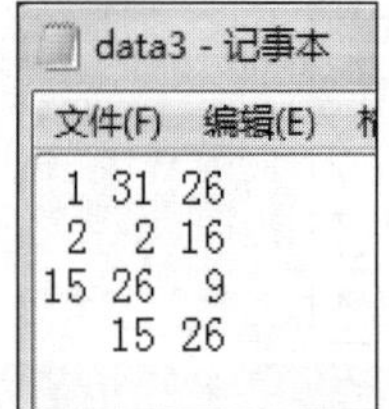

图 2-13　data3.txt 数据文件

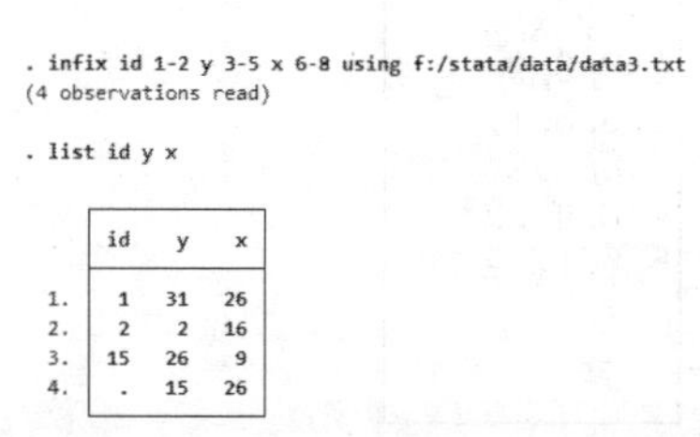

图 2-14　读入 data3.txt 数据文件及结果

2.1.3　数据文件的存储

用户在 Stata 中读取数据时，只是将数据读取到计算机的内存中，并未将其存储到计算机的硬盘中。同样地，即使用户已经更改了原有内存中的数据，Stata 也不能自动将改变过的数据存入硬盘或覆盖原有的数据。因此必须将数据存盘，才能真正将数据存储到计算机的硬盘中。若用户只读取或改变数据，而没有存盘，则 Stata 将提示用户数据已更改，这同时也是对用户存盘的提醒。

在 Stata 软件中，可以使用菜单或命令存储数据文件。

（1）使用菜单存储数据文件

单击“文件”→“保存”命令，如图 2-15 所示，在弹出的保存对话框中选择保存路径，以及保存的数据文件名称。

图 2-15　使用菜单存储数据文件

（2）使用 Stata 命令存储数据文件

数据文件存储命令的格式为：

```
. save filename [, replace]
```

该命令可以将数据文件存入当前工作目录，其中 filename 为数据文件名，如果文件扩展名为.dta，则可省略。存储完成后，Stata 软件将给出数据文件存储成功的提示，如图 2-16 所示。

```
. save "F:\stata\data\cha2a.dta"
file F:\stata\data\cha2a.dta saved
```

图 2-16　数据文件存储成功提示

本章利用 cha2a.dta 数据文件，其内容与图 2-15 中显示的 Excel 数据文件相同。该数据文件共包括 7 个变量：id、female、source、score、high、weight、health。其中 source 为字符变量，其余全部为数值变量。在后续分析中会针对这些变量进行相关的数据整理操作。

如果需要将数据文件存储到不同于当前目录的位置，则需要在 save 命令中指明完整的存储路径。例如：

```
. save f:\stata\data2
```

需要注意的是，如果用户指明的将要存储的数据文件名与已有文件名相同，则 Stata 不会自动覆盖原有数据文件，而是会给出错误提示，如图 2-17 所示。

```
. save data3.dta
file data3.dta already exists
```

图2-17　数据文件存储错误提示

如果用户不希望覆盖原有数据文件，则可以使用一个不同的数据文件名；如果用户希望覆盖原有数据文件，则可以使用命令

```
. save filename, replace
```

replace是用新的文件（filename）覆盖原有同名的数据文件的选项。

如果用户希望当前正在修改的文件覆盖原有的数据文件，则在存储数据时不给出文件名，这时Stata不会改变原有数据文件名，但文件内容为新修改的数据。具体命令为：

```
. save, replace
```

2.1.4　变量的定义

1. 变量的命名

在数据处理过程中，变量是由变量名称来代表的。数据矩阵每一列的开头就是变量名称。Stata中变量的命名规则如下。

- 变量名称可以由不超过32个字符组成。
- 组成变量名称的字符可以是A～Z、a～z、0～9与下画线“_”，这些字符以外的字符不允许出现在变量名称中。
- 变量名称不能以数字开头。
- 变量名称区分大小写。
- 系统使用的保留字不允许作为变量名称使用，如_all、_b、_coef、_cons、_n、_N、_pi、_pred、_rc、_se、_skip、Byte、double、float、if、in、int、long、using、with。

同时，e也不允许作为变量名称，以防表示指数的混淆。此外，虽然Stata软件已经加入了中文输入功能，但是变量名称不要使用中文，变量标签和变量数值标签是可以使用中文的。

在Stata中，所有的变量名称都可以用变量名称中排在前面的字符串来指代，即变量名称的缩写。缩写的基本原则是：这类字符串的缩写不会让Stata产生混淆。

比如，下面两个命令得到的结果是相同的。

```
.li pe na c
.li people nation consume
```

这是因为pe、na、c分别是people、nation、consume的缩写。

如果一个数据文件中存在两个变量sex和season，那么使用下面的命令会得到错误信息。

```
.list se
```

系统无法判断list命令需要使用的变量是sex还是season，这时需要修改变量名称的缩写，使系统能区分这两个变量。例如：

```
.list sex sea
```

2. 变量的取值类型与存储格式

计算机中的数据均是以二进制（0或者1）形式存储的。Stata中数据的存储方式有两种：字符数据存储和数值数据存储。采用字符数据存储方式的变量称为字符变量，采用数值数据存储方式的变量称为数值变量。下面介绍字符变量和数值变量，以及缺失数据的取值方式。

（1）字符变量

字符变量通常用来区分研究对象的类别，如国家名称、商品品牌等。字符变量的取值形式可以是字符，也可以是数字，但是使用数字作为字符变量的取值形式时，数字被识别为字符，不能参与数字运算。

Stata 中字符变量的存储格式是 str#，其中 str 表示使用字符变量的格式，#表示该变量取值最多可容纳的字符数。例如，str8 表示该变量取值最多可容纳 8 个字符，即 0～8 个字符是可以的，但是超过 8 个字符不可以。例如，将国家名称设置为格式为 str8 的字符变量，luxembourg 含有 10 个字符，这个取值就是不合适的，若想完整表示该国家名称，则可将变量格式更改为 str10。

如图 2-18 所示，在数据文件 cha2a.dta 中按照命令展示 3 个变量的信息，其中 source 变量为字符变量，它的取值代表观测个案的来源地。

（2）数值变量

数值变量的取值由数字构成。Stata 有 5 种数字存储类型，如表 2-2 所示。其中前 3 种是存储整数数据的，后两种是存储非整数数据的。

表 2-2　Stata 的数字存储类型

数字取值类型	存储类型	占用字节	数位精确度	取值范围
整数	字节（byte）	1	2	–126～126
	整数（int）	2	4	–32766～32766
	长整数（long）	4	9	-2×10^9～2×10^9
非整数	浮点（float）	4	7	-10^{36}～10^{36}
	双浮点（double）	8	16	-10^{308}～10^{308}

注：取值范围包括两端点。

对于整数数据，可以采用精确的方式存储。对于非整数数据（也可以是整数数据）往往采用浮点类型存储。长整数、浮点、双浮点 3 种存储类型的优点是节省存储空间，Stata 默认将数字存储为浮点数据，将计算结果存储为双浮点数据。

如图 2-18 所示，id 和 female 两个变量是数值变量。

（3）缺失数据

当变量取值存在缺失时，就涉及一种特殊的变量取值，即缺失值。Stata 设置了 27 个数值型代码表示缺失值，分别为“.”“.a”“.b”“.c”“.d”…“.z”，这些代码的数值依次增大，其中“.”被认为大于任何数，同时也是所有缺失值中最小的。一般使用“.”作为缺失值就足够了，但是要表示不同类型的缺失值时，可以细分为“.a”“.b”“.c”等。

缺失值是数值变量取值的一种特殊形式。在数值变量取值中，缺失值被认为是趋近于+∞的，即缺失值被定义为在数值变量取值范围之外的一个数值。比如字节类型的取值范围为±126，那么缺失值就定义为 127，即数值变量中的缺失值被视为该变量的最大值。这是 Stata 软件的独特之处，因此在对变量取值进行条件操作时，需要注意缺失值的问题。例如，选择变量取值大于等于 50 的个案时，如果采用“x≥10”，则 x =.的个案也包含在里面，即缺失值也包含在里面。如果不需要选择包含缺失值的个案，则需要使用“x≥10 & *x* < .”。在字符变量中，

缺失值被认为是数字取值，如果按字母顺序，则缺失值排在所有字符取值之前。

如图 2-19 所示，在原始数据的基础上将第 5 个和第 9 个样本的 high 变量值变为缺失数值，并用“.”表示。因此在显示 high 变量的个案取值情况时，第 5 个和第 9 个样本的数值显示为缺失数值，表现形式为“.”。

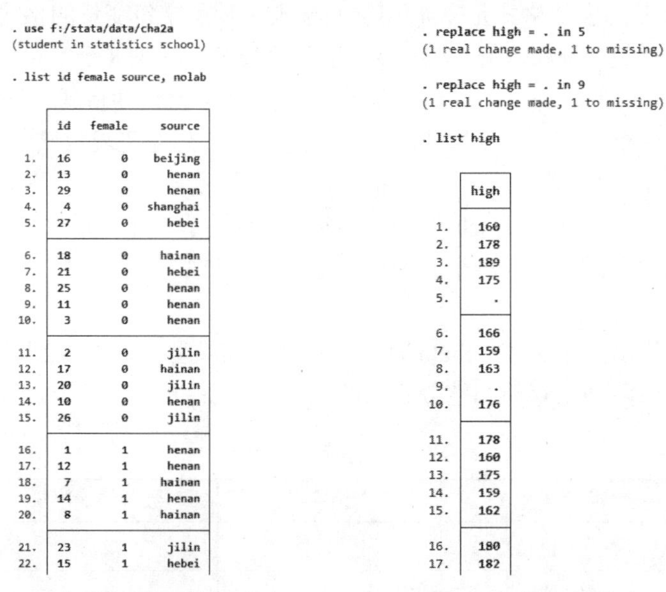

```
. use f:/stata/data/cha2a
(student in statistics school)

. list id female source, nolab

     id   female     source
 1.  16        0    beijing
 2.  13        0      henan
 3.  29        0      henan
 4.   4        0   shanghai
 5.  27        0      hebei

 6.  18        0     hainan
 7.  21        0      hebei
 8.  25        0      henan
 9.  11        0      henan
10.   3        0      henan

11.   2        0      jilin
12.  17        0     hainan
13.  20        0      jilin
14.  10        0      henan
15.  26        0      jilin

16.   1        1      henan
17.  12        1      henan
18.   7        1     hainan
19.  14        1      henan
20.   8        1     hainan

21.  23        1      jilin
22.  15        1      hebei
```

图 2-18　字符变量和数值变量

```
. replace high = . in 5
(1 real change made, 1 to missing)

. replace high = . in 9
(1 real change made, 1 to missing)

. list high

     high
 1.   160
 2.   178
 3.   189
 4.   175
 5.     .

 6.   166
 7.   159
 8.   163
 9.     .
10.   176

11.   178
12.   160
13.   175
14.   159
15.   162

16.   180
17.   182
```

图 2-19　缺失数据读取

在图 2-18 所示的命令中添加 nolab 选项，表示输出结果中不允许显示变量数值标签。

3．变量的显示格式

变量的显示格式决定了在 Stata 的结果窗口中以怎样的格式展示数据处理结果。按照变量类型的不同，显示格式分为数值变量的显示格式和字符变量的显示格式。

数值变量的显示格式有 3 种：e、f 和 g。其中 e 表示科学计数法，f 表示固定格式，g 表示默认格式（即普通格式）。字符变量的显示格式只有 1 种。变量显示格式的基本表达式为：

%*.#+基本格式的显示符（e、f、g）

其中%为提示符，*.#是用“.”分隔开的两个数字，*表示整个变量显示所占的字符数（即宽度），#表示变量显示的数字中小数点后的位数。因此字符变量的显示格式表达式为%*s。使用 describe 命令（简写为 d）可以查看各个变量的显示格式。如图 2-20 所示，id 和 female 两个变量都是数值变量，显示格式都是%8.0g，即宽度为 8，小数点后的位数为 0 的普通格式；source 是宽度为 9 的字符变量。

```
. d id female source

              storage   display    value
variable name   type    format     label      variable label
-------------------------------------------------------------
id              byte    %8.0g                 xuehao
female          byte    %8.0g      rsex       sex
source          str8    %9s
```

图 2-20　变量的显示格式（d 命令）

除了 describe 命令外，查看指定变量的显示格式可以使用 format 命令。如图 2-21 所示，利用 format 命令单独查看 female 和 source 两个变量的显示格式。

```
. format female source

variable name   display format
──────────────────────────────
female          %8.0g
source          %9s
──────────────────────────────
```

图 2-21　变量的显示格式（format 命令）

2.1.5　数据与变量的标签

标签是为研究对象提供说明的，以便用户了解更多信息。Stata 不仅可以为数据添加标签，还可以为变量与变量数值添加标签。Stata 中添加标签的命令是 label，下面介绍给数据、变量和变量数值添加标签的命令。

1. 数据标签

添加数据标签的命令为：

```
. label data [“text”]
```

其中 text 为添加的数据标签，主要用于说明数据的内容与数据的来源。在 Stata 中，使用 describe 命令和 use 命令可以显示数据标签。

添加数据标签后，在数据列表上方显示了数据标签“student in statistics school”，如图 2-22 所示。

```
. use f:\stata\data\cha2a

. label data "student in statistics school"

. describe

Contains data from f:\stata\data\cha2a.dta
  obs:            30                          student in statistics school
 vars:             7                          1 May 2019 04:00
──────────────────────────────────────────────────────────────────────────
              storage   display    value
variable name   type    format     label      variable label
──────────────────────────────────────────────────────────────────────────
id              byte    %8.0g
female          byte    %8.0g
source          str8    %9s
score           byte    %8.0g
high            int     %8.0g
weight          byte    %8.0g
health          byte    %8.0g
──────────────────────────────────────────────────────────────────────────
Sorted by:
     Note: Dataset has changed since last saved.
```

图 2-22　添加和显示数据标签

2. 变量标签

添加变量标签的命令为：

```
. label variable varname “text”
```

varname 是要添加标签的变量名称，text 是要添加的变量标签。Stata 中变量标签的长度限制为 80 个字符，但是一般以简洁为优。

添加变量标签后，变量标签（variable label）列中列出了变量对应的标签，如图 2-23 所示。

```
. use f:\stata\data\cha2a

. label variable id "xuehao"

. label variable female "sex"

. label variable score "math score"

. d id female score

              storage   display    value
variable name   type    format     label      variable label
---------------------------------------------------------------
id              byte    %8.0g                 xuehao
female          byte    %8.0g                 sex
score           byte    %8.0g                 math score
```

图 2-23　添加和显示变量标签

给数据中的变量添加标签后，Stata 给出的输出结果（包括表格、图形等）中将使用变量标签，而不是变量名，这样有利于用户阅读和理解结果。

此时，统计 female 变量频数时，显示的变量名称为其对应的变量标签 sex，如图 2-24 所示。其中，ta 是 tabulate 命令的简写。

```
. ta female

        sex |      Freq.     Percent        Cum.
------------+-----------------------------------
          0 |         15       50.00       50.00
          1 |         15       50.00      100.00
------------+-----------------------------------
      Total |         30      100.00

.
```

图 2-24　数据结果的显示变化

3. 变量数值标签

变量数值标签是针对变量各种取值的说明。在 Stata 中，为变量数值添加标签分为两步：第一步，定义一个变量数值标签；第二步，将该标签附加在变量上。相应命令为：

```
. label define labelname 1“text” 2“text” 3“text”…
. label value varname labelname
```

labelname 是要定义的变量数值标签，1,2,3,…数字是变量的取值，双引号内的字符是各个数字对应的数值标签的具体内容，如图 2-25 所示。

```
. label define rsex 1"female" 0"male"

. label value female rsex

. d female

              storage   display    value
variable name   type    format     label      variable label
------------------------------------------------------------
female          byte    %8.0g      rsex       sex
```

图 2-25　添加变量数值标签

如果双引号内的内容中没有空格，则可以省略双引号，Stata 将自动将数字后的内容识别为变量数值标签。需要注意的是，省略双引号时，数字与变量数值标签内容之间至少有一个空格作为分隔符。

设置变量数值标签后，如果没有特殊说明，则 Stata 给出输出结果时显示的是变量数值标签，而不是数值。如图 2-26 所示，按照命令显示前 10 个观测个案的 female 变量取值，female 本身是数值变量，但是此时显示的是数值对应的变量数值标签。

```
. list female in 1/10

     +--------+
     | female |
     |--------|
  1. |   male |
  2. |   male |
  3. |   male |
  4. |   male |
  5. |   male |
     |--------|
  6. |   male |
  7. |   male |
  8. |   male |
  9. |   male |
 10. |   male |
     +--------+
```

图 2-26　变量数值标签的结果显示

从添加变量数值标签的步骤中可以发现，有时为了简便，可以将同一变量数值标签赋给不同的变量。例如：

```
. label define sex 1 male 2 female
. label value x1 sex
. label value x2 sex
. label value x3 sex
```

2.1.6　数据与变量的注释

注释也是用来说明数据和变量的，特别是当数据在不同的工作小组间传递时，添加注释更有利于信息的精准传递。

1. 数据的注释

给数据添加注释的命令为：

```
. notes: text
```

该命令中 notes 后面的冒号不可缺少，冒号后的 text 为需要输入的注释内容。数据的注释可以有一个，也可以有多个，如果要添加多个注释，则命令为：

```
. notes: text1
. notes: text2
. notes: text3
……
```

查看注释的命令为：

```
. notes
```

添加了多个注释时，查看注释时，注释按序号排列。

如图 2-27 所示，为当前的数据文件 cha2a.dta 添加了两个注释，查看注释时，两个注释按照添加的先后顺序排列。

```
. notes: data is in 2021

. notes

_dta:
  1.  data is in 2021

. notes: score is math

. notes

_dta:
  1.  data is in 2021
  2.  score is math

.
```

图 2-27 添加数据注释

2. 变量的注释

给变量添加注释的命令为：

```
. notes varname: text
```

varname 为需要添加注释的变量名称，text 为添加的注释内容。

查看注释的命令仍然为：

```
. notes
```

通过 describe（简写为 d）命令和通过 notes 命令查看变量注释的运行结果如图 2-28 所示。

```
. note score: math score in 2021

. d id female score

              storage   display    value
variable name   type    format     label      variable label
--------------------------------------------------------------------
id              byte    %8.0g                 xuehao
female          byte    %8.0g                 sex
score           byte    %8.0g               * mathe score

.
```

```
. notes

_dta:
  1.  data is in 2021
  2.  score is math

score:
  1.  math score in 2021

.
```

图 2-28 查看变量注释的两种命令

当对一个变量添加多个注释时，注释是向上累积的，后面的注释不会覆盖前面的注释。有关注释的更多命令的使用方法，读者可以执行 help notes 命令进行查看和学习。

2.2　数据的整理与 Stata 实现

2-2　数据的整理与 Stata 实现

整理数据是数据分析的基础且重要的步骤，常用的数据整理方法包括数据排序、数据子集选择、数据的保留和删除、新变量的生成与变量赋值、虚拟变量的生成、变量类型转换等。

2.2.1　数据排序

数据排序是指依据某一个或几个变量的数值大小对个案进行排序，这是一种使用较为频繁的数据整理方法。排序过后的数据有利于发现极端值。Stata 中用于数据排序的命令为 sort，按照排序规则，数据排序分为从小到大向上排序和从大到小向下排序，以及混合排序。

1. 向上排序

向上排序的命令为：

```
. sort varname
```

按照某一个变量（varname）的数值从小到大排序。

```
. sort varname1 varname2…
```

多个变量的向上排序。首先按第一个变量（varname1）的数值从小到大排序，在第一个变量取值相同的个案中，再按第二个变量（varname2）的数值从小到大排序，以此类推，直到最后一个变量。

按照 score 变量的取值向上排序的结果如图 2-29 所示。

先按照 score 变量的取值向上排序，在 score 变量取值相同的观测个案中，再按照 high 变量的取值向上排序，结果如图 2-30 所示。

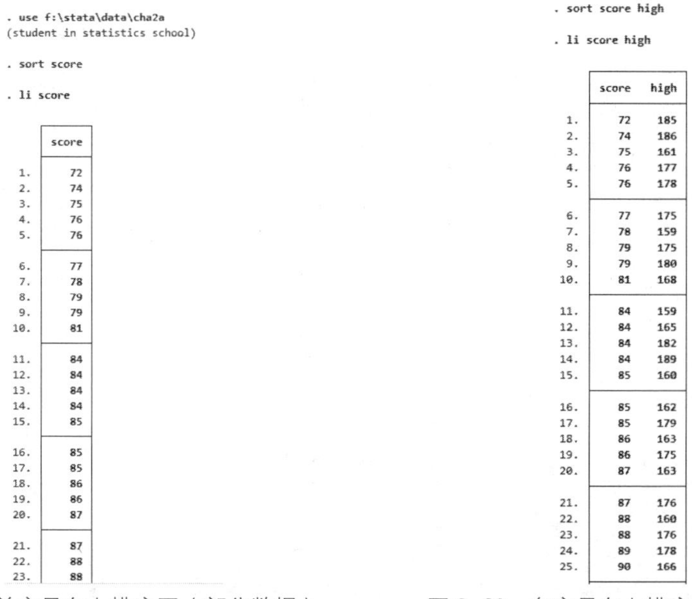

```
. use f:\stata\data\cha2a
(student in statistics school)

. sort score

. li score

     +-------+
     | score |
     |-------|
  1. |    72 |
  2. |    74 |
  3. |    75 |
  4. |    76 |
  5. |    76 |
     |-------|
  6. |    77 |
  7. |    78 |
  8. |    79 |
  9. |    79 |
 10. |    81 |
     |-------|
 11. |    84 |
 12. |    84 |
 13. |    84 |
 14. |    84 |
 15. |    85 |
     |-------|
 16. |    85 |
 17. |    85 |
 18. |    86 |
 19. |    86 |
 20. |    87 |
     |-------|
 21. |    87 |
 22. |    88 |
 23. |    88 |
```

图 2-29　单变量向上排序图（部分数据）

```
. sort score high

. li score high

     +--------------+
     | score   high |
     |--------------|
  1. |    72    185 |
  2. |    74    186 |
  3. |    75    161 |
  4. |    76    177 |
  5. |    76    178 |
     |--------------|
  6. |    77    175 |
  7. |    78    159 |
  8. |    79    175 |
  9. |    79    180 |
 10. |    81    168 |
     |--------------|
 11. |    84    159 |
 12. |    84    165 |
 13. |    84    182 |
 14. |    84    189 |
 15. |    85    160 |
     |--------------|
 16. |    85    162 |
 17. |    85    179 |
 18. |    86    163 |
 19. |    86    175 |
 20. |    87    163 |
     |--------------|
 21. |    87    176 |
 22. |    88    160 |
 23. |    88    176 |
 24. |    89    178 |
 25. |    90    166 |
```

图 2-30　多变量向上排序（部分数据）

2．向下排序

向下排序的命令为：

```
. gsort -varname
```

按照某一个变量（varname）的数值从大到小排序。

```
. gsort -varname1 -varname2…
```

多个变量的向下排序。首先按第一个变量（varname1）的数值从大到小排序，在第一个变量取值相同的个案中，再按第二个变量（varname2）的数值从大到小排序，以此类推，直到最后一个变量。

按 score 变量的取值向下排序的结果如图 2-31 所示。

先按 score 变量的取值向下排序，在 score 变量取值相同的观测个案中，再按 high 变量的取值向下排序，结果如图 2-32 所示。

3．混合排序

在 Stata 中还可以对不同变量分别采取向上排序和向下排序的混合排序。例如：

```
. gsort varname1-varname2 varname3
```

上述命令表示先按第一个变量的取值从小到大排序，在第一个变量取值相同的个案中，再按第二个变量的取值从大到小排序，在第二个变量取值相同的个案中，再按照第三个变量的取值从小到大排序。

在图 2-33 所示的结果中，先按 score 变量的取值向上排序，在 score 变量取值相同的观测个案中，再按 high 变量的取值向下排序，从而实现混合排序。

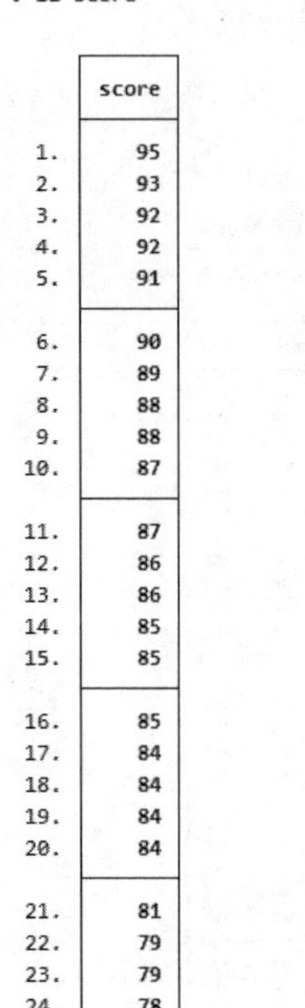

```
. gsort -score

. li score
```

	score
1.	95
2.	93
3.	92
4.	92
5.	91
6.	90
7.	89
8.	88
9.	88
10.	87
11.	87
12.	86
13.	86
14.	85
15.	85
16.	85
17.	84
18.	84
19.	84
20.	84
21.	81
22.	79
23.	79
24.	78
25.	77

图 2-31　单变量向下排序

```
. gsort -score -high

. li score high
```

	score	high
1.	95	170
2.	93	160
3.	92	166
4.	92	160
5.	91	179
6.	90	166
7.	89	178
8.	88	176
9.	88	160
10.	87	176
11.	87	163
12.	86	175
13.	86	163
14.	85	179
15.	85	162
16.	85	160
17.	84	189
18.	84	182
19.	84	165
20.	84	159
21.	81	168
22.	79	180
23.	79	175
24.	78	159
25.	77	175

图 2-32　多变量向下排序

```
. gsort score -high

. li score high
```

	score	high
1.	72	185
2.	74	186
3.	75	161
4.	76	178
5.	76	177
6.	77	175
7.	78	159
8.	79	180
9.	79	175
10.	81	168
11.	84	189
12.	84	182
13.	84	165
14.	84	159
15.	85	179
16.	85	162
17.	85	160
18.	86	175
19.	86	163
20.	87	176
21.	87	163
22.	88	176
23.	88	160
24.	89	178
25.	90	166

图 2-33　多变量混合排序

2.2.2　数据子集选择

在数据分析过程中，常常会遇到需要通过条件限制对数据的一个子集执行操作的情况。在 Stata 中，可以在命令中加上 in 或者 if 挑选条件，也可以使用 by 前置语句对数据子集重复执行命令。

1. in 的使用

in 用于指定观测个案值，观测个案值可以是某一个观测个案值，也可以是某个区间的观测个案值。in 的语法格式为：

```
. command in range
```

其中，command 表示 Stata 中的某个命令；range 代表数据子集的范围，它可以是一个数字，形式为“#”，也可以是从某个数字到另一个数字，形式为“#/#”，还可以是从某个数字到最后，形式为“#/l”（注意，这里的 l 是小写字母 l，而不是数字 1），以及从最开始到某个数字，形式为“f/#”。

例如：

. li GDP in 10 表示列出第 10 个观测个案的 GDP 变量的信息；

. sort GDP in 11/15 表示对第 11 个～第 15 个观测个案按 GDP 变量取值从小到大排序；

. sort GDP in 15/l 表示对第 15 个到最后一个观测个案按 GDP 变量取值从小到大排序；

. sort GDP in f/20 表示对第 1 个～第 20 个观测个案按 GDP 变量取值从小到大排序；

. sort GDP in-10/l 表示对最后 10 个观测个案按 GDP 变量取值从小到大排序。

在图 2-34 所示的结果中，通过 list 命令（简写为 li）展示第 1 个～第 10 个观测个案的 score 变量取值。图 2-35 展示的是最后 11 个观测个案的 score 变量取值，注意命令 “20/l” 中的 l 是英文字母 l，不是数字 1。

```
. list score in 1/10
```

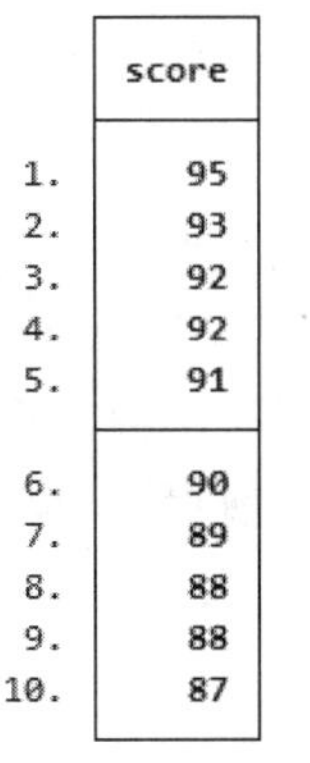

	score
1.	95
2.	93
3.	92
4.	92
5.	91
6.	90
7.	89
8.	88
9.	88
10.	87

图 2-34　in 的使用方法（1）

```
. list score in 20/l
```

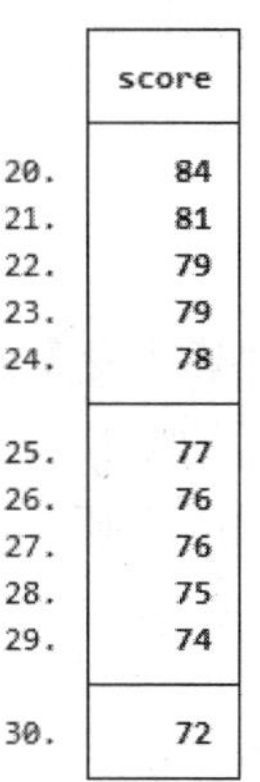

	score
20.	84
21.	81
22.	79
23.	79
24.	78
25.	77
26.	76
27.	76
28.	75
29.	74
30.	72

图 2-35　in 的使用方法（2）

2. if 的使用

if 用于挑选满足条件（表达式）的数据子集，通常跟在一个命令之后。if 的语法格式为：

```
. command if expression
```

command 表示 Stata 中的某个命令，expression 是需要满足的条件的表达式。对于含有 if

挑选条件的 Stata 命令，需要执行的命令只针对满足条件的观测个案。

例如：

```
. sort GDP if people>200
```

对于变量 people 取值大于 200 的观测个案，按 GDP 的取值从小到大排序。

```
. sort GDP if people>200&group==3
```

对于变量 people 取值大于 200 且组别 group==3 的观测个案，按 GDP 的取值从小到大排序。

需要注意的是，每个命令中只能有一个 if 引导的条件表达式，但是可以采用逻辑运算符"&"（并）和"|"（或）来组合表达式，即挑选条件的组合。关于 if 挑选条件的更多使用方法，在后续的章节中会详细介绍。

在图 2-36 所示的结果中，挑选个案子集的条件是 score 变量取值大于 85，将满足该条件的观测个案的 score 取值显示出来，这里仅显示了部分数据。如图 2-37 所示，挑选个案子集的条件是 female 变量取值大于 0，将满足这个条件的观测个案的 score 变量取值展示出来。

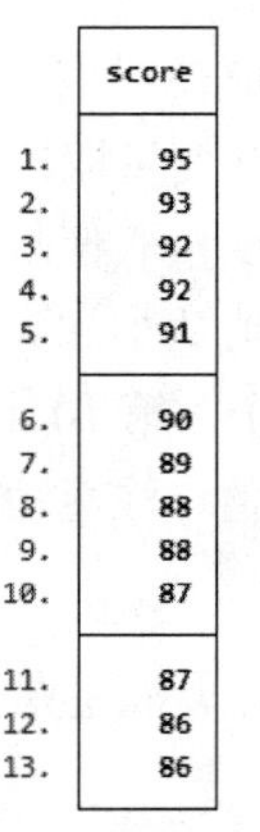

```
. list score if score>85

     score
 1.  95
 2.  93
 3.  92
 4.  92
 5.  91
 6.  90
 7.  89
 8.  88
 9.  88
10.  87
11.  87
12.  86
13.  86
```

图 2-36　if 的使用方法（1）

```
. list score female if female>0

     score   female
 1.   95     female
 2.   93     female
 3.   92     female
 4.   92     female
 6.   90     female
 9.   88     female
11.   87     female
13.   86     female
15.   85     female
16.   85     female
19.   84     female
20.   84     female
21.   81     female
24.   78     female
28.   75     female
```

图 2-37　if 的使用方法（2）

3．by 的使用

by 前置语句用于对某些变量具有相同取值的数据子集重复执行命令。使用 by 前置语句要求先将数据按 by 之后的变量排序，因此 by 前置语句的使用有两种方式。

第一种方式是先对 by 之后的变量进行排序，然后引入 by 前置语句对数据子集重复执行相同的命令。其语法格式为：

```
. sort varlist
. by varlist: command
```

varlist 是用来分组的变量，command 是 Stata 中的命令，表示先按分组变量数值大小排序，然后针对 varlist 的不同取值形成的数据子集重复执行 command 命令。

如图 2-38 所示，利用 sort 和 by 前置语句的结合对不同类别的个案子集完成相同的操作。在该操作中，female 是用于分组的变量，先利用 sort 命令对 female 变量进行向上排序，然后对 female 变量下的不同取值（即不同类别）分别执行相同的操作：进行 score 变量的统计描述。

```
. sort female

. by female: sum score

--------------------------------------------------------------------------------
-> female = 0

    Variable |        Obs        Mean    Std. Dev.       Min        Max
-------------+---------------------------------------------------------
       score |         15        81.8    5.990469         72         91

--------------------------------------------------------------------------------
-> female = female

    Variable |        Obs        Mean    Std. Dev.       Min        Max
-------------+---------------------------------------------------------
       score |         15    86.33333    5.614607         75         95

.
```

图 2-38 sort 与 by 前置语句的结合使用

第二种方式是将上述两步合并为一步，直接使用 bysort 语句，其语法格式为：

```
. bysort varlist: command
```

或者

```
. by varlist: command, sort
```

这两个命令是等价的。

与图 2-38 所要执行的数据整理任务相同，利用 bysort 语句得到的数据整理结果与 sort 和 by 前置语句结合使用的结果完全一致，如图 2-39 所示。

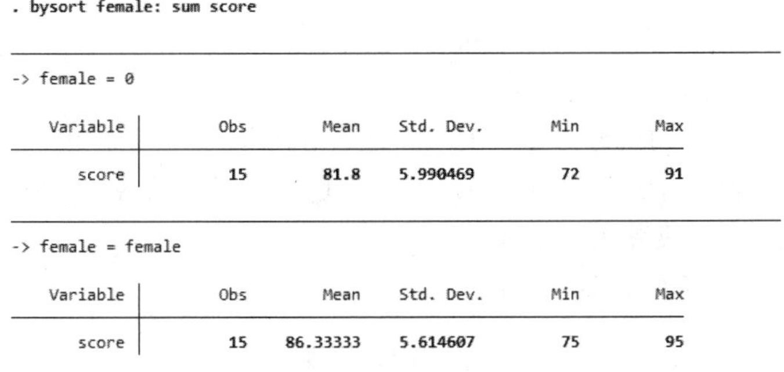

```
. bysort female: sum score

--------------------------------------------------------------------------------
-> female = 0

    Variable |        Obs        Mean    Std. Dev.       Min        Max
-------------+---------------------------------------------------------
       score |         15        81.8    5.990469         72         91

--------------------------------------------------------------------------------
-> female = female

    Variable |        Obs        Mean    Std. Dev.       Min        Max
-------------+---------------------------------------------------------
       score |         15    86.33333    5.614607         75         95
```

图 2-39 bysort 语句的使用

2.2.3 数据的保留和删除

在 Stata 中可以使用 keep 和 drop 命令来保留和删除数据中指定的部分，包括保留和删除观测个案和变量两种形式。这里需要注意的是，此时保留和删除数据仅在内存中完成，没有涉及更改硬盘中的原有数据。如果需要更改硬盘内的数据，则需要将内存数据存盘。

1. 观测个案的保留和删除

观测个案的保留和删除分别使用 keep 和 drop 命令，其语法格式为：

```
. keep if [in]
. drop if [in]
```

keep 和 drop 命令后直接跟筛选观测个案的条件，if 和 in 的使用方法与 2.2.2 节介绍的相同。

例如：

```
. keep if x>100
. drop if gdp<30000
```

2．变量的保留和删除

变量的保留和删除同样需要使用 keep 和 drop 命令，其语法格式为：

```
. keep varname1 varname2…
. drop varname1 varname2…
```

keep 和 drop 命令后紧跟需要保留和删除的变量名称，可以是一个变量，也可以是多个变量。用户在读取已有数据文件时，也可以直接指示 Stata 仅将需要的变量读入内存。其语法格式为：

```
. use varname1 varname2… using filename
```

例如，仅读入 cha2a.dta 数据文件中的 female 和 score 两个变量可使用如下命令。

```
. use female score using cha2a.dta
```

2.2.4　新变量生成与变量赋值

Stata 中的 generate 命令用于生成新变量，replace 和 recode 命令用于对已有变量重新赋值，另外 Stata 还提供 egen 命令用于更为复杂的生成新变量的操作。egen 命令的使用读者可参考相关书籍，本书不再介绍。

1．generate 命令

generate 命令用于生成新变量名称，其语法格式为：

```
. generate newvar=expression [if] [in]
```

newvar 是要生成的新变量，跟在 generate 后面，新变量的名称不可与数据中已有变量名称相同，否则 Stata 会提示错误。

“=”为新变量表达式的引导符号，表示的是“定义”，所以使用单个等号。

expression 为给新变量赋值的函数表达式，表达式一般包括常数、变量、四则运算符或函数，往往表现为常数或变量的函数表达式等。

Stata 中常用的运算符如表 2-3 所示。

表 2-3　Stata 中常用的运算符

类型	符号	说明	数学表达式	Stata 输入方式
算术运算符	^	乘方	x^y	x^(y)
	*	乘	$x \times y$	x*y
	/	除	$\frac{x}{y}$	x/y
	+	加	$x+y$	x+y
	–	减	$x-y$	x–y
关系运算符	==	等于	$x=y$	x==y
	～=	不等于	$x \neq y$	x～=y
	>	大于	$x>y$	x>y
	<	小于	$x<y$	x<y
	>=	大于等于	$x \geqslant y$	x>=y
	<=	小于等于	$x \leqslant y$	x<=y

续表

类型	符号	说明	数学表达式	Stata 输入方式
逻辑运算符	&	与	$x>1 \& y>1$	x>1&y>1
	|	或者	$x>1 \| y>1$	x>1|y>1
	~	否	$(x+y)\neq 5$	(x+y)~=5

在新变量的赋值表达式后，用户可以使用[if]或[in]来限定观测个案的选择范围，这部分内容在 2.2.2 节已介绍。这里需要注意的是，条件表达式中的等号是一种数量关系，要使用双等号“==”，要注意它和表示定义的单等号“=”的区别。

产生新变量时经常会产生缺失值。缺失值的出现主要是因为两种情况：第一种是给新变量赋值所用的变量中原本就存在缺失值，这样新生成的变量相应也会存在缺失值；第二种情况是利用 if 挑选时，不符合挑选条件的观测个案会被识别为缺失值。缺失值在 Stata 编辑器中显示为“.”。

在图 2-40 所示的数据整理操作中，生成的新变量为 y，其执行的函数表达式为 y=score/2。在图 2-41 所示的操作中，生成的新变量为 x，执行的函数表达式为 x=score-30，但是并非对所有观测个案都执行，通过 if 挑选条件，只有满足 female 为 0 的个案才计算新变量值，因此不满足条件的个案在新变量 x 的取值上就表现为缺失值，用“.”表示。

2．replace 命令

replace 命令用于改变已存在变量的取值，replace 命令经常与 generate 命令配合使用来创建一些特殊的变量。replace 命令和 generate 命令的用法和功能十分相似，generate 命令的运行结果是生成新变量，replace 命令的运行结果是改变已有变量的取值。由于 replace 命令会改变原始变量的取值，所以为谨慎起见，Stata 不允许使用这个命令的缩写形式。

replace 命令的语法格式为：

```
. replace oldvar=expression [if] [in]
```

当 replace 命令只针对部分观测个案数值进行更改时，可以使用 if 或 in 来指明挑选或限制条件。其用法与 generate 命令相似。

图 2-42 所示的数据整理结果是以图 2-41 所示的数据整理结果为基础所做的进一步操作。在图 2-41 中，通过 if 挑选条件，对于符合条件的观测个案，计算新变量 x 的数值，对于不符合条件的个案，新变量 x 的取值为缺失值。在图 2-42 所示的操作中，对于不符合条件的观测个案，即 female>0 的观测个案，将其 x 的取值（即缺失值）一并替换为 20，这也是缺失值插补的一种方式。

3．recode 命令

除了 replace 命令外，recode 命令也可以用于对已有变量重新赋值。recode 命令的使用方法与 replace 命令的使用方法相似，但是 recode 命令每次只能改变一个观测变量的数值。

recode 命令的语法格式为：

```
. recode oldvar expression
```

oldvar 是需要改变数值的变量，expression 是改变数值的命令。命令的形式很多，可以将某一范围的数值改变为某一个数值，也可以直接将某一个数值更改为另一个数值，更改后的数值与更改前的数值用“=”连接，表示“定义”。例如：

```
. recode score min/60=1 61/max=2
```

```
. generate y=score/2

. list score y
```

	score	y
1.	79	39.5
2.	77	38.5
3.	76	38
4.	79	39.5
5.	85	42.5
6.	88	44
7.	86	43
8.	72	36
9.	76	38
10.	84	42
11.	89	44.5
12.	84	42
13.	91	45.5
14.	87	43.5
15.	74	37
16.	85	42.5
17.	92	46
18.	84	42
19.	78	39
20.	86	43
21.	93	46.5
22.	85	42.5
23.	75	37.5
24.	95	47.5
25.	88	44

图 2-40　generate 命令

```
. generate x=score-30 if female==0
(15 missing values generated)

. list score x
```

	score	x
1.	79	49
2.	77	47
3.	76	46
4.	79	49
5.	85	55
6.	88	58
7.	86	56
8.	72	42
9.	76	46
10.	84	54
11.	89	59
12.	84	54
13.	91	61
14.	87	57
15.	74	44
16.	85	.
17.	92	.
18.	84	.
19.	78	.
20.	86	.
21.	93	.
22.	85	.
23.	75	.
24.	95	.
25.	88	.

图 2-41　带 if 挑选条件的 generate 命令

```
. replace x=20 if female>0
(15 real changes made)

. list score x female
```

	score	x	female
1.	79	49	0
2.	77	47	0
3.	76	46	0
4.	79	49	0
5.	85	55	0
6.	88	58	0
7.	86	56	0
8.	72	42	0
9.	76	46	0
10.	84	54	0
11.	89	59	0
12.	84	54	0
13.	91	61	0
14.	87	57	0
15.	74	44	0
16.	85	20	female
17.	92	20	female
18.	84	20	female
19.	78	20	female
20.	86	20	female
21.	93	20	female
22.	85	20	female
23.	75	20	female
24.	95	20	female
25.	88	20	female

图 2-42　replace 命令的使用

该命令用于更改变量 score 的取值，更改的规则是：将小于或等于 60 的值更改为 1，将大于或等于 61 的值更改为 2。

```
. recode score 100=1 95 90=2 nonmissing=3
```

该命令用于更改变量 score 的取值，更改的规则是：将数值 100 更改为 1，将数值 95 和 90 更改为 2，将其他所有非缺失值更改为 3。这里 nonmissing 表示其他所有非缺失值。

```
. recode score 100=1 95 90=2 else=3
```

该命令用于更改变量 score 的取值，更改的规则是：将数值 100 更改为 1，将数值 95 和 90 更改为 2，将其他所有值更改为 3。else 表示其他所有值（包括缺失值）。

在实际使用过程中，利用 generate 和 replace 命令的组合可以达到与 recode 命令相同的效果，图 2-43 和图 2-44 所示的结果分别显示了利用两种形式的命令执行同一种任务的程序语言。

在图 2-43 所示的操作中，首先生成一个新变量 lscore，让其数值等于 score 的数值，而后利用 replace 命令对新变量 lscore 赋值，赋值的方法是将 score 变量取值大于 80 的观测个案的 lscore 赋值为 1，将 score 变量取值小于等于 80 的观测个案的 lscore 赋值为 0。图 2-44 利用 recode 命令进行变量赋值的结果与图 2-41 相同。两种操作的不同之处在于 generate 和 replace 命令的组合使用并没有改变原始变量的取值，它通过新生成一个变量，对其赋值来完成目标任务。而使用 recode 命令后原始变量的取值发生了改变，因此在使用时要加以注意。

```
. generate lscore=score

. replace lscore=1 if score>80
(21 real changes made)

. replace lscore=0 if score<=80
(9 real changes made)

. list score lscore

     +----------------+
     | score   lscore |
     |----------------|
  1. |    79        0 |
  2. |    77        0 |
  3. |    76        0 |
  4. |    79        0 |
  5. |    85        1 |
     |----------------|
  6. |    88        1 |
  7. |    86        1 |
  8. |    72        0 |
  9. |    76        0 |
 10. |    84        1 |
     |----------------|
 11. |    89        1 |
 12. |    84        1 |
 13. |    91        1 |
 14. |    87        1 |
 15. |    74        0 |
     |----------------|
 16. |    85        1 |
 17. |    92        1 |
 18. |    84        1 |
 19. |    78        0 |
 20. |    86        1 |
     |----------------|
```

图 2-43　generate 和 replace 命令的组合使用（部分数据）

```
. recode score 81/100=1 0/80=0
(score: 30 changes made)

. list score

     +-------+
     | score |
     |-------|
  1. |     0 |
  2. |     0 |
  3. |     0 |
  4. |     0 |
  5. |     1 |
     |-------|
  6. |     1 |
  7. |     1 |
  8. |     0 |
  9. |     0 |
 10. |     1 |
     |-------|
 11. |     1 |
 12. |     1 |
 13. |     1 |
 14. |     1 |
 15. |     0 |
     |-------|
 16. |     1 |
 17. |     1 |
 18. |     1 |
 19. |     0 |
 20. |     1 |
     |-------|
 21. |     1 |
 22. |     1 |
 23. |     0 |
 24. |     1 |
 25. |     1 |
     |-------|
```

图 2-44　recode 命令的使用（部分数据）

2.2.5　虚拟变量的生成

虚拟变量又称标识变量，是最简单的类别变量之一。虚拟变量的取值为 0 和 1，取值为 1 表示满足某种特征，取值为 0 表示其他情况。例如，变量国籍为虚拟变量，当国籍取值为 1 时，表示中国；当国籍取值为 0 时，表示其他国家。Stata 提供了多种方式生成虚拟变量，本节重点介绍 generate 和 replace 的组合命令、recode 命令以及 tabulate 命令这 3 种方式。

1．generate 和 replace 的组合命令

2.2.4 节已经介绍了 generate 和 replace 命令的基本使用规则，将两种命令组合使用可以直接生成虚拟变量。

如图 2-43 所示，lscore 变量即生成的虚拟变量，其取值为 0 和 1。1 表示满足 score>80 的条件，0 表示不满足。

2．recode 命令

除了使用 generate 和 replace 的组合命令之外，单独使用 recode 命令也可以生成虚拟变量，recode 命令的使用规则在 2.2.4 节已介绍。

如图 2-42 所示，使用 recode 命令后，原始变量 score 变为虚拟变量，其取值为 0 和 1，其中 1 表示满足 score>80 的条件，0 表示不满足。

3．tabulate 命令

tabulate 命令主要用于生成频次表，即列出目标变量的所有取值类别及其对应的频次。在 tabulate 命令的基础上配合使用 generate 命令也可生成虚拟变量，这时生成的虚拟变量适用于类别变量，即对应于目标变量的每个类别或组别生成一个虚拟变量。

使用该方式生成虚拟变量的语法格式为：

```
. tabulate varname, generate(newvar)
. li varname newvar [if] [in], clean
```

其中，varname 是指生成虚拟变量时所依据的目标变量，newvar 是指生成的虚拟变量的起始字符，目标变量有几个类别，就生成几个虚拟变量，分别命名为 newvar1、newvar2…

仍采用上例，利用 tabulate 命令设置虚拟变量的步骤如下。

在 cha2a.dta 的数据文件中通过前面的分析可知，source 变量为字符变量，其取值为 6 个省级行政区的名称（拼音拼写）。source 变量本身就可作为一个分类变量，其下每一个省级行政区可作为一个取值，设置一个虚拟变量，取值 1 表示观测个案为该省级行政区个案，0 表示不为该省级行政区。

针对这一情况，直接应用 tabulate 命令即可完成上述任务，详细语法格式及结果显示如图 2-45 所示。

```
. tabulate source, generate(rsource)
```

source	Freq.	Percent	Cum.
beijing	2	6.67	6.67
hainan	5	16.67	23.33
hebei	3	10.00	33.33
henan	14	46.67	80.00
jilin	4	13.33	93.33
shanghai	2	6.67	100.00
Total	30	100.00	

图 2-45　tabulate 命令

通过图 2-46 所示的 list 命令可以看到，针对每一个省级行政区单独设置一个虚拟变量，因此一共设置了 6 个虚拟变量，每一个观测个案只在一个虚拟变量上取值为 1，在其他虚拟变量上取值均为 0，从而表示它的 source 属性。

```
. list source rsource*
```

	source	rsource1	rsource2	rsource3	rsource4	rsource5	rsource6
1.	beijing	1	0	0	0	0	0
2.	henan	0	0	0	1	0	0
3.	henan	0	0	0	1	0	0
4.	shanghai	0	0	0	0	0	1
5.	hebei	0	0	1	0	0	0
6.	hainan	0	1	0	0	0	0
7.	hebei	0	0	1	0	0	0
8.	henan	0	0	0	1	0	0
9.	henan	0	0	0	1	0	0
10.	henan	0	0	0	1	0	0
11.	jilin	0	0	0	0	1	0
12.	hainan	0	1	0	0	0	0
13.	jilin	0	0	0	0	1	0
14.	henan	0	0	0	1	0	0
15.	jilin	0	0	0	0	1	0
16.	henan	0	0	0	1	0	0
17.	henan	0	0	0	1	0	0
18.	hainan	0	1	0	0	0	0
19.	henan	0	0	0	1	0	0
20.	hainan	0	1	0	0	0	0
21.	jilin	0	0	0	0	1	0
22.	hebei	0	0	1	0	0	0
23.	beijing	1	0	0	0	0	0
24.	hainan	0	1	0	0	0	0
25.	henan	0	0	0	1	0	0
26.	henan	0	0	0	1	0	0
27.	henan	0	0	0	1	0	0

图 2-46　tabulate 命令生成虚拟变量结果

2.2.6　变量类型转换

2.1.4 节介绍了根据变量的取值类型，可以将变量分为数值变量和字符变量。受到取值类型的限制，在数据分析过程中，变量可能无法参与某些分析过程，因此有时需要在数值变量与字符变量之间转换，以满足分析所需。

1．字符变量转变为数值变量

将字符变量转变为数值变量的命令为 encode，该命令可以为已经存在的字符变量添加一个有标签的数值变量。encode 命令可实现自动赋值，其步骤为：首先 Stata 自动将字符变量按首字母的顺序排序，排序规则为按 a～Z 排序；然后将排序后的字符变量从 1 开始赋值，形成数值变量，即将 1 赋值给排在第一位的字符变量。

encode 命令的语法为：

```
. encode varname [if] [in], generate(newvar) [label(name)]
```

varname 表示需要转换的字符变量，newvar 为新生成的数值变量，label(name)用于指定新变量使用的标签名称，如果不加这一项，那么默认新变量与原有的字符变量使用相同的标签，一般情况下这一项可以省略。

source 变量为字符变量，如图 2-47 所示，encode 命令利用 source 变量的取值生成一个新的变量 lsource，lsource 变量即数值变量。在图 2-47 中显示 lsource 变量对应的变量数值标签。在图 2-48 所示的结果中添加 nolab 选项，不允许显示变量数值标签，直接显示 lsource 变量对应的数值。

```
. encode source, generate(lsource)

. list source lsource

     +---------------------+
     |   source    lsource |
     |---------------------|
  1. |  beijing    beijing |
  2. |    henan      henan |
  3. |    henan      henan |
  4. | shanghai   shanghai |
  5. |    hebei      hebei |
     |---------------------|
  6. |   hainan     hainan |
  7. |    hebei      hebei |
  8. |    henan      henan |
  9. |    henan      henan |
 10. |    henan      henan |
     |---------------------|
 11. |    jilin      jilin |
 12. |   hainan     hainan |
 13. |    jilin      jilin |
 14. |    henan      henan |
 15. |    jilin      jilin |
     |---------------------|
 16. |    henan      henan |
 17. |    henan      henan |
 18. |   hainan     hainan |
 19. |    henan      henan |
 20. |   hainan     hainan |
     |---------------------|
 21. |    jilin      jilin |
 22. |    hebei      hebei |
 23. |  beijing    beijing |
 24. |   hainan     hainan |
 25. |    henan      henan |
     +---------------------+
```

图 2-47　encode 命令

```
. list source lsource, nolab

     +--------------------+
     |   source   lsource |
     |--------------------|
  1. |  beijing         1 |
  2. |    henan         4 |
  3. |    henan         4 |
  4. | shanghai         6 |
  5. |    hebei         3 |
     |--------------------|
  6. |   hainan         2 |
  7. |    hebei         3 |
  8. |    henan         4 |
  9. |    henan         4 |
 10. |    henan         4 |
     |--------------------|
 11. |    jilin         5 |
 12. |   hainan         2 |
 13. |    jilin         5 |
 14. |    henan         4 |
 15. |    jilin         5 |
     |--------------------|
 16. |    henan         4 |
 17. |    henan         4 |
 18. |   hainan         2 |
 19. |    henan         4 |
 20. |   hainan         2 |
     |--------------------|
 21. |    jilin         5 |
 22. |    hebei         3 |
 23. |  beijing         1 |
 24. |   hainan         2 |
 25. |    henan         4 |
     +--------------------+
```

图 2-48 encode 命令（添加 nolab）

需要注意的是，如果字符变量的取值只包含数字（即使此时表现为数字，但是Stata认为此时的数字是字符串，不可参与运算），将字符变量转变为数值变量使用的命令为：

```
. generate newvar=real(varname)
```

2．数值变量转变为字符变量

将数值变量转变为字符变量的命令是decode。decode命令将原有的数值变量的数值标签作为新生成的字符变量的取值，如果原有的数值变量没有设置数值标签，这一转换过程就无法实现。

decode命令的语法格式为：

```
. decode varname [if] [in], generate(newvar) [maxlength(#)]
```

这里，varname表示需要转换的数值变量，newvar为新生成的字符变量，maxlength(#)用于指定新生成的字符变量的长度，#的取值范围为1～244，默认为maxlength(244)，一般情况下这一项可以省略。

在2.1.5节针对cha2a.dta数据文件的操作中已经为female变量设置了变量数值标签，其中1表示female，0表示male。在将数值变量转变为字符变量的过程中，实际上新产生的字符变量的取值就是原数值变量的变量数值标签，图2-49和图2-50所示的结果均是decode命令的结果，区别在于通过nolab选项控制是否显示female变量的变量数值标签。

```
. decode female, generate(femalex)

. list score female femalex
```

	score	female	femalex
1.	0	male	male
2.	0	male	male
3.	0	male	male
4.	0	male	male
5.	1	male	male
6.	1	male	male
7.	1	male	male
8.	0	male	male
9.	0	male	male
10.	1	male	male
11.	1	male	male
12.	1	male	male
13.	1	male	male
14.	1	male	male
15.	0	male	male
16.	1	female	female
17.	1	female	female
18.	1	female	female
19.	0	female	female
20.	1	female	female
21.	1	female	female
22.	1	female	female
23.	0	female	female
24.	1	female	female
25.	1	female	female

图2-49　decode命令

```
. list score female femalex, nolab
```

	score	female	femalex
1.	0	0	male
2.	0	0	male
3.	0	0	male
4.	0	0	male
5.	1	0	male
6.	1	0	male
7.	1	0	male
8.	0	0	male
9.	0	0	male
10.	1	0	male
11.	1	0	male
12.	1	0	male
13.	1	0	male
14.	1	0	male
15.	0	0	male
16.	1	1	female
17.	1	1	female
18.	1	1	female
19.	0	1	female
20.	1	1	female
21.	1	1	female
22.	1	1	female
23.	0	1	female
24.	1	1	female
25.	1	1	female

图2-50　decode命令（添加nolab）

2.2.7　Stata中的常用函数

Stata中的函数众多，主要包括数学函数、概率函数、随机数字函数和一些其他类型的函数。表2-4～表2-7列出了Stata中的常用函数。各个函数的具体使用方法用户可以通过help functions命令来查看和学习。

表 2-4 列出了 Stata 中的常用数学函数。

表 2-4　　Stata 中的常用数学函数

函数名称	解释与说明
abs(x)	取绝对值
ceil(x)	取大于等于 x 的最小整数。如在 $n-1<x\leqslant n$ 时取整数 n
floor(x)	取小于等于 x 的最大整数。如在 $n\leqslant x<n+1$ 时取整数 n
trunx(x)	截取 x 的整数部分
comb(n,k)	计算组合 $\frac{n!}{k!(n-k)!}$
exp(x)	指数函数，取自然指数
int(x)	取整数
sign(x)	符号函数：当 x<0 时为–1，当 x=0 时为 0，当 x>0 时为+1
ln(x)	取自然对数（以 e 为底）
log(x)	取自然对数，类似 ln(x)
log10(x)	取自然对数（以 10 为底）
logit(x)	x 的对数发生比，即 $\ln\frac{x}{1-x}$
$\max(x_1,x_2,\cdots,x_n)$	取最大值
$\min(x_1,x_2,\cdots,x_n)$	取最小值
mod(x,y)	取 $\frac{x}{y}$ 的余数
round(x)	取 x 四舍五入的整数
round(x,y)	取 x 四舍五入的整数，其中 y 为四舍五入的单位，如 round(49,10)=50
sqrt(x)	取平方根
mean(x)	取均值
sum(x)	求和
sin(x)	正弦函数，取正弦值
cos(x)	余弦函数，取余弦值
tan(x)	正切函数，取正切值
acos(x)	反余弦函数
asin(x)	反正弦函数
atan(x)	反正切函数
atan2(y,x)	取 y/x 的反正切函数值

表 2-5 列出了 Stata 中的常用概率函数。

表 2-5 Stata 中的常用概率函数

函数名称	解释与说明
chi2(n,x)	自由度为 n 的 χ^2 累积分布函数
chi2tail(n,x)	chi2tail(n,x)=1– chi2(n,x)
F(n1,n2,f)	自由度分别为 n1 和 n2 的 F 累积分布函数
Ftail(n1,n2,f)	Ftail(n1,n2,f)=1– F(n1,n2,f)
normal(z)	标准正态分布的累积函数
ttail(n,t)	自由度为 n 的反向累积 t 分布
invchi2(n,p)	chi2(n,p)的反函数
invchi2tail(n,p)	chi2tail(n,p)的反函数
invF(n1,n2,p)	F(n1,n2,p)的反函数
invFtail(n1,n2,p)	Ftail(n1,n2,p)的反函数
invnormal(p)	累积标准正态分布函数的反函数。若 normal(z)=p，则 invnormal(p)=z
invttail(n,p)	ttail(n,p)的反函数
std(x)	取标准差

表 2-6 列出了 Stata 中的常用随机数字函数。

表 2-6 Stata 中的常用随机数字函数

函数名称	解释和说明
uniform()	生成数值在 [0,1) 均匀分布的虚拟随机数字
invnormal(uniform())	生成标准正态分布的随机数字

注：()内无内容，但是不可省略。

除了上述常用函数形式外，Stata 还提供了一些其他常用函数，如表 2-7 所示。

表 2-7 Stata 中的其他常用函数

函数名称	解释和说明
autocode(x,n,x0,x1)	自动分组赋值
cond(x,a,b,c)	条件赋值：等于 x，取值为 a；不等于 x，取值为 b；缺失，取值为 c
recode(x,x1,x2,⋯,xn)	重新分组赋值
rmin(x1,x2,⋯,xn)	取变量 x1～xn 中的最小值
rmax(x1,x2,⋯,xn)	取变量 x1～xn 中的最大值
rmean(x1,x2,⋯,xn)	取变量 x1～xn 的均值
rsum(x1,x2,⋯,xn)	取变量 x1～xn 的求和值
robs(x1,x2,⋯,xn)	取变量 x1～xn 中的非缺失值的个数

2.2.8　display 命令的使用

将 display 命令与运算表达式结合起来，可以让 Stata 转变为计算器。使用这一功能时并不影响内存中的数据。

display 命令的语法格式为：

```
. display expression/function
```

即 display 后紧跟运算表达式或者函数表达式，计算结果会直接显示在结果窗口中，另外 display 还可以直接显示当前 Stata 运算的统计结果，如图 2-51 所示。

```
. display 00/(5*20)
0

. display 800/(5*20)
8

. display 5^4
625
```

图 2-51　display 功能结果显示

习　题

1. 为变量增加注释和标签的目的是什么？
2. 变量类型转换包括哪几种情况？
3. 生成虚拟变量的命令是什么？

上机实训

统计得到 3 个班级学生的基本信息，包括班级（class）、性别（sex）、年龄（age）、体重（weight）和身高（height），数据详情如表 2-8 所示。

表 2-8　学生基本信息

class	sex	age/岁	weight/千克	height/厘米
1	f	15	46	156
1	f	14	41	162
1	f	15	50	159
1	m	13	48	166
1	m	14	39	160
2	m	16	38	158
2	f	16	41	155

续表

class	sex	age/岁	weight/千克	height/厘米
2	f	15	45	162
2	m	14	52	163
2	m	15	49	158
3	m	13	48	157
3	f	16	47	163
3	f	17	39	169
3	f	16	44	170
3	f	16	46	157

请进行如下数据处理。

（1）按体重数据从小到大的顺序将观测个案排序。

（2）将身高高于 165 厘米的观测个案挑选出来。

（3）计算新变量体重身高比，其数值等于体重/身高。

第3章 数据的描述与Stata实现

数据的描述是数据分析的基础和前提。通过对数据进行基本描述分析，可以对数据的总体特征有较为准确的把握，从而有助于选择其他更为深入的数据分析方法。根据数据使用途径的差异，数据的描述分为数值变量数据的描述和分类变量数据的描述。前者主要包括常用的描述统计量的输出，后者主要包括交叉列联表分析。还可以借助统计图形的输出来对数据特征进行直观的信息把握。

学习目标

（1）了解连续变量的常用描述统计量计算原理及 Stata 实现过程。

（2）熟悉交叉列联表的构建和独立性检验以及 Stata 实现过程。

（3）掌握常用统计图形的绘制方法及 Stata 实现过程。

知识框架

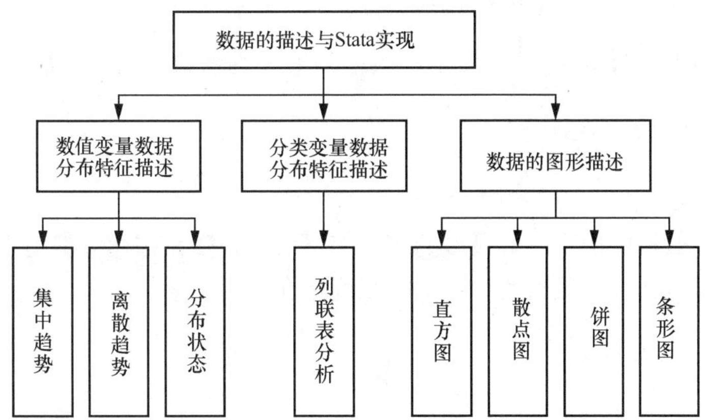

3.1 数值变量数据的分布特征描述

3-1 数值变量数据的分布特征描述

在数据分析中，数值变量包括连续变量和离散变量，对数值变量数据的描述集中于数据的集中趋势、离散趋势和分布状态等统计量的计算。

3.1.1 集中趋势描述

常用的表示数据集中趋势的统计量有均值、中位数和众数。其中均值是参数统计量，中位数和众数是位置统计量。

1. 均值

均值（平均值、平均数，Mean）表示的是某变量所有取值的集中趋势或平均水平，分为总体均值和样本均值。

若一组数据 $X_1,X_2,\cdots,X_N$ 代表一个大小为 N 的有限总体，则总体均值为：

$$\mu=\frac{\sum_{i=1}^{N}X_i}{N}$$

若一组数据 $x_1,x_2,\cdots,x_n$ 代表一个大小为 n 的有限样本，则样本均值为：

$$\overline{x}=\frac{\sum_{i=1}^{n}x_i}{n}$$

样本数据来自总体。样本数据的统计量可以反映总体数据的特征，但由于抽样等原因，使得样本数据不一定能够完全准确地反映总体数据的特征，它可能与总体的真实值之间存在一定的差异。进行不同次抽样，会得到若干不同的样本均值，它们与总体均值存在着不同的差异。

2. 中位数

把一组数据按递增或递减的顺序排列，处于中间位置的变量值就是中位数。它是一种位置统计量，所以不会受到极端数值的影响，具有较高的稳健性。

一个长度为 N 的数列，要求其中位数，首先应把该数列按大小顺序排列好。如果 N 为奇数，那么该数列的中位数是 $\frac{N+1}{2}$ 位置上的数；如果 N 为偶数，则中位数是该数列中第 $\frac{N}{2}$ 与第 $\frac{N}{2}$+1 位置上两个数值的平均数。

3. 众数

众数是指一组数据中出现次数最多的那个变量值。众数在描述数据集中趋势方面有一定的意义。通常通过统计各个数值的出现频次来确定众数。

3.1.2 离散趋势描述

常用的表示数据离散趋势的统计量有方差、标准差、全距、分位数和均值标准误。

1. 方差和标准差

方差（Variance）是所有变量值与平均数偏差平方的平均值，它表示一组数据分布的离散程度的平均值。标准差（Standard Deviation）是方差的平方根，它表示一组数据关于平均数的平均离散程度。方差和标准差越大，说明变量值之间的差异越大，距离平均数这个“中心”的离散趋势越大。总体方差、总体标准差、样本方差、样本标准差的计算公式为：

总体方差：$\sigma^2=\frac{\sum(x_i-\mu)^2}{N}$　　　　总体标准差：$\sigma=\sqrt{\sigma^2}$

样本方差：$s^2 = \dfrac{\sum (x_i - \bar{x})^2}{n-1}$　　　　样本标准差：$s = \sqrt{s^2}$

其中，μ为总体平均数；$\bar{x}$ 为样本平均数；x_i 为第 i 个样本的变量值；N 为总体的个数；n 为样本的个数。

2．全距

全距也称为极差，是数据的最大值与最小值之间的绝对差。相同样本容量情况下的两组数据，全距大的一组数据要比全距小的一组数据更为分散。

3．分位数

分位数是位置统计量，常用的分位数统计量有四分位数、十分位数和百分位数。

四分位数是将一组数据由小到大（或由大到小）排序后，用 3 个点将全部数据分为 4 等份，与 3 个点相对应的变量称为四分位数，分别记为 Q_1（第一四分位数）、Q_2（第二四分位数）、Q_3（第三四分位数）。其中，Q_3 与 Q_1 之间距离的一半又称为四分位差，记为 Q。四分位差越小，说明中间的数据越集中；四分位差越大，则意味着中间的数据越分散。

十分位数是将一组数据由小到大（或由大到小）排序后，用 9 个点将全部数据分为 10 等份，与 9 个点相对应的变量称为十分位数，分别记为 $D_1,D_2,\cdots,D_9$，表示 10%的数据落在 D_1 下，20%的数据落在 D_2 下，90%的数据落在 D_9 下。

百分位数是将一组数据由小到大（或由大到小）排序后分割为 100 等份，与 99 个分割点相对应的变量称为百分位数，分别记为 $P_1,P_2,\cdots,P_{99}$，表示 1%的数据落在 P_1 下，2%的数据落在 P_2 下，99%的数据落在 P_{99} 下。

3.1.3　分布状态描述

常用的数据分布状态的描述统计量是偏度和峰度。

1．偏度

偏度是描述某变量取值分布对称性的统计量。具体的计算公式为：

$$\text{Skewness} = \frac{1}{n-1}\sum_{i=1}^{n}(x_i - \bar{x})^3 / S^3$$

其中，S^3 为样本标准差的三次方。

偏度是与正态分布相比较的量，偏度为 0 表示其数据分布状态与正态分布偏度相同；偏度大于 0 表示正偏差数值较大，为正偏或右偏，即有一条长尾巴拖在右边；偏度小于 0 表示负偏差数值较大，为负偏或左偏，有一条长尾巴拖在左边。偏度的绝对值越大，表示分布状态的偏斜程度越大。

2．峰度

峰度是描述某变量所有取值分布状态陡缓程度的统计量。峰度是与正态分布相比较的量，峰度为 0 表示其数据分布与正态分布的陡缓程度相同；峰度大于 0 表示比正态分布高峰要陡峭，为尖顶峰；峰度小于 0 表示比正态分布的高峰要平坦，为平顶峰。具体的计算公式为：

$$\text{Kurtosis} = \frac{1}{n-1}\sum_{i=1}^{n}(x_i - \bar{x})^4 / S^4 - 3$$

其中，S^4 为样本标准差的四次方。

3．Z 分数标准化及线性转换

不论是一手数据还是二手数据，都往往存在指标单位、数量级等不一致的问题，这会给后续的统计模型构建和分析带来困扰，因此在数据的预处理阶段，通常需要进行数据标准化。常用的数据标准化方法较多，其中 Z 分数标准化方法充分利用了所有数据的分布信息，具有较优良的统计性质。

Z 分数是指从平均数为 μ，标准差为 σ 的总体中抽出一个变量值 x，Z 分数表示此变量值大于或小于平均数几个标准差。由于 Z 分数分母的单位与分子的相同，故 Z 分数没有单位，因此能够用来比较两个从不同单位总体中抽出的变量值。

Z 分数的计算表达式为：

$$Z = \frac{x - \mu}{\sigma}$$

将原始数据直接转换为 Z 分数时，常会出现负数和带小数点的值，实际使用起来很不方便。因此，在有些情况下，可以对 Z 分数进一步加以线性转换，使之成为正的数值。最典型的 Z 分数线性转换就是 T 分数，其表达式为：

$$T = 10Z + 50$$

3.1.4 Stata 基本命令

Stata 中对数据的描述分为两种：一种是查看数据概要，另一种是描述统计量的计算。

1．查看数据概要

查看数据概要的主要命令为 describe，除此之外，还可使用 list、codebook 等命令进行全方位的数据概要展示。

describe 命令可列出数据的基本信息，包括变量名称、存储方式、显示格式、标签和数值标签等。describe 命令可简写为 d，若只想观察数据文件的基本信息，则可在 describe 后面加上选项 simple，也可简写为 s，即

```
. d, s
. describe, s
. describe, simple
```

上述 3 个命令的作用实际上是一致的。

list 命令用于列出已有数据，并查看数据的取值，是极为常用的数据描述命令，简写为 li。list 命令可单独使用，即输出已有数据中所有变量的取值信息，也可以配合 if、in 等查看满足条件的观测个案取值。list 命令的基本语法为：

```
. list
. list varlist [if] [in] [, options]
```

常用的命令举例：

```
. list x y z in 1/10
```

列举前 10 个观测个案的 x 、y、z 这 3 个变量的取值。

```
. list x y if z>30
```

列举 z 变量取值大于 30 的观测个案的 x、y 两个变量的取值。

codebook 命令用于查看变量的包括取值区间在内的详细信息。其基本语法为：

```
codebook varlist [if] [in]
```

varlist 可以是一个变量，也可以是多个变量。

2．描述统计量的计算

Stata 中用于计算描述统计量的命令主要有 summarize 和 tabstat。

summarize 可简写为 sum，其可以给出内存数据中所有数值变量的基本描述统计量，包括观测个案数、均值、标准差、极大值、极小值，也可以在 summarize 命令后加上变量名称，输出指定变量的基本描述统计量。如果 summarize 命令后添加的为字符变量，则仅输出变量名称，其他的基本描述统计量无法输出。summarize 命令的基本语法为：

```
. summarize varlist
```

如果需要了解变量更多的信息，则可在 summarize 命令后加上选项 detail，简写为 d，则在上述 summarize 输出的基本描述统计量的基础上，还可以输出百分位数、偏度值、峰度值等。其基本语法为：

```
. summarize varlist, d
```

tabstat 命令也可以用于计算并输出描述统计量，但是计算结果以表格的形式输出。使用 tabstat 命令不仅需要指定变量，还需要指定计算的统计量名称，如果不指定统计量名称，则默认只输出均值。tabstat 命令的基本语法为：

```
. tabstat varlist, stats(stats_options)
```

stats(stats_options)用来指定输出的描述统计量，stats_options 为描述统计量名称，详细内容如表 3-1 所示。

表 3-1　　stats_opitons 详细内容

选项	内容	选项	内容
mean	均值	sd	标准差
median	中位数	cv	离差系数
sum	求和	semean	均值标准误
count	计数	kurtosis	峰度值
n	同计数	skewness	偏度值
max	最大值	q	四分位数
min	最小值	p#	百分位数
range	全距	iqr	四分位区间，Q3–Q1
var	方差		

tabstat 命令配合 by( )选项可以输出分组描述统计量。

3.1.5　案例详解与 Stata 实现：某跨国集团子公司研发现状描述统计分析

1．数据

某跨国集团在亚洲、欧洲和澳洲共设置有 20 家子公司，2018 年三大洲的 20 家子公司营业数据如表 3-2 所示，此数据包括子公司名称（company）、子公司研发费用（R&D）、新产品销售收入（newincome）、地理区位（area，1 代表亚洲地区，2 代表欧洲地区，3 代表澳洲地区）。

表 3-2　　营业数据

company	R&D/万元	newincome/万元	area
A	29742	2545209	1
B	48545	3424277	1
C	12937	591647.5	2
D	33532	2114732	1
E	7764	1066682	2
F	7746	390831.6	2
G	139590	13477381	1
H	63942	5740182	2
I	66691	2903595	1
J	34602	3438734	2
K	136562	8133847	1
L	68558	3765474	2
M	66453	3994239	2
N	11703	64157.62	1
O	42764	2366625	3
P	14515	579093	3
Q	89	1642.238	3
R	4535	218667.3	3
S	3919	301469.9	3
T	52133	275252.8	3

2．研究目的

对该跨国集团 20 家子公司的研发现状进行描述统计分析。

3．软件实现

将表 3-2 中的营业数据引入 Stata，并将数据文件存储为 statistics.dta。在引入数据的过程中可以发现，根据 Stata 的变量命名规则，R&D 变量名被自动识别为 rd。数据引入结果如图 3-1 所示。图 3-1 所示数据小数点后有效位数可以通过设置来调整。

存储完数据后，若想观察数据文件和具体变量的情况，则可利用 describe 命令和 list 命令。图 3-2 中上半部分为完整的文件信息，下半部分为简单版，只给出观测个案、变量个数。

	company	rd	newincome	area
1	A	29742	2.5e+06	1
2	B	48545	3.4e+06	1
3	C	12937	591648	2
4	D	33532	2.1e+06	1
5	E	7764	1.1e+06	2
6	F	7746	390832	2
7	G	139590	1.3e+07	1
8	H	63942	5.7e+06	2
9	I	66691	2.9e+06	1
10	J	34602	3.4e+06	2
11	K	136562	8.1e+06	1
12	L	68558	3.8e+06	2
13	M	66453	4.0e+06	2
14	N	1170	64158	1
15	O	42764	2.4e+06	3
16	P	14515	579093	3
17	Q	89	1642	3
18	R	4535	218667	3
19	S	3919	301470	3
20	T	52133	275253	3

图 3-1 statistics.dta 数据详情

```
. describe

Contains data from F:\stata\data\statistics.dta
  obs:            20
 vars:             4                          1 May 2019 00:01
----------------------------------------------------------------
              storage   display    value
variable name   type    format     label      variable label
----------------------------------------------------------------
company         str1    %9s
rd              float   %8.0g                 R&D
newincome       float   %8.0g
area            byte    %8.0g
----------------------------------------------------------------
Sorted by:

. d, s

Contains data from F:\stata\data\statistics.dta
  obs:            20
 vars:             4                          1 May 2019 00:01
Sorted by:
```

图 3-2 describe 命令及运行结果（完整版和简单版）

图 3-3 所示为 list 命令的 3 种常用语法及运行结果，图 3-3（a）所示的 list 命令显示了所有观测个案的 rd 和 newincome 变量信息；图 3-3（b）所示的 list 命令仅显示取值为 2 的 area 变量，即欧洲地区观测个案的变量信息；图 3-3（c）所示的 list 命令仅显示第 10～20 个观测个案的变量信息。

```
. list rd newincome

     +--------------------+
     |      rd   newinc~e |
     |--------------------|
  1. | 29741.6    2.5e+06 |
  2. | 48545.4    3.4e+06 |
  3. | 12937.1     591648 |
  4. | 33532.2    2.1e+06 |
  5. | 7764.48    1.1e+06 |
     |--------------------|
  6. | 7746.34     390832 |
  7. |  139590    1.3e+07 |
  8. | 63942.1    5.7e+06 |
  9. | 66691.3    2.9e+06 |
 10. | 34602.2    3.4e+06 |
     |--------------------|
 11. |  136562    8.1e+06 |
 12. | 68557.7    3.8e+06 |
 13. | 66452.9    4.0e+06 |
 14. | 1170.21    64157.6 |
 15. | 42763.8    2.4e+06 |
     |--------------------|
 16. | 14514.5     579093 |
 17. |   89.44    1642.24 |
 18. | 4534.91     218667 |
 19. | 3919.39     301470 |
 20. | 52133.4     275253 |
     +--------------------+
```

（a）

```
. list rd newincome if area==2

     +--------------------+
     |      rd   newinc~e |
     |--------------------|
  3. | 12937.1     591648 |
  5. | 7764.48    1.1e+06 |
  6. | 7746.34     390832 |
  8. | 63942.1    5.7e+06 |
 10. | 34602.2    3.4e+06 |
     |--------------------|
 12. | 68557.7    3.8e+06 |
 13. | 66452.9    4.0e+06 |
     +--------------------+
```

（b）

```
. list rd newincome in 10/20

     +--------------------+
     |      rd   newinc~e |
     |--------------------|
 10. | 34602.2    3.4e+06 |
 11. |  136562    8.1e+06 |
 12. | 68557.7    3.8e+06 |
 13. | 66452.9    4.0e+06 |
 14. | 1170.21    64157.6 |
     |--------------------|
 15. | 42763.8    2.4e+06 |
 16. | 14514.5     579093 |
 17. |   89.44    1642.24 |
 18. | 4534.91     218667 |
 19. | 3919.39     301470 |
     |--------------------|
 20. | 52133.4     275253 |
     +--------------------+
```

（c）

图 3-3　list 命令及运行结果

使用 codebook 命令可以得到更为具体的信息，如图 3-4 所示。

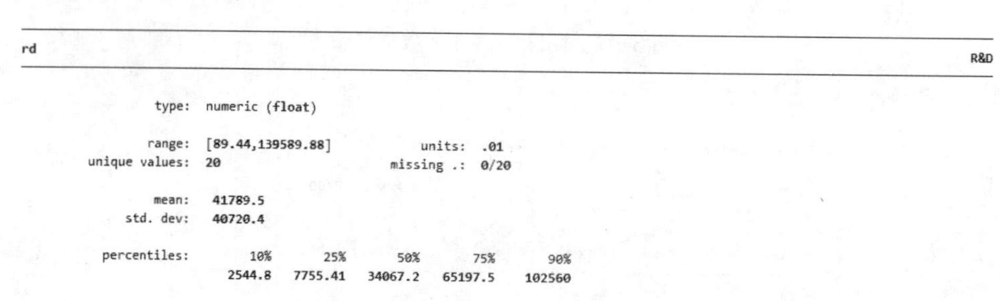

```
. codebook rd

--------------------------------------------------------------------------------
rd                                                                           R&D
--------------------------------------------------------------------------------

                  type:  numeric (float)

                 range:  [89.44,139589.88]            units:  .01
         unique values:  20                       missing .:  0/20

                  mean:   41789.5
              std. dev:   40720.4

           percentiles:        10%       25%       50%       75%       90%
                            2544.8   7755.41   34067.2   65197.5    102560
```

图 3-4　codebook 命令及运行结果

浏览数据文件和了解数据的基本状况后，可进一步对变量进行描述统计分析。下面介绍如何利用 summarize 和 tabstat 命令对变量进行描述统计分析。

使用 summarize（简写为 sum）命令对 rd、newincome 变量进行基本描述统计分析，命令及运行结果如图 3-5 所示。输出结果给出了两个变量的观测个案个数（Obs）、均值（Mean）、标准差（Std.Dev.）、最小值（Min）和最大值（Max）。

```
. sum rd newincome

    Variable |        Obs        Mean    Std. Dev.       Min        Max
-------------+---------------------------------------------------------
          rd |         20    41789.54    40720.39      89.44   139589.9
   newincome |         20     2769687     3310155   1642.238   1.35e+07
```

图 3-5　sum 命令及运行结果

如果想得到更为具体的描述统计量输出结果，则可以添加 detail 选项（可简写为 d），命令及运行结果如图 3-6 所示。输出结果分为两个部分，分别对应两个变量，输出了每个变量更为详细的描述统计量。

```
. sum rd newincome, d

                            R&D
-------------------------------------------------------------
      Percentiles      Smallest
 1%        89.44          89.44
 5%      629.825        1170.21
10%       2544.8        3919.39       Obs                  20
25%      7755.41        4534.91       Sum of Wgt.          20

50%     34067.21                      Mean           41789.54
                        Largest       Std. Dev.      40720.39
75%     65197.48       66691.31
90%     102559.8        68557.7       Variance       1.66e+09
95%     138075.9       136561.9       Skewness       1.181378
99%     139589.9       139589.9       Kurtosis       3.775501

                         newincome
-------------------------------------------------------------
      Percentiles      Smallest
 1%     1642.238       1642.238
 5%     32899.93       64157.62
10%     141412.5       218667.3       Obs                  20
25%     346150.7       275252.8       Sum of Wgt.          20

50%      2240678                      Mean            2769687
                        Largest       Std. Dev.       3310155
75%      3602104        3994239
90%      6937015        5740182       Variance       1.10e+13
95%     1.08e+07        8133847       Skewness       1.911453
99%     1.35e+07       1.35e+07       Kurtosis        6.63193
```

图 3-6　添加 detail 选项的 sum 命令及运行结果

使用 tabstat 命令对 rd、newincome 变量进行基本描述统计分析，命令及运行结果如图 3-7 所示。图 3-7（a）中输出 rd、newincome 变量的均值、全距、标准差和偏度值；图 3-7（b）中要求按照 area 变量对所有观测个案先进行分类，然后在各类中分别计算 rd 变量的均值、最大值和方差这 3 个描述统计量。

```
. tabstat rd newincome, stats(mean range sd skewness)

   stats |        rd  newinc~e
---------+--------------------
    mean |  41789.54   2769687
   range |  139500.4  1.35e+07
      sd |  40720.39   3310155
skewness |  1.181378  1.911453
------------------------------
```

（a）

```
. tabstat rd, stats(mean max var) by(area)

Summary for variables: rd
     by categories of: area

    area |      mean       max  variance
---------+------------------------------
       1 |  65118.93  139589.9  2.88e+09
       2 |  37428.97   68557.7  8.14e+08
       3 |  19659.25   52133.4  4.95e+08
---------+------------------------------
   Total |  41789.54  139589.9  1.66e+09
----------------------------------------
```

（b）

图 3-7　tabstat 命令及运行结果

到目前为止，通过输出描述统计量，我们基本能够掌握 rd、newincome 变量的基本信息，但是原始变量均带有单位，且数量级不一致，不利于后续的数据分析。因此可对原始变量进行 Z 分数标准化，使其变为无量纲数据。计算标准化 Z 分数的命令及运行结果如图 3-8 所示。

```
. quietly sum rd

. gen z=(rd-r(mean))/r(sd)

. list z
```

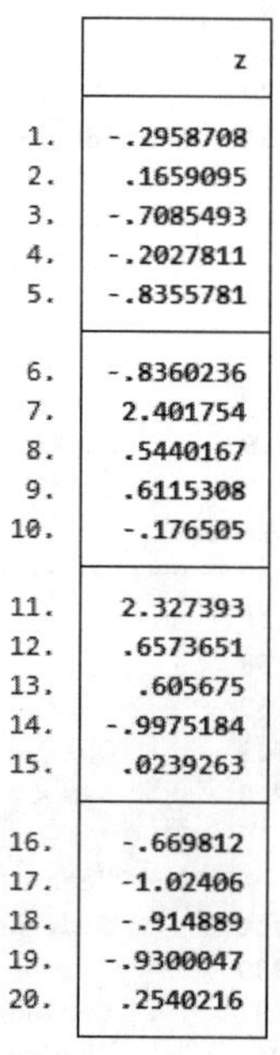

	z
1.	-.2958708
2.	.1659095
3.	-.7085493
4.	-.2027811
5.	-.8355781
6.	-.8360236
7.	2.401754
8.	.5440167
9.	.6115308
10.	-.176505
11.	2.327393
12.	.6573651
13.	.605675
14.	-.9975184
15.	.0239263
16.	-.669812
17.	-1.02406
18.	-.914889
19.	-.9300047
20.	.2540216

图 3-8　计算标准化 Z 分数的命令及运行结果（部分）

第一行命令用于计算 rd 变量的基本描述统计量，这里用 quietly 表示只计算但不输出结果。第二行命令用于列出标准化 Z 分数的计算函数表达式。第三行命令用于展示各观测个案标准化 Z 分数的计算结果。

3.2　分类变量数据的分布特征描述

3-2　分类变量数据的分布特征描述

当数据为分类变量数据时，可采用交叉列联表进行数据的基本描述分析。

3.2.1　交叉列联表分析基本原理

在实际分析中，往往需要掌握多个变量在不同取值情况下的数据分布情况，从而进一步深入分析变量之间的相互影响和关系，这种分析就称为交叉列联表分析。

例如，需要了解不同性别的患者在服用同一种药物后的治愈状态的差异，就需要进行两个变量的交叉列联表分析，性别和治愈状态这两个变量分别称为交叉列联表分析的行变量和列变量。

交叉列联表分析除了列出交叉分组下的频数分布外，还需要分析两个变量之间是否具有独立性或一定的相关性。要获得变量之间的相关性，仅靠频数分布的数据是不够的，还需要借助一些变量间相关程度的统计量和一些非参数检验的方法。

常用的衡量变量间相关程度的统计量是简单相关系数（参见本书第6章）。但在交叉列联表分析中，由于行、列变量往往不是连续变量，因此不符合计算简单相关系数的前提条件。因此，需要根据变量的性质选择其他的相关系数，如肯德尔（Kendall）等级相关系数、Eta值等。

Stata提供了多种适用于不同相关系数的相关关系显著性检验方法，相关系数显著性检验的原假设相同，均是行、列变量之间彼此独立，不存在显著的相关关系。Stata将自动给出检验的相伴概率，如果相伴概率小于显著性水平0.05，那么应拒绝原假设，认为行、列变量之间彼此相关。

相关关系显著性检验的方法包括：

（1）卡方统计量检验是常用的检验行、列变量之间是否相关的方法。交叉列联表的卡方统计量检验的原假设为交叉列联表的行、列变量彼此相互独立，卡方统计量的表达式如下。

$$\chi^2 = \sum \frac{(f_0 - f_e)^2}{f_e}$$

其中，f_0表示实际观察频数；f_e表示期望频数。

卡方统计量服从（行数−1）×（列数−1）个自由度的卡方统计，Stata在自动计算卡方统计量后，还会给出相应的相伴概率。

（2）列联（Contingency Coefficient）系数用于名义变量之间的相关系数计算。计算公式由卡方统计量计算公式修改而得，为：

$$C = \sqrt{\frac{\chi^2}{\chi^2 + N}}$$

其中，N为样本系数。

（3）ψ 系数用于名义变量之间的相关系数计算。计算公式由卡方统计量计算公式修改而得，为：

$$V = \sqrt{\frac{\chi^2}{N(K-1)}}$$

数值介于0和1之间，其中K为行数和列数中较小的那个数值。

3.2.2 Stata基本命令

Stata中用于交叉列联表分析的命令主要有两个：table和tabulate。前者主要用于生成交叉列联表，后者除了生成交叉列联表，还可进行独立性检验等。

1. table命令

table命令可以生成不同维度的交叉列联表，较为常用的列联表形式有一维列联表、二维交叉列联表，如有需要，还可以生成更高维度的交叉列联表。table命令除可在交叉列联表中输出频数外，还可输出其他一些变量常用的描述统计量。

table 命令的基本语法为：

```
. table rowvar [colvar [supercolvar]] [if] [in] [weight] [, table_options]
```

其中，rowvar 为行变量，colvar 为列变量，supercolvar 为更高维度交叉列联表中的列变量，in 和 if 用于观测个案的挑选，weight 为权重变量，table_options 为选项，具体说明如表 3-3 所示，contents()选项内容如表 3-4 所示。

表 3-3　table_options 选项说明

选项	内容说明
contents()	简写为 c，规定单元格中显示的统计量，最多可以选择 5 个，默认为频数，即 contents(freq)。可选择的统计量详见表 3-4
by(superrowvarlist)	规定用于分类的变量
center	表格内容居中，默认为右对齐
row	增加一行以显示各行加起来的情况
col	增加一列以显示各列加起来的情况
format(%fmt)	规定单元格中显示的数值格式，默认是 format(%9.0g)

表 3-4　contents()选项

选项	内容	选项	内容	选项	内容
freq	频数	sum	总和	min	最小值
mean	均值	count	观测个案数	median	中位数
sd	标准差	n	观测个案数	p#	百分位数
semean	均值标准误	max	最大值	iqr	四分位距

table 命令的常用形式举例：

```
. table x, contents(n y mean y sd y)
```

构建关于变量 x 的一维列联表，并在单元格内输出 y 变量的观测个案数、均值和标准差。

```
. table x z, contents(n y max y min y) center
```

构建关于变量 x 和 z 的二维交叉列联表，并在单元格内输出 y 变量的观测个案数、最大值和最小值，单元格中数字居中。

```
. table x z w, c(mean y)
```

构建关于变量 x、z 和 w 的三维交叉列联表，并在单元格内输出 y 变量的均值。

2．tabulate 命令

Stata 中的 tabulate 命令主要用于生成一维列联表和二维交叉列联表，在生成二维交叉列联表的同时，还可对行、列变量的独立性进行检验。

（1）一维列联表的构建

使用 tabulate 命令生成一维列联表的基本语法为：

```
. tabulate varname [if] [in] [weight] [, tabulate_options1]
```

if、in、weight 的使用方法与前述 table 命令中的相同。tabulate_options1 为选项，具体说明如表 3-5 所示。

表 3-5　　tabulate_options1 选项说明

选项	内容说明
nofreq	不显示频数
nolabel	显示变量数值而不是标签
sort	表格按频数递减的顺序显示

tabulate 命令一次只能生成一个变量的列联表，因此 Stata 中使用 tab1 命令作为补充，在 tab1 命令后添加多个变量，即可对每个变量构建一个列联表，也就是说可以多次执行 tabulate 命令。tab1 命令的语法格式为：

```
. tab1 varlist [if] [in] [weight] [, tab1_options]
```

tab1_options 为选项，具体说明可参见表 3-5。

（2）二维交叉列联表的构建及检验

tabulate 命令在生成二维交叉列联表的同时，还可以对行、列变量的相关系数进行计算，并进行独立性的显著性检验。使用 tabulate 命令生成二维交叉列联表的基本语法为：

```
. tabulate varname1 varname2 [if] [in] [weight] [, tabulate_options2]
```

这里，varname1 为生成的交叉列联表的列变量，varname2 为生成的交叉列联表的行变量。tabulate_options2 为选项，可对独立性进行显著性检验。其主要内容如表 3-6 所示。

表 3-6　　tabulate_options2 选项说明

选项	内容说明
chi2	输出 pearson's chi-squared 统计量
exact[(#)]	输出 Fisher's 统计量
gamma	输出 Godman and　Kruskal's gamma 统计量
lrchi2	输出 likelihood-ratio chi-squares 统计量
taub	输出 Kendall's tua-b 统计量
V	输出 Cram's V　统计量
column	增加每个单元格在列合计中所占比重
row	增加每个单元格在行合计中所占比重
expected	增加每个单元格的期望频数

生成二维交叉列联表的 tabulate 命令的一个补充命令为 tab2，其语法与 tab1 的语法基本一致。

另外，tabulate 命令还有一个即时命令 tabi，这里 i 是 immediate 的意思。该命令的主要使用情景为二手数据的交叉列联表分析，这时需要使用 tabi 命令输入数据，输入数据时逐行输入，且使用“\”将各行数据隔开。

例如，有如下 3×3 维的频数分布表，行、列变量分别有 3 个等级。

行变量 / 列变量	1	2	3
1	21	45	56
2	23	23	45
3	56	63	59

对该二手数据进行交叉列联表分析时，可用命令为：

```
. tabi 21 45 56 \ 23 23 45 \ 56 63 59, chi2
```

运行该命令的结果如图 3-9 所示。使用该命令不仅可构建二维交叉列联表，而且可对行、列变量的独立性进行显著性检验。相伴概率（Pr）为 0.01，小于显著性水平 0.05，因此拒绝原假设，得出行、列变量之间具有相关性的结论。

```
. tabi 21 45 56 \ 23 23 45 \ 56 63 59, chi2

           |               col
       row |         1          2          3 |     Total
-----------+---------------------------------+----------
         1 |        21         45         56 |       122 
         2 |        23         23         45 |        91 
         3 |        56         63         59 |       178 
-----------+---------------------------------+----------
     Total |       100        131        160 |       391 

          Pearson chi2(4) =  13.1818   Pr = 0.010
```

图 3-9　tabi 命令及运行结果

（3）包含描述统计量的列联表构建

除了生成交叉列联表外，Stata 还可以生成包含描述统计量的列联表。满足这个目的的命令主要有 tabstat 和 tabulate,sum()命令。tabstat 命令在 3.1 节已介绍，此处主要介绍 tabulate,summarize()命令（简写为 sum()）的使用方法，相比较而言，tabstat 命令更为灵活，使用也更为普遍。

tabulate,sum()命令的语法格式为：

```
. tabulate varname1 [varname2] [if] [in] [weight] [, tabulate_options3]
```

tabulate_options3 的内容如表 3-7 所示。其中 sum()在 tabulate_options3 中设置。

表 3-7　tabulate_options3 选项说明

选项	内容说明
summarize(varname3)	输出 varname3 的基本描述统计量
[no]means	输出结果中包含或不包含均值
[no]standard	输出结果中包含或不包含标准差
[no]freq	输出结果中包含或不包含频数
[no]obs	输出结果中包含或不包含观测值

常用命令举例：

```
. tabulate x, sum(y)
. tabulate x z, sum(y)
```

tabulate 命令只能生成二维交叉列联表，若需要使用该命令输出三维交叉列联表，则可用 by 前缀。例如：

```
.bysort w: tabulate x z, sum(y)
```

该命令的含义是，先按照 w 变量对所有观测个案进行分类，在各类别内再按照 x 和 z 变量构建二维交叉列联表，在列联表中输出 y 变量的基本描述统计量。

3.2.3 案例详解与 Stata 实现：某校教职工基本情况列联分析

1. 数据

在关于高校教职工基本情况的社会调查中，对某高校教职工的性别（gender）、年龄（age，单位：岁）、职称（profession，取值 h 代表高级职称，m 代表中级职称，l 代表初级职称）、月工资（wage，单位：元）、工作时间（work，分为 3 个等级，1 代表工作时间为 10 年以下，2 代表工作时间为 10～20 年，3 代表工作时间为 20 年以上）进行调查。从调查数据中抽取其中 30 名教职工的数据，形成本案例数据，如表 3-8 所示。

表 3-8 某高校教职工基本信息数据

id	gender	age/岁	profession	wage/元	work
1	male	45	h	8956	1
2	female	36	l	6953	1
3	female	41	m	7854	2
4	male	40	m	8053	1
5	male	36	m	7469	2
6	female	38	m	8026	3
7	female	35	l	6555	1
8	female	30	l	6932	1
9	female	29	l	6129	2
10	female	41	l	6694	2
11	female	44	m	7569	2
12	female	36	l	6998	2
13	female	41	m	7369	2
14	female	45	m	7956	2
15	male	52	h	8649	1
16	female	39	m	7695	1
17	female	42	m	7655	1
18	female	57	h	9632	3
19	male	39	h	9548	3
20	female	29	l	6849	1
21	female	55	m	7569	1
22	female	48	h	9136	3
23	male	46	m	7943	1
24	female	37	m	8016	2
25	female	43	m	7856	1
26	male	46	h	9635	3
27	male	45	m	7798	1
28	male	38	m	7983	1
29	female	34	l	6969	1
30	female	36	l	6892	1

2．研究目的

讨论该校教职工月工资在不同职称和工作时间下的分布状况，并判断职称和工作时间是否存在相关关系。

3．软件实现

将表 3-8 中的数据引入 Stata，并将其存储为 crosstab.dta，如图 3-10 所示。

	id	gender	age	profession	wage	work
1	1	male	45	h	8956	1
2	2	female	36	l	6953	1
3	3	female	41	m	7854	2
4	4	male	40	m	8053	1
5	5	male	36	m	7469	2
6	6	female	38	m	8026	3
7	7	female	35	l	6555	1
8	8	female	30	l	6932	1
9	9	female	29	l	6129	2
10	10	female	41	l	6694	2
11	11	female	44	m	7569	2
12	12	female	36	l	6998	2
13	13	female	41	m	7369	2
14	14	female	45	m	7956	2
15	15	male	52	h	8649	1
16	16	female	39	m	7695	1
17	17	female	42	m	7655	1
18	18	female	57	h	9632	3
19	19	male	39	h	9548	3
20	20	female	29	l	6849	1
21	21	female	55	m	7569	1
22	22	female	48	h	9136	3
23	23	male	46	m	7943	1
24	24	female	37	m	8016	2
25	25	female	43	m	7856	1
26	26	male	46	h	9635	3
27	27	male	45	m	7798	1
28	28	male	38	m	7983	1
29	29	female	34	l	6969	1
30	30	female	36	l	6892	1

图 3-10　crosstab.dta 数据详情

月工资在不同职称和工作时间的教职工中的分布状况可采用列联表分析，使用 table 命令和 tabulate 命令均可实现。

使用 table 命令分别构建职称的一维列联表和职称与工作时间的二维交叉列联表。如图 3-11 所示，高级职称教职工共 6 人，平均月工资为 9259.33 元；中级职称教职工共 15 人，平均月工资为 7787.4 元；初级职称教职工共 9 人，平均月工资为 6774.56 元。

```
. table profession, contents(n wage mean wage sd wage)

----------------------------------------------
professio |
n         |   N(wage)  mean(wage)    sd(wage)
----------+-----------------------------------
        h |         6     9259.33    410.6247
        l |         9     6774.56    281.7664
        m |        15      7787.4    220.0298
----------------------------------------------
```

图 3-11　构建一维列联表的命令及运行结果

如图3-12所示，工作时间为10年以下且有高级职称的教职工有2人，平均月工资为8802.5元。工作时间为20年以上且有高级职称的教职工有4人，平均月工资为9487.75元。其余单元格内容可做相同分析。

```
. table profession work, contents(n wage mean wage) center
```

profession	work 1	work 2	work 3
h	2 8802.5		4 9487.75
l	6 6858.33	3 6607	
m	8 7819	6 7705.5	1 8026

图3-12　构建二维交叉列联表命令及运行结果

table 命令并不能进行独立性检验，要判断职称与工作时间变量之间的相关性需要使用tabulate命令。在图3-13所示的二维交叉列联表的独立性检验结果中，工作时间和职称变量的pearson chi2统计量为14.4833，相伴概率为0.006，因此拒绝原假设，即职称与工作时间存在显著的相关关系。

```
. tabulate profession work, chi2
```

profession	work 1	work 2	work 3	Total
h	2	0	4	6
l	6	3	0	9
m	8	6	1	15
Total	16	9	5	30

Pearson chi2(4) = 14.4833 Pr = 0.006

图3-13　tabulate命令及运行结果

利用tabulate命令也可以生成职称与工作时间的交叉列联表，图3-14所示为相关命令与运行结果，与table命令的结果相似。

```
. tabulate profession work, sum(wage)
```

Means, Standard Deviations and Frequencies of wage

profession	work 1	work 2	work 3	Total
h	8802.5 217.08178 2	. . 0	9487.75 237.94169 4	9259.3333 410.62473 6
l	6858.3333 154.83367 6	6607 440.98413 3	. . 0	6774.5556 281.76635 9
m	7819 170.54953 8	7705.5 271.66505 6	8026 0 1	7787.4 220.0298 15
Total	7581.6875 680.26237 16	7339.3333 629.61774 9	9195.4 685.42308 5	7777.9333 916.99486 30

图3-14　tabulate,sum()命令及运行结果

3.3 数据的图形描述

3-3 数据的图形描述

除了通过描述统计量和交叉列联表的方式对数据进行初步认识之外，利用图形来实现数据的可视化越来越重要，图形能够给予数据使用者对于数据更为直观的感受，往往是数据分析中的重要一环。Stata 具有强大的图形绘制功能，并不断更新和完善。其绘制的图形涉及一个或两个变量，因此称为一维图形或二维图形，由于篇幅限制，本节重点介绍使用较为频繁的直方图、散点图、饼图和条形图，希望读者通过对这四种图形的学习掌握图形绘制的要点，其他图形可借助 help 命令自主学习。

3.3.1 Stata 绘图简介

Stata 提供了一整套的绘图工具和选项，用户可根据自己的需要，通过简单的命令绘制图形。用户提交一个制图命令后，若无错误，则 Stata 将自动弹出一个图形窗口，显示当前命令所绘制的图形，用户可对图形进行复制、粘贴等处理。如果用户提交另一个绘图命令，则当前的图形将被绘制的新图形代替。Stata 提供了两种绘制图形的方法：一种是借助于图形菜单绘图，一种是利用制图命令绘图。本书重点介绍命令绘图，对菜单绘图感兴趣的读者可自行学习。

Stata 中绘制的图形由 4 个部分组成：

（1）由横轴和纵轴围成的图形核心部分；

（2）核心部分中的附加部分，如轴线间隔、连线、数值显示等；

（3）核心部分周围的附加部分，如图形名称、坐标值说明、图例名称、数据来源等；

（4）在复杂图形中，用户可在图形核心部分叠加其他图形。

（1）和（4）部分由 Stata 中的绘图命令完成，（2）和（3）通过绘图命令中的选项设置完成。绘图命令中的选项用“,”引导，且选项众多，主要涉及图形的文字、标签、色彩、轴线间隔、连线等附加内容，本节的重点在于绘图命令的主干部分，更为具体的选项信息读者可自行学习。

为了方便读者学习，将 Stata 中几种主要图形的制图命令整理为表 3-9。

表 3-9　　Stata 中几种主要图形的制图命令

图形类型	制图命令	简写
直方图	graph twoway histogram	hist
条形图	graph bar	
饼图	graph pie	
散点图	graph twoway scatter	scatter
折线图	graph twoway line	line
分位图	graph twoway dot	dot

3.3.2 直方图

直方图是观察某个变量数值分布特征的最简单图形，它将变量在某一取值或取值区间上的频数或频率、密度用直方表示出来，频数大或频率高、密度大的数据直方越高。绘制直方图的命令为histogram，也可简写为hist，命令主干部分为：

```
. histogram varname
. hist varname
```

可添加选项来实现图形绘制时的特殊要求，命令语法格式为：

```
. histogram varname, hist_options
```

hist_options内容说明如表3-10所示。

表3-10　hist_options内容说明

选项	内容说明
bin(#)	设定直方数目（#）
start(#)	设定横轴开始的数值（#）
width(#)	设定直方宽度（#），与start(#)一起决定直方的数目
gap(#)	设定直方间的空隙，0≤#≤100
discrete	指明变量为离散变量，每个类别对应一个直方
addlabels	在直方的上方添加高度数值
percent	在纵轴上显示百分比
frequency	在纵轴上显示观测个案数
normal	在直方图上叠加正态分布曲线

注：“#”表示需要设置的数值。

沿用3.2节中的数据文件crosstab.dta，对其中的wage变量绘制直方图。

在图3-15所示的wage变量的密度直方图中，纵轴的值为直方的密度（Density），在这种计算方法下，所有直方的面积加总为1。在图3-16所示的直方图中，纵轴的值为直方的频数（Frequency），即直方高度为观测个案数。除此之外，纵轴还可以采用比例（Fraction），在该方法下，所有直方的高度加总为1。

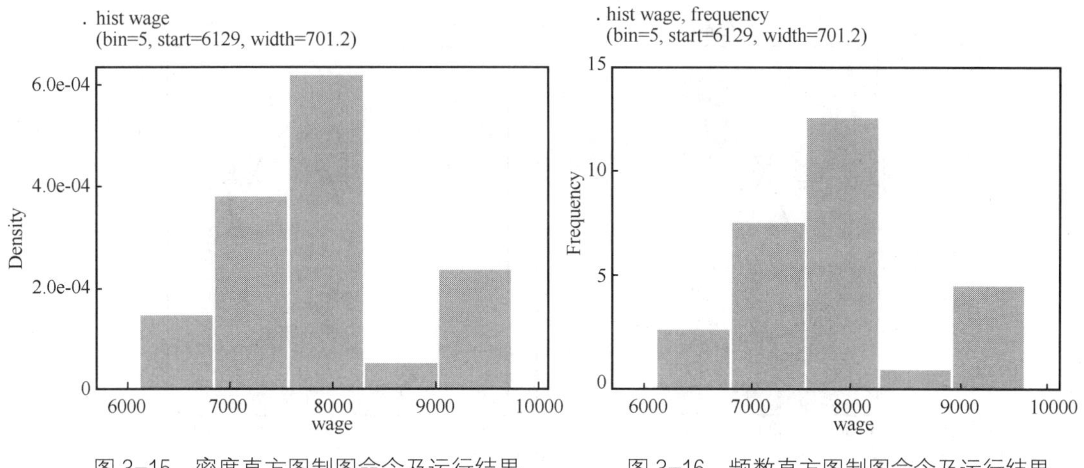

图3-15　密度直方图制图命令及运行结果

图3-16　频数直方图制图命令及运行结果

修改直方图，可通过添加其他选项来完成，复杂直方图的制图命令及运行结果如图3-17所示。

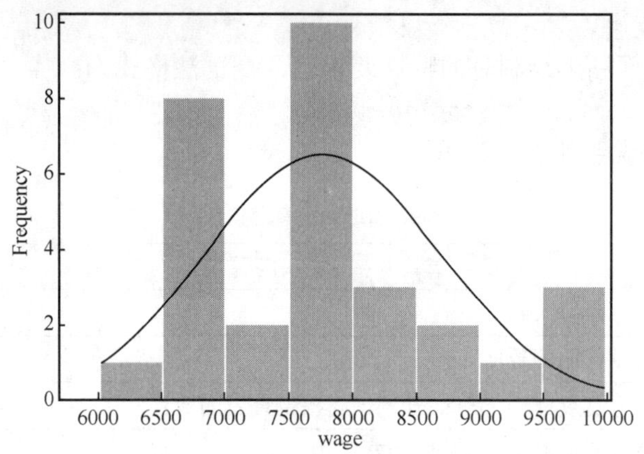

图 3-17　复杂直方图的制图命令及运行结果

该命令下添加了一些选项：freq 表示纵轴的值为频数值；start(6000)表示横轴开始的数值为 6000；width(500)表示直方的宽度为 500；xlabel(6000 (500) 10000)为 x 轴的设置，即标签与刻度从 6000 开始，以 500 为单位增加，直到 10000。normal 表示在直方图的上方叠加正态分布曲线，从曲线形态看，可直观判断 wage 分布具有正态分布特征。

除了输出单个变量的直方图外，还可借助 by()条件输出分类直方图。例如，按照性别分别输出男性和女性 wage 变量的直方图，如图 3-18 所示。此时需要注意的是，如果使用 by()条件，则选项 frequency（简写为 freq）是不允许添加的，但是 percent 是可以添加的。绘制出来的直方图分为两个类别：男性和女性。同理，如果用户有需要，则可借助 if 或 in 引导条件来绘制特定观测个案的直方图。

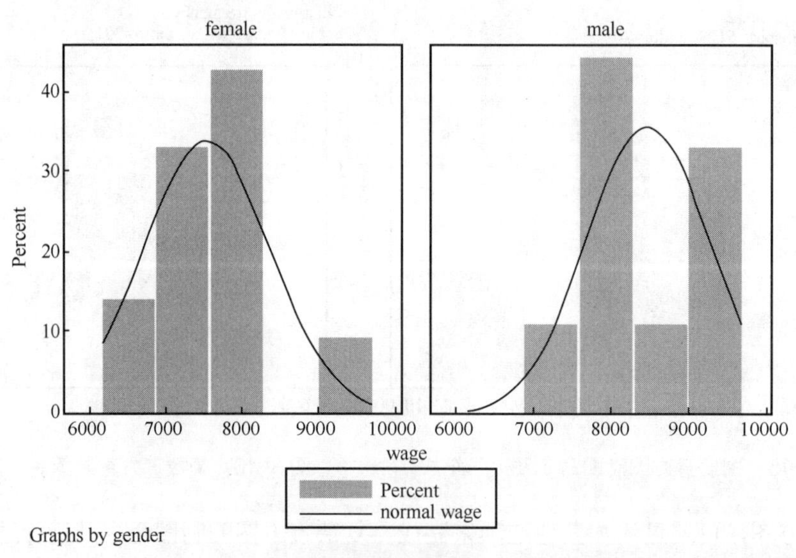

图 3-18　分类直方图的制图命令及运行结果

还可利用 title 选项来为直方图添加标题，如图 3-19 所示。这些附加选项的设置方法在所有图形中均可使用。

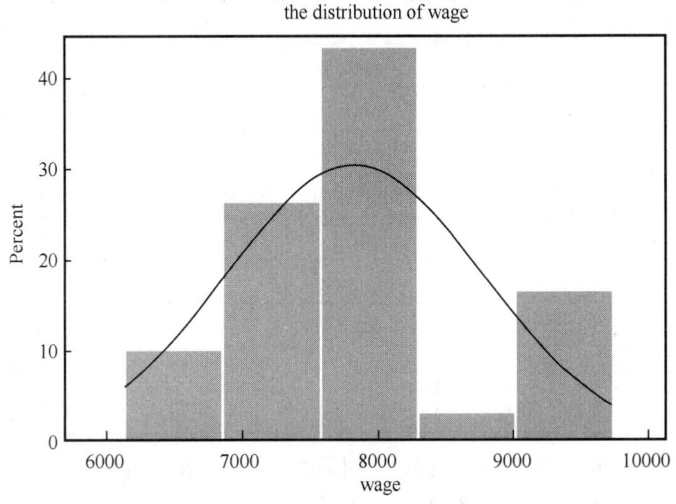

图 3-19 添加图形标题的制图命令及运行结果

3.3.3 散点图

散点图是观察两个变量之间变动趋势的常用图形之一。在 Stata 中绘制散点图的语法格式为：

```
. scatter varlist [if] [in] [, scatter_options]
. graph twoway scatter varlist [if] [in] [, scatter_options]
. twoway scatter varlist [if] [in] [, scatter_options]
```

上述几个命令是等价的，在实际使用中第一个最为常用。

如果 scatter 后面跟的是两个变量，则默认第一个变量为纵轴变量，第二个变量为横轴变量。如果 scatter 后面跟的是两个以上的变量，则默认最后一个变量为横轴变量，前面所有的变量都是纵轴变量，表示根据不同的纵轴变量和横轴变量分别绘制散点图。

以 3 个变量为例，绘制散点图的语法格式为：

```
. scatter y1var y2var xvar
. scatter y1var xvar || y2var xvar
. (scatter y1var xvar) (scatter y2var xvar)
```

这 3 个命令是等价的。不同命令之间可以使用“||”或“()”将所绘制的图形重叠在一个图形文件中。

除了散点图制图命令的主干部分外，通过 scatter_options 还可以设定图形中散点的显示选项，包括散点的形状（msymbol）、颜色（mcolor）和大小（msize），此外还可以设定散点内部的填充颜色（mfcolor）和外包线的形状（mlstyle）、厚度（mlwidth）和颜色（mlcolor）。前 3 个选项是设置的重点，也是本书讲解的重点。形状、颜色和大小选项及说明如表 3-11 所示。

表 3-11　　　　散点显示选项及说明（部分）

msymbol	说明	mcolor	说明	msize	说明
circle	圆圈	black	黑色	vtiny	最小
diamond	钻石形	gs0	灰度 0，等价于 black	tiny	
triangle	三角形	gs1	灰度 1	vsmall	
square	正方形	white	白色	small	
plus	加号	blue	蓝色	medsmall	
x	X 号	brown	棕色	medium	依次增大
smcircle	小圆点	green	绿色	medlarge	
circle_hollow	空心圆点	gray	等价于 gs8	large	
smcircle_hollow	空心小正方形	orange	橘色	vlarge	
……	其余类似	pink	粉色	huge	
point	小圆点	red	红色	vhuge	
none	无显示符号	purple	紫色	ehuge	最大

沿用 3.2 节中的数据文件 crosstab.dta，对其中的 age 和 wage 变量绘制直方图，图 3-20 所示的散点图绘制中使用了 scatter 常用的 4 种命令形式。

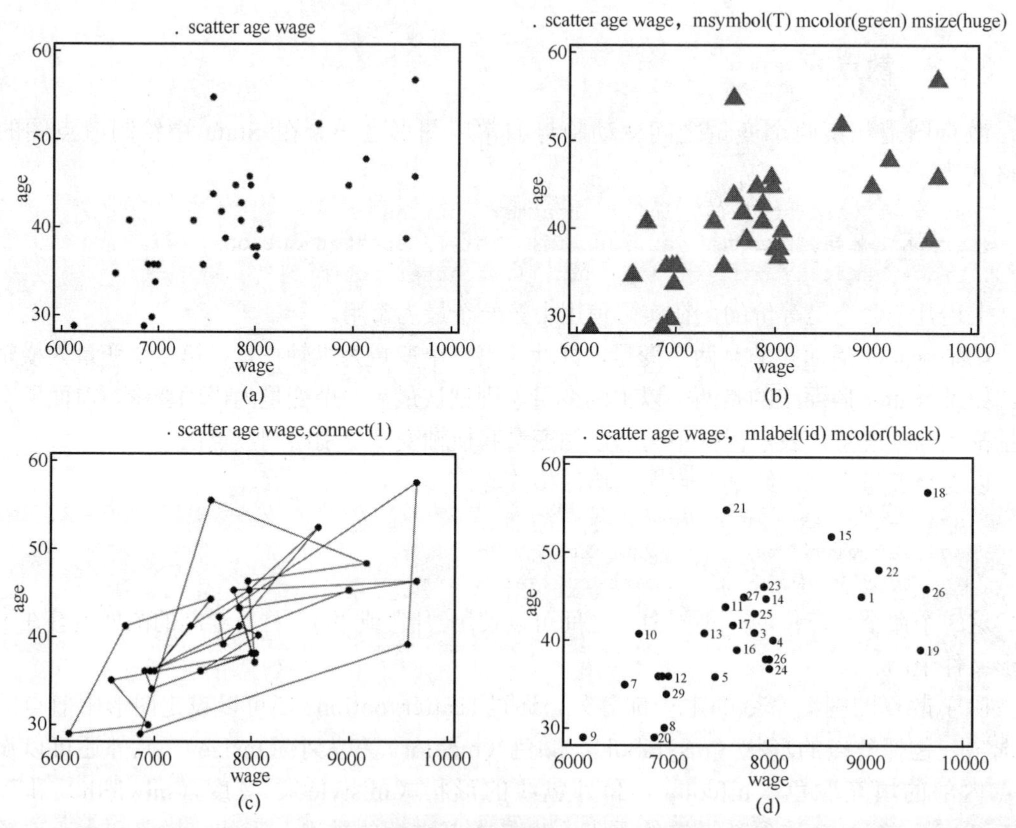

图 3-20　散点图制图命令及运行结果

图 3-20（a）中绘制了 age 和 wage 的简单散点图，没有任何显示选项的设置。

图 3-20（b）在散点图主体上增加了 3 个显示设置，即设置散点的形状为三角形，颜色为绿色，大小为巨大（huge）。

图 3-20（c）与图 3-20（a）的不同之处在于增加了 connect(l)选项，该选项表明以直线的形式连接相邻的两个散点，在为以时间为横轴的数据绘制散点图时，该选项很重要。

图 3-20（d）通过 mlabel(varname)命令为散点设置标签，varname 即设定的标签变量。本例用 id 来表示每个散点代表的观测个案。

在使用过程中，根据研究目的和展示需要，可以将不同的选项组合，为散点设置显示特征、标签特征，还可以为散点图添加标题（添加标题的选择项为 title(“ ”)）。

3.3.4 饼图

除了直方图和散点图外，饼图、条形图也是较为常用的数据描述图形，接下来介绍饼图的绘图命令。

饼图的优势在于对观测个案结构的展示较为直观。

绘制饼图有 3 种方式。

（1）绘制关于观测个案数的饼图。其语法格式为：

```
. graph pie, over(varname)
```

此时绘制的饼图中每一个扇形表示对应变量（varname）的一个组别，各个扇形的大小代表对应组别观测个案的数目。

（2）根据其他变量分组的饼图。其语法格式为：

```
. graph pie varname1, over(varname2)
```

根据 varname2 的各个组别进行分组，每个扇形的大小为 varname1 变量在 varname2 变量各个组别上的和。即第 1 个扇形的大小为 varname2 变量设定为第 1 个类别时，所有观测个案的 varname1 变量的取值之和。

（3）绘制多个变量的饼图。其语法格式为：

```
. graph pie varname1 varname2 …
```

此时得到的饼图中每一个扇形对应一个变量，每一个扇形的大小对应该变量在所有观测个案上的取值之和。

沿用 3.2 节中的数据文件 crosstab.dta，分别绘制 3 种饼图，如图 3-21 所示。

在图 3-21（a）中，按照 profession 的取值，将所有观测个案分为 3 类（h、m、l），每一类对应一个扇形，扇形面积大小表示各类中观测个案的数目。

在图 3-21（b）中，首先按照 profession 的取值，将所有观测个案分为 3 类（h、m、l），然后统计各类别中所有观测个案 wage 变量之和，并将其作为扇形面积大小的依据，从而绘制饼图。

在图 3-21（c）中，每个扇形表示一个变量，即 wage 变量为一个扇形，age 变量为另一个扇形，每个扇形的面积由该变量下所有观测个案的取值之和决定。

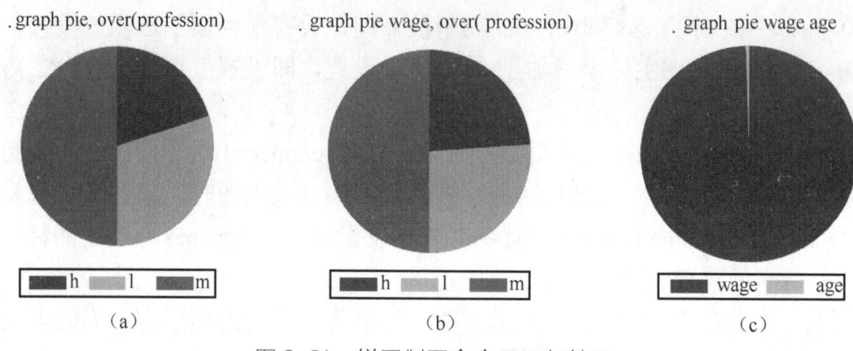

（a）　（b）　（c）

图 3-21　饼图制图命令及运行结果

3.3.5　条形图

条形图通常用来表示变量取值的频数分布状况，其形状与直方图类似，但不可叠加正态分布曲线。条形图可分为简单条形图和 2 种附加变化的条形图。分别介绍如下。

（1）简单条形图是指根据单个变量分组的单变量条形图，其基本语法格式为：

```
. graph bar varname1, over(varname2)
```

此时根据 varname2 的不同类别形成不同的条形，每个条形的大小由不同类别下观测个案的 varname1 取值均值决定。

（2）多个变量分组的简单条形图是指在多个变量交叉分组情况下绘制的条形图，其语法格式为：

```
. graph bar varname1, over(varname2, label(alter))  over(varname3)
```

此时根据 varname3 的不同类别先进行分组，在 varname3 的不同类别下再按照 varname2 的不同类别形成不同的条形，每个条形的大小由不同类别下观测个案的 varname1 取值均值决定。在这里 label(alter)表示显示 varname2 标签时使用错开的格式，否则显示结果将无法阅读。

（3）多变量条形图使用条形图同时观察多个变量的均值，其语法格式为：

```
. graph bar varname1varname2…,  over(varname3)
```

此时根据 varname3 的不同类别形成不同的条形组，每个条形组下条形的数量由 varname1、varname2…变量的个数决定，每个条形代表一个 varname 变量下 varname3 对应类别观测个案取值的均值。

沿用 3.2 节中的数据文件 crosstab.dta，使用 graph bar 常用的 3 种命令形式绘制条形图，如图 3-22 所示。

在图 3-22（a）中，按照 profession 的取值，将所有观测个案分为 3 类（h、m、l），每类对应一个条形，条形的高度由 wage 变量的观测个案均值决定。

在图 3-22（b）中，先按照 profession 的取值，将所有观测个案分为 3 类（h、m、l），在每个类别内再根据 gender 划分为不同的条形，因此一共有 5 个条形出现，每个条形由属于对应 profession 和 gender 类别的观测个案的 wage 均值决定。

在图 3-22（c）中，先按照 profession 的取值，将所有观测个案分为 3 类（h、m、l），在每个类别下分别统计 wage 和 age 两个变量的均值，并形成对应的两个条形。wage 和 age 数量级的差异导致 age 的条形较低。

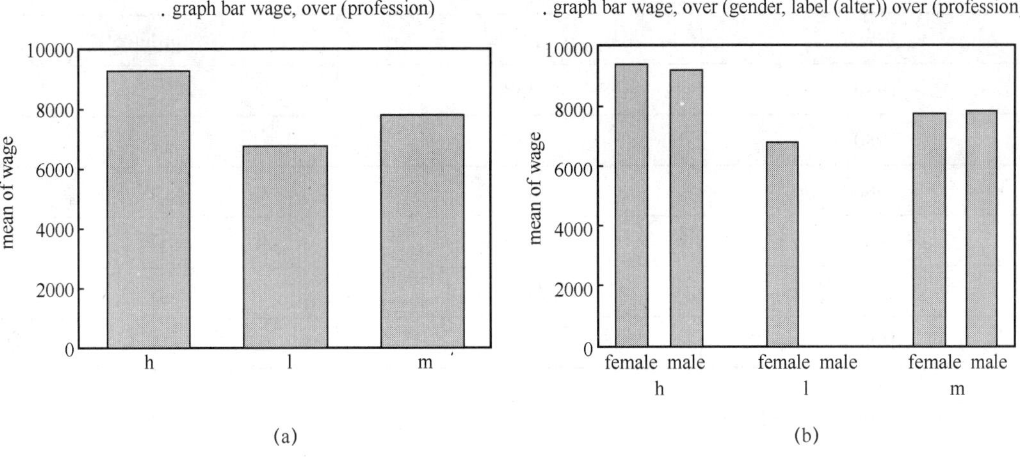

(a)　　(b)

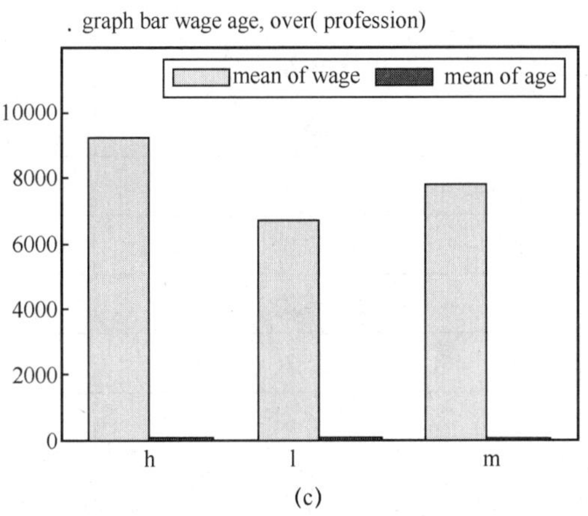

(c)

图 3-22　条形图制图命令及运行结果

习　　题

1．数值变量的描述统计量有哪些？

2．分类变量的描述统计方法有哪些？

3．散点图主要用于探讨什么问题？

上机实训

某地区统计了 1980—1983 年 4 年间不同年龄组下的课外体育培训参与率，数据详情如表 3-12 所示。其中年龄分为 5 组，定义为：1 表示 14 岁及以下；2 表示 15～18 岁；3 表示 19～20 岁；4 表示 21～24 岁；5 表示 25 岁以上。数据包括 3 个变量，即年份（year）、课外体育培训参与率（rate）、年龄组（group）。

表 3-12 课外体育培训参与率研究相关数据

year	rate/%	group
1980	35.5	1
1980	45.5	2
1980	40.0	3
1980	42.6	4
1980	45.9	5
1981	46.9	1
1981	50.3	2
1981	53.2	3
1981	52.6	4
1981	59.6	5
1982	55.0	1
1982	56.9	2
1982	57.0	3
1982	56.2	4
1982	55.3	5
1983	55.6	1
1983	56.9	2
1983	52.0	3
1983	50.3	4
1983	51.2	5

请进行以下分析。

（1）分析不同年份的课外体育培训参与率和不同年龄组的课外体育培训参与率的平均水平。

（2）制作不同年份、不同年龄组下的交叉列联表，并对变量间的独立性进行分析。

（3）绘制不同年份、不同年龄组下课外体育培训参与率的条形图。

第4章 数据的均值比较、推断与Stata实现

在服从正态分布或近似服从正态分布的计量资料中，通常需要进行组与组之间平均水平，即均值是否相等的统计推断。根据样本组分类的数量不同，可以采用不同的方法进行组与组之间的均值比较。单样本数据的均值比较与推断主要采用 t 检验方法进行；两样本数据的均值比较与推断可分为两独立样本数据的均值比较与推断，以及两配对样本数据的均值比较与推断两种类型，均采用 t 检验方法进行；多样本数据的均值比较与推断采用方差分析的方法进行，具体可分为单因素方差分析、多因素方差分析和协方差分析。

学习目标

（1）掌握统计参数检验的基本原理和步骤。

（2）了解不同研究目的下均值比较（t 检验）的适用条件、检验步骤、统计模型等基本原理。

（3）掌握多样本情况下单因素方差分析、多因素方差分析和协方差分析的使用条件和统计原理。

（4）熟练运用 Stata 操作完成均值比较（t 检验），并根据软件输出结果做出判断和决策。

（5）熟练运用 Stata 操作完成方差分析，并根据软件输出结果做出判断和决策。

知识框架

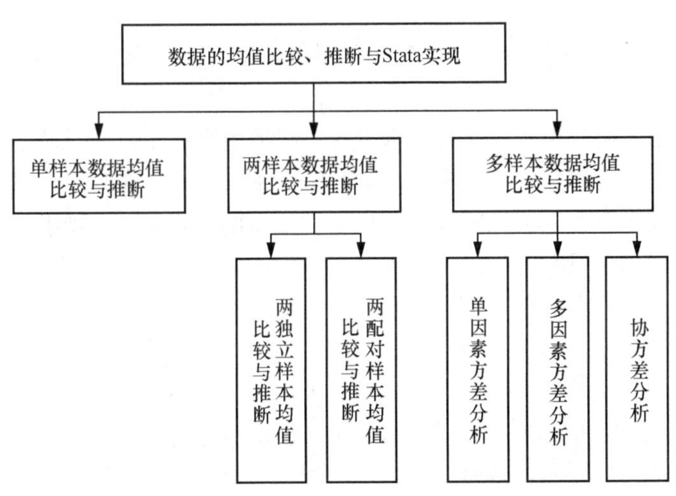

4.1 单样本数据均值的比较与推断

4-1 单样本数据均值的比较与推断

t 检验方法是进行两组数据均值比较最基本的检验方法。t 检验最初是由戈赛特（W.S.Gosset）在 1908 年以笔名“Student”发表的一篇关于 t 分布的论文中提出的，从此开创了小样本计量资料统计推断的先河，是统计学中里程碑式的杰作。

t 检验是参数检验中非常基础和重要的一种检验方法，符合参数检验的基本原理。t 检验的基本步骤为：首先假设原假设 H_0 成立，即样本间均值不存在显著性差异；然后利用现有样本根据 t 分布求得 t 值，并据此得到相应的相伴概率值 p；若 $p \leqslant \alpha$，则拒绝原假设，认为两样本间均值存在显著性差异。不同类型的 t 检验方法有不同的前提适用条件，但是 t 检验相对稳健，对前提适用条件的违背具有一定的耐受性，但若前提适用条件被严重违背，则需要使用非参数检验方法进行判断和分析。

Stata 中主要使用 ttest 命令进行单样本数据的均值比较和 t 检验，并根据不同结构的数据采用具体的命令来完成。

4.1.1 单样本数据 t 检验的原理与步骤

单样本数据 t 检验是指检验某个变量的总体均值和某指定检验值之间是否存在显著性差异。统计的前提是样本来自的总体服从正态分布。也就是说，单样本本身无法进行比较，进行的是其均值与已知总体均值间的比较。

单样本 t 检验的原假设（H_0）为：总体均值和指定检验值之间不存在显著性差异。

单样本 t 检验采用 t 统计量，t 统计量的计算公式为：

$$t = \frac{\overline{D}}{S/\sqrt{n}}$$

式中，$\overline{D}$ 是样本均值和检验值之差。因为总体方差未知，所以用样本方差 S 代替总体方差，n 为样本数。

Stata 程序将自动计算 t 值，由于 t 统计量服从 $n-1$ 个自由度的 t 分布，Stata 将根据 t 分布表给出 t 值对应的相伴概率值。

若相伴概率值小于用户设想的显著性水平 α，则拒绝原假设 H_0，认为总体均值和指定检验值之间存在显著性差异。相反，若相伴概率大于显著性水平 α，则接受原假设 H_0，认为总体均值和指定检验值之间不存在显著性差异。这里需要注意的一点是，在所有类型的假设检验结论判断规则中，若出现相伴概率等于显著性水平 α 的情况，则一般无法得出准确结论，可采用重新抽取样本计算的方式处理。在书中后续章节中遇到这种情况时做相同处理，不再赘述。

4.1.2 Stata 基本命令

Stata 使用 ttest 命令进行单样本 t 检验，该命令基本格式为：

```
. ttest varname==# [if] [in] [,level(#)]
```

[if]、[in]的使用方法与前述章节中的相同。#为指定检验值，level 为显著性水平，默认为 0.05。

对于数据分布较为偏斜的变量，可以采用非参数检验中的符合检验方法，即采用二项分布来检验变量中位数是否为某一数值的假设。这时使用命令 signtest，其语法格式为：

```
. signtest varname=# [if] [in] [,level(#)]
```

4.1.3　案例详解与 Stata 实现：某班级数学平均成绩的参数检验

1．数据

现有某班 8 名男生和 8 名女生的数学成绩，数据如表 4-1 所示。

表 4-1　某班学生的数学成绩

性别	成绩/分							
男生	99	79	59	89	79	89	99	83
女生	88	54	56	23	69	86	76	59

2．研究目的

若已知全国同等学生的数学平均成绩为 80 分，试分析该班学生的数学平均成绩是否达到了全国的平均水平。

3．软件实现

【第 1 步】在数据编辑器中将表 4-1 中的数据导入，并将成绩和性别两个变量分别命名为 score 和 sex，将文件保存为 onesamplet.dta，如图 4-1 所示。

	score	sex
1	99	1
2	79	1
3	59	1
4	89	1
5	79	1
6	89	1
7	99	1
8	83	1
9	88	0
10	54	0
11	56	0
12	23	0
13	69	0
14	86	0
15	76	0
16	59	0

图 4-1　onesamplet.dta 数据展示

【第 2 步】对数据进行基本的了解。输入如下命令。

```
. describe
```

输出结果如图 4-2 所示。

```
. describe

Contains data from f:\stata\data\onesamplet.dta
  obs:            16
 vars:             2                          1 May 2019 00:00
--------------------------------------------------------------------------
              storage   display    value
variable name   type    format     label      variable label
--------------------------------------------------------------------------
score           byte    %8.0g
sex             byte    %8.0g
--------------------------------------------------------------------------
Sorted by:
     Note: Dataset has changed since last saved.
```

图 4-2　describe 命令输出结果

在程序输出结果的显示界面中，第 1 行信息均是所执行的命令，可供用户查看。描述结果显示了该案例中变量的基本属性信息，共有 16 个观测样本、2 个变量，score 变量的类型为 float，sex 变量的类型为 byte。

【第 3 步】进行单样本 t 检验。输入命令

```
. ttest score==80
```

输出结果如图 4-3 所示。

```
. ttest score==80

One-sample t test
------------------------------------------------------------------------------
Variable |     Obs        Mean    Std. Err.   Std. Dev.   [95% Conf. Interval]
---------+--------------------------------------------------------------------
   score |      16     74.1875    4.989338    19.95735    63.55298    84.82202
------------------------------------------------------------------------------
    mean = mean(score)                                            t =  -1.1650
Ho: mean = 80                                    degrees of freedom =       15

    Ha: mean < 80               Ha: mean != 80                 Ha: mean > 80
 Pr(T < t) = 0.1311         Pr(|T| > |t|) = 0.2622          Pr(T > t) = 0.8689

.
```

图 4-3　单样本 t 检验输出结果

由输出结果可以看出，16 位学生的数学成绩平均值为 74.1875，标准差为 19.95735，均值误差为 4.989338。本例中检验值为 80，根据公式计算出的 t 统计量值为–1.1650，输出结果包括左侧检验、右侧检验和双侧检验的相伴概率，本例中使用的是双侧检验，计算得到相伴概率为 0.2622，95%的置信区间为（63.55298, 84.82202）。本例设置显著性水平 α 为 0.05，由于相伴概率大于 α，因此接受 H_0，认为该班学生的数学平均成绩与全国平均水平无显著性差异。

【第 4 步】如需要设置其他的显著性水平，如 0.1，则只需在命令后输入 level(90)，即表示获得 90%的置信区间。完整命令为：

```
. ttest score==80, level(90)
```

输出结果如图 4-4 所示。

```
. ttest score==80,level(90)

One-sample t test

Variable |     Obs        Mean    Std. Err.   Std. Dev.   [90% Conf. Interval]
---------+--------------------------------------------------------------------
   score |      16     74.1875    4.989338    19.95735    65.44094    82.93406
------------------------------------------------------------------------------
    mean = mean(score)                                            t =  -1.1650
Ho: mean = 80                                    degrees of freedom =       15

    Ha: mean < 80               Ha: mean != 80                Ha: mean > 80
 Pr(T < t) = 0.1311         Pr(|T| > |t|) = 0.2622          Pr(T > t) = 0.8689

.
```

图 4-4　单样本 t 检验（更改显著性水平）输出结果

结果显示 90%的置信区间为（65.44094，82.93406），此时显著性水平 α 为 0.10，双侧 t 检验的相伴概率仍为 0.2622，大于 α，因此接受 H_0，认为该班学生的数学平均成绩与全国平均水平无显著性差异。

【第 5 步】对于上述数据，还可采用符号检验的方法获得结果。这时需要输入命令：

```
. signtest score=80
```

输出结果如图 4-5 所示。

```
. signtest score=80

Sign test

        sign |    observed    expected
-------------+------------------------
    positive |           7           8
    negative |           9           8
        zero |           0           0
-------------+------------------------
         all |          16          16

One-sided tests:
  Ho: median of score - 80 = 0 vs.
  Ha: median of score - 80 > 0
      Pr(#positive >= 7) =
         Binomial(n = 16, x >= 7, p = 0.5) =  0.7728

  Ho: median of score - 80 = 0 vs.
  Ha: median of score - 80 < 0
      Pr(#negative >= 9) =
         Binomial(n = 16, x >= 9, p = 0.5) =  0.4018

Two-sided test:
  Ho: median of score - 80 = 0 vs.
  Ha: median of score - 80 != 0
      Pr(#positive >= 9 or #negative >= 9) =
         min(1, 2*Binomial(n = 16, x >= 9, p = 0.5)) =  0.8036

.
```

图 4-5　符号检验输出结果

符号检验输出结果也包括左侧检验、右侧检验和双侧检验的相伴概率。符号检验采用双侧检验，结果显示相伴概率为 0.8036，大于默认的 0.05 的显著性水平，因此不拒绝原假设，即该班学生数学成绩的中位数为 80。

4.2 两样本数据的均值比较与推断

4-2 两样本数据的均值比较与推断

4.2.1 两独立样本的均值比较与推断

1．两独立样本 t 检验原理与步骤

在实际数据分析过程中，除了单一总体均值的比较与推断问题外，还会经常遇到两个总体均值的比较与推断问题，这时可以用两独立样本的 t 检验方法。独立样本是指两个样本之间彼此独立，没有任何关联，两个独立样本各自接受相同的测量，研究者的主要目的是了解两个样本均值之间是否有显著性差异存在。

两独立样本 t 检验的前提如下。

（1）两个样本应是互相独立的，即从一总体中抽取一批样本对从另一总体中抽取一批样本没有任何影响，两组样本个案数可以不同，个案顺序可以随意调整。

（2）样本来自的两个总体应该服从正态分布。

两独立样本 t 检验的原假设 H_0 为两总体均值之间不存在显著性差异。

两独立样本 t 检验需要通过两步来完成：第一步，利用 f 检验判断两总体的方差是否相同；第二步，根据第一步的结果，决定 t 统计量和自由度计算公式，进而对 t 检验的结论做出判断。

Stata 采用莱文 f（Levene f）方法检验两总体方差是否相同，该检验的原假设（H_0）为两总体方差相同。首先计算两组样本的均值，计算每个样本和本组样本均值之差，并对差取绝对值，得到两组差值绝对值序列。然后利用单因素方差分析方法，判断这两组差值绝对值序列之间是否存在显著性差异，即判断平均离差是否存在显著性差异，从而间接判断两组样本来自的两个总体方差是否存在显著性差异。

在统计过程中，Stata 将自动计算 f 统计量，并根据 f 分布表给出统计量对应的相伴概率，将其与显著性水平 α 比较，从而判断方差是否相同。

（1）在两组样本来自的两组总体的方差未知且相同的情况下，t 统计量的计算公式为：

$$t = \frac{\overline{x}_1 - \overline{x}_2}{\sqrt{s_p^2/n_1 + s_p^2/n_2}} \sim t(n_1 + n_2 - 2)$$

其中，

$$s_p^2 = \frac{(n_1 - 1)s_1^{\ 2} + (n_2 - 1)s_2^{\ 2}}{n_1 + n_2 - 2}$$

这里 t 统计量服从 $n_1 + n_2 - 2$ 个自由度的 t 分布。其中 $\overline{x}_1$、$\overline{x}_2$ 为分别第 1 组、第 2 组样本的均值，s_1、s_2 分别为第 1 组、第 2 组样本的标准差，n_1、n_2 分别为第 1 组、第 2 组样本的样本数，下同。

（2）在两组样本来自的两组总体的方差未知且不相同的情况下，t 统计量的计算公式为：

$$t=\frac{\overline{x}_1-\overline{x}_2}{\sqrt{s_1^2/n_1+s_2^2/n_2}}\sim t(f)$$

t 统计量仍然服从 t 分布，但自由度采用修正的自由度，自由度 f 的计算公式为：

$$f=\frac{(s_1{}^2/n_1+s_2{}^2/n_2)^2}{\left(s_1{}^2/n_1\right)^2/n_1+\left(s_2{}^2/n_2\right)^2/n_2}$$

从两种情况下的 t 统计量计算公式可以看出：如果待检验的两样本均值差异较小，t 值较小，则说明两组样本来自的两总体的均值不存在显著性差异；相反，t 值越大，说明两样本来自的两总体的均值存在显著性差异。

在 Stata 中将会根据计算的 t 值和 t 分布表给出相应的相伴概率值。如果相伴概率值小于显著性水平 α，则拒绝 H_0，认为两总体均值之间存在显著性差异。相反，相伴概率大于显著性水平 α，则不拒绝 H_0，可以认为两总体均值之间不存在显著性差异。

2．Stata 基本命令

对于两独立样本 t 检验，Stata 提供了两种基本命令格式。

（1）通过样本进行分组 t 检验。

```
. ttest varname [if] [in], by(groupvar) [options]
```

此时 by 命令用来引入分组变量。该命令默认两独立样本是同方差的，若不满足该假设，则需在上述基本命令的基础上添加 unequal 选项，即

```
. ttest varname [if] [in], by(groupvar) unequal
```

（2）通过样本的统计量进行 t 检验。

```
. ttesti #obs1 #mean1 #sd1 #obs2 #mean2 #sd2 [,options]
```

该命令主要适用于原始数据未知，但是两个独立样本的相关统计量已知，判断两独立样本均值是否相等的假设检验问题。这里#obs 为样本容量，#mean 为样本均值，#sd 为样本标准差，options 为选项。

4.2.2　两配对样本的均值比较与推断

1．两配对样本 t 检验的原理与步骤

两配对样本 t 检验是指根据样本数据对样本来自的两配对总体的均值是否有显著性差异进行推断。常见的配对样本情况有 4 种：①同一研究对象分别给予两种不同处理的效果比较；②两配对样本分别给予两种不同处理的效果比较；③同一研究对象处理前后的效果比较；④两配对样本（一个接受处理，一个不接受处理）的效果比较。①和②推断两种效果有无差别，③和④推断某种处理是否有效。

两配对样本 t 检验的前提如下。

（1）两个样本应是配对的。在应用领域中，主要的配对资料包括具有年龄、性别、体重、病况等非处理因素的相同或相似者。首先两个样本的观测数目相同，其次两个样本的观测对象顺序不能随意改变。

（2）样本出自的两个总体应服从正态分布。

两配对样本 t 检验的原假设 H_0 为两总体均值之间不存在显著性差异。

首先求出每对观测值的差值，得到差值序列；然后对差值求均值；最后检验差值序列的均值，即平均差是否与0有显著性差异。如果平均差和0有显著性差异，则认为两总体均值间存在显著性差异；否则，认为两总体均值间不存在显著性差异。这里的计算公式和单样本 t 检验中计算 t 统计量的公式完全相同，计算公式为：

$$t=\frac{\bar{D}}{S/\sqrt{n}}$$

式中，$\bar{D}$ 为配对样本差值序列的平均差。

Stata将自动计算 t 值，由于该统计量服从 $n-1$ 个自由度的 t 分布，Stata将根据 t 分布表给出 t 值对应的相伴概率值。若相伴概率值小于用户设想的显著性水平 α，则拒绝 H_0，认为两总体均值之间存在显著性差异。相反，若相伴概率值大于显著性水平 α，则不拒绝 H_0，认为两总体均值之间不存在显著性差异。

2．Stata基本命令

Stata用于两配对样本 t 检验的语法格式为：

```
. ttest varname1==varname2 [if] [in], [options]
```

varname1、varname2分别表示需要对比的两个配对样本的变量名称。

4.2.3 案例详解与Stata实现：两所高校“数学分析”课程平均成绩的比较分析

1．数据

现希望对A、B两所高校数学学院大一学生的综合学习能力进行评价，从A、B两所高校数学学院的大一学生中各抽取20名，获得其“数学分析”课程的考试成绩，数据如表4-2所示。

表4-2 两所高校学生的数学分析成绩

学校	数学分析成绩/分																			
A	85	95	68	75	84	83	69	72	79	86	84	93	62	94	60	58	70	69	58	83
B	96	86	53	98	76	65	79	59	69	81	73	86	65	69	79	85	86	73	92	81

2．研究问题

请判断两所学校学生数学分析课程平均成绩之间是否存在显著性差异。

3．软件实现

【第1步】在数据编辑器中将表4-2中的数据信息导入，并将数学分析成绩和学校两个变量分别命名为math和school，school为分类变量，其中取值为1代表A学校，取值为2代表B学校。将数据保存为twosamplet1.dta，部分数据如图4-6所示。

【第2步】了解两独立样本的基本统计信息，输入命令

```
. tab math school
```

输出结果如图4-7所示。

math和school的交叉列联表显示了数据的分布情况。

【第3步】进行两独立样本 t 检验，输入命令

```
. ttest math, by(school)
```

输出结果如图4-8所示。

	math	school
1	85	1
2	95	1
3	68	1
4	75	1
5	84	1
6	83	1
7	69	1
8	72	1
9	79	1
10	86	1
11	84	1
12	93	1
13	62	1
14	94	1
15	60	1
16	58	1
17	70	1
18	69	1
19	58	1
20	83	1
21	96	2
22	86	2
23	53	2
24	98	2
25	76	2

图 4-6　twosamplet1.dta 部分数据

```
. tab math school
```

math	school 1	2	Total
53	0	1	1
58	2	0	2
59	0	1	1
60	1	0	1
62	1	0	1
65	0	2	2
68	1	0	1
69	2	2	4
70	1	0	1
72	1	0	1
73	0	2	2
75	1	0	1
76	0	1	1
79	1	2	3
81	0	2	2
83	2	0	2
84	2	0	2
85	1	1	2
86	1	3	4
92	0	1	1
93	1	0	1
94	1	0	1
95	1	0	1
96	0	1	1
98	0	1	1
Total	20	20	40

图 4-7　tab 命令输出结果

```
. ttest math,by(school)

Two-sample t test with equal variances
------------------------------------------------------------------------------
   Group |     Obs        Mean    Std. Err.   Std. Dev.   [95% Conf. Interval]
---------+--------------------------------------------------------------------
       1 |      20       76.35    2.666828    11.92642    70.76826    81.93174
       2 |      20       77.55    2.673924    11.95815    71.95341    83.14659
---------+--------------------------------------------------------------------
combined |      40       76.95    1.866352    11.80385    73.17495    80.72505
---------+--------------------------------------------------------------------
    diff |               -1.2     3.776485                -8.845095    6.445095
------------------------------------------------------------------------------
    diff = mean(1) - mean(2)                                      t =  -0.3178
Ho: diff = 0                                     degrees of freedom =       38

    Ha: diff < 0                 Ha: diff != 0                 Ha: diff > 0
 Pr(T < t) = 0.3762         Pr(|T| > |t|) = 0.7524          Pr(T > t) = 0.6238

.
```

图 4-8　两独立样本 t 检验（同方差假设）输出结果

在该检验结果基于同方差的假设下，双侧检验的相伴概率为 0.7524，大于默认的显著性水平 0.05，因此不拒绝原假设，即两个学校学生的数学分析课程成绩不存在显著性差异。

【第 4 步】进行非同方差假设下的两独立样本 t 检验，输入命令

```
. ttest math, by(school) unequal
```

输出结果如图 4-9 所示。

```
. ttest math,by(school) unequal

Two-sample t test with unequal variances

   Group |     Obs        Mean    Std. Err.   Std. Dev.   [95% Conf. Interval]
---------+--------------------------------------------------------------------
       1 |      20       76.35    2.666828    11.92642    70.76826    81.93174
       2 |      20       77.55    2.673924    11.95815    71.95341    83.14659
---------+--------------------------------------------------------------------
combined |      40       76.95    1.866352    11.80385    73.17495    80.72505
---------+--------------------------------------------------------------------
    diff |               -1.2    3.776485                -8.845097    6.445097
------------------------------------------------------------------------------
    diff = mean(1) - mean(2)                                      t =  -0.3178
Ho: diff = 0                     Satterthwaite's degrees of freedom =  37.9997

    Ha: diff < 0                 Ha: diff != 0                 Ha: diff > 0
 Pr(T < t) = 0.3762         Pr(|T| > |t|) = 0.7524          Pr(T > t) = 0.6238

.
```

图 4-9　两独立样本 *t* 检验（非同方差假设）输出结果

在同方差假设不被满足的前提下，利用 *t* 检验进行均值比较，输出结果显示双侧检验的相伴概率为 0.7524，不拒绝原假设，即两个学校学生的数学分析课程成绩不存在显著性差异。

【第 5 步】若已经知道或仅知道两个独立样本的基本描述统计量信息，则可输入以下命令进行 *t* 检验。

```
. ttesti 20 76.35 11.92642 20 77.55 11.95815
```

输出结果如图 4-10 所示。

```
. ttesti 20 76.35 11.92642 20 77.55 11.95815

Two-sample t test with equal variances

         |     Obs        Mean    Std. Err.   Std. Dev.   [95% Conf. Interval]
---------+--------------------------------------------------------------------
       x |      20       76.35    2.666829    11.92642    70.76826    81.93174
       y |      20       77.55    2.673924    11.95815    71.95341    83.14659
---------+--------------------------------------------------------------------
combined |      40       76.95    1.866352    11.80385    73.17495    80.72505
---------+--------------------------------------------------------------------
    diff |               -1.2    3.776485                -8.845095    6.445095
------------------------------------------------------------------------------
    diff = mean(x) - mean(y)                                      t =  -0.3178
Ho: diff = 0                                     degrees of freedom =       38

    Ha: diff < 0                 Ha: diff != 0                 Ha: diff > 0
 Pr(T < t) = 0.3762         Pr(|T| > |t|) = 0.7524          Pr(T > t) = 0.6238
```

图 4-10　两独立样本 *t* 检验（已知统计量）输出结果

结果显示，在 0.05 的显著性水平下，两个学校学生的数学分析课程成绩不存在显著性差异。

4.2.4　案例详解与 Stata 实现：一种新的运动减肥疗法效果分析

1．数据

为了验证一种新的运动减肥疗法的效果，寻找 18 位受试者，接受 1 个月的集中训练，对每一位受试者参加训练之前和之后的体重进行测量，整理后结果如表 4-3 所示。

表 4-3　　受试者参与训练前后体重变化

单位：千克

受试者	训练前	训练后
hxh	90.0	85.0
yaju	92.5	86.5
yu	70.0	66.0
shizg	76.0	70.0
hah	81.5	76.0
s	71.0	65.0
watet	79.5	72.5
jess	66.0	61.0
wish	61.5	59.5
Jane	63.0	60.0
peter	77.0	73.0
lan	95.0	90.0
white	87.5	81.0
damon	82.5	76.5
lily	84.5	79.5
siri	76.0	73.5
may	79.5	71.0
papy	74.0	70.5

2．研究目的

判断该疗法是否有效。

3．软件实现

【第 1 步】在数据编辑器中将表 4-3 中的数据信息导入，并将受试者、训练前和训练后 3 个变量分别命名为 name、before 和 after，before 和 after 构成配对样本。将数据保存为 twosamplet2.dta，如图 4-11 所示。

	name	before	after
1	hxh	90	85
2	yaju	92.5	86.5
3	yu	70	66
4	shizg	76	70
5	hah	81.5	76
6	s	71	65
7	watet	79.5	72.5
8	jess	66	61
9	wish	61.5	59.5
10	Jane	63	60
11	peter	77	73
12	lan	95	90
13	white	87.5	81
14	damon	82.5	76.5
15	lily	84.5	79.5
16	siri	76	73.5
17	may	79.5	71
18	papy	74	70.5

图 4-11　twosamplet2.dta 数据展示

【第 2 步】进行两配对样本 t 检验。输入命令

```
. ttest before==after
```

输出结果如图 4-12 所示。

```
. ttest before==after

Paired t test
------------------------------------------------------------------------------
Variable |     Obs        Mean    Std. Err.   Std. Dev.   [95% Conf. Interval]
---------+--------------------------------------------------------------------
  before |      18    78.16667    2.280566    9.675621    73.35509    82.97824
   after |      18    73.13889    2.116233    8.978415    68.67403    77.60375
---------+--------------------------------------------------------------------
    diff |      18    5.027778    .3887138    1.649173    4.207663    5.847892
------------------------------------------------------------------------------
     mean(diff) = mean(before - after)                            t =  12.9344
 Ho: mean(diff) = 0                              degrees of freedom =       17

 Ha: mean(diff) < 0           Ha: mean(diff) != 0           Ha: mean(diff) > 0
 Pr(T < t) = 1.0000         Pr(|T| > |t|) = 0.0000          Pr(T > t) = 0.0000

.
```

图 4-12 两配对样本 t 检验输出结果

两配对样本 t 检验的输出结果包括左侧检验、右侧检验和双侧检验的相伴概率。本例采用双侧检验，概率值为 0.0000，小于默认的显著性水平 0.05，因此拒绝原假设，即训练前后体重存在显著变化。训练后体重均值小于训练前样本的体重均值，说明这种新的运动减肥疗法是有效的。

从两配对样本 t 检验的实现思路不难看出，两配对样本 t 检验是通过转化成单样本 t 检验来实现的，即检验两配对样本的差值样本的均值是否与 0 存在显著性差异。这种方案必然要求样本配对、个案数目相同且次序不能随意更改。

无论是单样本 t 检验，还是两独立样本的 t 检验，或是两配对样本的 t 检验，在方法思路上都有许多共同之处。在它们的计算公式中，分子都是均值差，分母都是抽样分布的标准差，只是独立样本 t 检验的抽样标准与配对样本 t 检验的抽样标准不同。配对样本的 t 检验能够对观测值自身的其他影响因素加以控制。

4.3 多样本数据的均值比较与推断

4-3 多样本数据的均值比较与推断

方差分析是费歇（R.A.Fisher）发明的，用于两个及两个以上样本均值差异的显著性检验。方差分析方法在不同领域的各项分析研究中都得到了广泛的应用。从方差入手的研究方法有助于找到事物的内在规律。

受不同因素的影响，研究的观测变量结果会不同。造成观测变量结果差异的原因可分成两类：一类是不可控的随机因素的影响，这是人为很难控制的一类影响因素，称为随机变量；另一类是研究中人为施加的可控因素对观测变量结果的影响，称为控制变量。但是随机变量和控制变量也并不是一成不变的，它们会随着研究问题的不同而改变。

方差分析的基本思想是：通过分析、研究不同变量的变异对总变异的贡献大小，确定控制变量对观测变量结果影响的大小。方差分析可分析控制变量的不同水平是否对观测变量结果产生了显著影响。如果控制变量的不同水平对观测变量结果产生了显著影响，那么它和随

机变量共同作用，必然使结果有显著的变化；如果控制变量的不同水平对观测变量结果没有产生显著的影响，那么结果的变化主要由随机变量起作用，和控制变量关系不大。

根据控制变量的个数，可以将方差分析分成单因素方差分析和多因素方差分析。单因素方差分析的控制变量只有一个（但一个控制变量可以有多个观测水平），多因素方差分析的控制变量有多个。

4.3.1　单因素方差分析

1．适用条件

单因素方差分析适用于只有一个控制变量的情况。它的研究目的在于推断该控制变量的不同水平是否给观测变量结果造成了显著性差异和变动。

方差分析有一个比较严格的前提条件，即不同水平下，各总体均值服从方差相同的正态分布，在满足该前提的基础下，方差分析问题就转换成研究不同水平下各个总体的均值是否有显著性差异的问题。

2．统计量构建及检验原理

单因素方差分析实质上采用了统计推断的方法，通过构建 F 统计量进行 F 检验。F 检验统计量的构建原理和过程如下。

设根据某一控制变量，可将所有的 n 个样本分为 k 个类别组，x_{ij} 为第 i 组中第 j 个样本的变量值，如表 4-4 所示。

表 4-4　单因素方差分析数据分组情况

控制变量分组	第 1 组	第 2 组	……	第 i 组	第 k 组
组内样本量	n_1	n_2	……	n_i	n_k
组内样本	$x_{11},x_{12},\cdots,x_{1n_1}$	$x_{21},x_{22},\cdots,x_{2n_2}$	……	$x_{i1},x_{i2},\cdots,x_{in_i}$	$x_{k1},x_{k2},\cdots,x_{kn_k}$

F 统计量的构建原理是数据变异，即数据总变异平方和的拆解。将所有样本变量值的总变异平方和记为 SST，将其分解为两个部分：一部分是由控制变量引起的变异平方和，记为 SSA（组间离差平方和）；另一部分是由随机变量引起的变异平方和，记为 SSE（组内离差平方和）。于是有

$$\mathrm{SST}=\mathrm{SSA}+\mathrm{SSE}$$

其中，

$$\mathrm{SST}=\sum_{i=1}^{k}\sum_{j=1}^{n_i}(x_{ij}-\bar{x})^2$$

$$\mathrm{SSA}=\sum_{i=1}^{k}n_i(\bar{x}_i-\bar{x})^2$$

$$\mathrm{SSE}=\sum_{i=1}^{k}\sum_{j=1}^{n_i}(x_{ij}-\bar{x}_i)^2$$

其中，k 为水平数，n_i 为第 i 个水平下的样本容量，x_{ij} 为第 i 个水平下第 j 个样本的指标值，$\bar{x}_i$ 为第 i 个水平下所有样本的指标均值，$\bar{x}$ 为所有样本的指标均值。

可见，总变异平方和是所有样本数据与总体均值离差的平方和，反映了数据总的变异程

度。组间离差平方和是各水平组均值和总体均值离差的平方和，反映了控制变量的影响。组内离差平方和是每个数据与本水平组平均值离差的平方和，反映了数据抽样误差的大小程度。单因素方差分析 F 统计量构建原理的数学推导过程可参考相关参考书，此处不详述。

F 统计量是平均组间离差平方和与平均组内离差平方和的比，计算公式为：

$$F=\frac{\mathrm{SSA}/(k-1)}{\mathrm{SSE}/(n-k)}$$

从 F 值计算公式可以看出，如果控制变量的不同水平对观测变量有显著影响，那么观测变量的组间离差平方和必然大，F 值也就比较大；相反，如果控制变量的不同水平没有对观测变量造成显著影响，那么组内离差平方和会比较大，F 值也就比较小。

3．判别规则及结果解读

Stata 会自动计算 F 统计量值，F 统计量服从 $(k-1,n-k)$ 个自由度的 F 分布（k 是水平数，n 是个案数），Stata 依据 F 分布表给出相应的相伴概率值。如果相伴概率值小于显著性水平 α，则拒绝原假设，认为控制变量不同水平下的各总体均值有显著性差异；反之，则认为控制变量不同水平下的各总体均值没有显著性差异。

4．Stata 基本命令

Stata 中方差分析的基本命令为 anova，它可以进行单因素方差分析，也可以进行多因素方差分析和协方差分析。方差分析是广义线性模型的一种形式，因此 anova 命令在进行多样本间均值比较的同时，也给出观测变量的预测值与残差，并检验各个控制变量的效应。

Stata 中实现单因素方差分析的命令有两种：一种是 anova 命令，另一种是 oneway 命令。

使用 anova 命令实现单因素方差分析的基本语法为：

```
. anova responsevar factorvar [if] [in] [,options]
```

使用 oneway 命令实现单因素方差分析的基本语法为：

```
. oneway responsevar factorvar [if] [in] [,options]
```

这两个命令的结构基本一致，其中 responsevar 为观测变量，即因变量，factorvar 为控制变量，即自变量。if、in 的引导条件在第 2 章已介绍。options 的主要选项及描述如表 4-5 所示。

表 4-5　options 的主要选项及描述

主要选项	描述	主要选项	描述
bonferroni	bonferroni 多重比较检验	[no]freq	[不]显示频数
scheffe	scheffe 多重比较检验	[no]obs	[不]显示观测个案数
sidak	sidak 多重比较检验	noanova	[不]显示方差分析表
tabulate	生成频次列表	nolabel	输出结果不以标签形式显示，直接以数值显示
[no]means	[不]显示均值	wrap	列表不隔开
[no]standard	[不]显示标准差	missing	将缺失值作为一类

4.3.2　多因素方差分析

1．适用条件

多因素方差分析适用于存在两个或两个以上控制变量的情况。它的研究目的是分析多个控制变量的独立作用、多个控制变量的交互作用以及其他随机变量是否对观测变量的结果产生了显著影响。多因素方差分析对各个总体的方差相等的前提假设是放松的，但是一般要求多控制变量交叉作用下的单元格内至少有3个观测值。

2．统计量构建及检验原理

多因素方差分析不仅需要分析多个控制变量的独立作用对观测变量的结果的影响，还需要分析多个控制变量的交互作用对观测变量的结果的影响，以及其他随机变量对结果的影响。因此，它需要将观测变量总的离差平方和分解为3个部分。

① 多个控制变量独立作用引起的离差平方和。

② 多个控制变量交互作用引起的离差平方和。

③ 其他随机变量引起的离差平方和。

以两个控制变量为例，多因素方差分析将数据总的离差平方和表示为：

$$Q_{总}=Q_{控制变量1}+Q_{控制变量2}+Q_{控制变量1,2}+Q_{随机变量}$$

其中，$Q_{控制变量1}+Q_{控制变量2}$ 是主效应部分，$Q_{控制变量1,2}$ 称为多向交互影响部分，反映两个控制变量各个水平相互组合对结果的影响。主效应部分和多向交互影响部分的和称为可解释部分。$Q_{随机变量}$ 是其他随机变量共同引起的部分，也称为剩余部分。

各个部分的计算公式为：

$$Q_{控制变量1}=sl\sum_{i=1}^{r}(\bar{x}_i-\bar{x})^2$$

$$Q_{控制变量2}=rl\sum_{j=1}^{s}(\bar{x}_j-\bar{x})^2$$

$$Q_{控制变量1,2}=l\sum_{i=1}^{r}\sum_{j=1}^{s}(\bar{x}_{ij}-\bar{x}_i-\bar{x}_j+\bar{x})^2$$

$$Q_{随机变量}=\sum_{i=1}^{r}\sum_{j=1}^{s}\sum_{k=1}^{l}(x_{ijk}-\bar{x}_{ij})^2$$

其中，r 为第一个控制变量的取值个数（观测水平个数）；

s 为第二个控制变量的取值个数；

l 为每个组合的重复试验次数，共有 $r\times s$ 个取值组合；

x_{ijk} 为每次试验的结果数据，共有 $r\times s\times l$ 个结果数据；

$\bar{x}_i$ 为第一个控制变量在水平 i 下的平均结果，即 $\bar{x}_i=\frac{1}{sl}\sum_{j=1}^{s}\sum_{k=1}^{l}x_{ijk}$；

$\bar{x}_j$ 为第二个控制变量在水平 j 下的平均结果，即 $\bar{x}_j=\frac{1}{rl}\sum_{i=1}^{r}\sum_{k=1}^{l}x_{ijk}$；

$\bar{x}_{ij}$ 为第一个控制变量在水平 i 下和第二个控制变量在水平 j 下的平均结果，即 $\bar{x}_{ij}=\frac{1}{l}\sum_{k=1}^{l}x_{ijk}$。

多因素方差分析仍然采用 F 检验。

原假设 H_0：在多个控制变量的不同水平下，各总体均值没有显著性差异。

F 统计量的计算公式为：

$$F_{控制变量1}=\frac{Q_{控制变量1}/(r-1)}{Q_{随机变量}/rs(l-1)}=\frac{S^2_{控制变量1}}{S^2_{随机变量}}$$

$$F_{控制变量2}=\frac{Q_{控制变量2}/(s-1)}{Q_{随机变量}/rs(l-1)}=\frac{S^2_{控制变量2}}{S^2_{随机变量}}$$

$$F_{控制变量1,2}=\frac{Q_{控制变量1,2}/(r-1)(s-1)}{Q_{随机变量}/rs(l-1)}=\frac{S^2_{控制变量1,2}}{S^2_{随机变量}}$$

3．判别规则及结果解读

以上 F 统计量服从 F 分布。Stata 将自动计算 F 值，并根据 F 分布表给出相应的相伴概率值。

如果 $F_{控制变量1}$ 的相伴概率小于显著性水平，则第一个控制变量的不同水平对观测变量的均值产生了显著影响；如果 $F_{控制变量2}$ 的相伴概率小于显著性水平，则第二个控制变量的不同水平对观测变量的均值产生了显著影响；如果 $F_{控制变量1,2}$ 的相伴概率小于显著性水平，则表示第一个控制变量和第二个控制变量各个水平的交互作用对观测变量均值产生了显著影响；如果相反则认为不同水平对观测变量的均值没有显著影响。

4．Stata 基本命令

Stata 中用于多因素方差分析的命令为 anova，其基本语法为：

```
. anova responsevar factorvar1 factorvar2… factorvar1#factorvar2 [if] [in]
[,options]
```

其中，responsevar 为观测变量（因变量），factorvar1、factorvar2…为控制变量（自变量），可以有多个。在多因素方差分析中，可以选择进行交互效用检验，采用 factorvar1#factorvar2 的形式，可以是双控制变量的交互作用，也可以是多控制变量的交互作用，只需指定进行交互作用的变量名称即可。options 的主要选项及描述如表 4-6 所示。

表 4-6 options 的主要选项及描述

主要选项	描述	主要选项	描述
category(varlist)	分类变量	sequential	使用序列平方和
class(varlist)	分类变量。如不注明，则 Stata 默认所有变量均是分类变量	noconstant	没有常数项
repeated(varlist)	重复观测因子	regress	显示回归结果
partial	使用边际平方和，为默认选项	[no]anova	[不]显示方差分析表

4.3.3 协方差分析

1．适用条件

协方差分析将那些很难控制的因素作为协变量，在排除协变量影响的条件下，分析控制变量对观测变量的影响，从而更加准确地对控制变量进行评价。

无论是单因素方差分析还是多因素方差分析，它们都有一些可以人为控制的控制变量。在实际问题中，有些随机变量是很难人为控制的，但它们又会对结果产生显著影响。如果忽略这些变量的影响，则有可能得到不正确的结论。

例如，研究某种药物对病症的治疗效果时，如果仅仅分析药物本身的作用，而不考虑不同患者自身不同的身体条件（如体质等），那么很可能得不到结论或者得到不正确的结论。

为了更加准确地研究控制变量不同水平对观测变量结果的影响，应该尽量排除其他变量对观测变量结果的影响。协方差将那些很难控制的因素作为协变量，在分析中将其排除，然后分析控制变量对观测变量的影响，从而实现对控制变量效果的准确评价。

协方差分析要求协变量是连续变量，多个协变量间互相独立，且与控制变量之间没有交互作用。单因素方差分析和多因素方差分析中的控制变量都是一些分类变量。而协方差分析中既包含了分类变量（控制变量），又包含了数值变量（协变量）。

2．统计量构建及检验原理

以单因素协方差分析为例，因为只含有一个控制变量，所以数据总变异平方和表示为：

$$Q_{总} = Q_{控制变量} + Q_{协变量} + Q_{随机变量}$$

总变异平方和的拆解方法和计算公式与单因素方差分析的是相同的，这里不赘述。协方差分析仍然采用 F 检验。

原假设 H_0：在多个控制变量的不同水平下，各总体均值没有显著性差异。

F 统计量计算公式为：

$$F_{控制变量} = \frac{S^2_{控制变量}}{S^2_{随机变量}}$$

$$F_{协变量} = \frac{S^2_{协变量}}{S^2_{随机变量}}$$

3．判别规则及结果解读

以上 F 统计量服从 F 分布。Stata将自动计算 F 值，并根据 F 分布表给出相应的相伴概率值。

如果 $F_{控制变量}$的相伴概率小于显著性水平，则控制变量的不同水平对观测变量产生显著影响；如果 $F_{协变量}$的相伴概率小于显著性水平，则协变量的不同数值对观测变量产生显著影响。

4．Stata基本命令

Stata中用于协方差分析的命令为anova，其基本语法为：

```
. anova responsevar factorvar1 factorvar2…, c.varname
```

协方差分析的anova语法结构与单因素方差分析和多因素方差分析的基本一致，在多因素方差分析中，要加入交互效应检验，只需指定交互的变量，并用#连接即可，协方差分析与多因素方差分析相同。其中，c.varname用于指定协变量，按照规定，协变量也必须是连续变量，varname为协变量的变量名称。

4.3.4　案例详解与Stata实现：班级学习成绩的均值比较与统计推断

1．数据

某学校为了考量一年级3个班级学习成绩之间的差异，从每个班级随机抽取10名学生，记录了这30名学生的期末考试平均成绩（score）、入学时的摸底考试成绩（prescore），同时统计了每位学生的性别（sex，取值为1或者2，1代表男性，2代表女性）、所属班级（class，1代表1班，2代表2班，3代表3班）。详细数据如表4-7所示。

表 4-7　　　　方差分析案例数据

id	score/分	prescore/分	sex	class
1	78	80	1	1
2	85	82	1	1
3	90	85	2	1
4	87	90	1	1
5	85	88	2	1
6	87	85	2	1
7	76	80	2	1
8	79	65	1	1
9	91	88	1	1
10	88	86	2	1
11	87	83	1	2
12	85	84	2	2
13	83	80	1	2
14	79	85	2	2
15	65	77	1	2
16	93	89	2	2
17	95	98	2	2
18	77	80	1	2
19	82	89	1	2
20	83	78	2	2
21	90	85	2	3
22	65	75	2	3
23	88	80	1	3
24	83	89	1	3
25	79	83	1	3
26	80	89	2	3
27	87	78	1	3
28	91	84	1	3
29	74	80	2	3
30	73	82	2	3

2．研究目的

（1）判断不同班级的学生在期末考试平均成绩上是否存在显著性差异。

（2）判断班级、性别这两个自变量是否会对学生期末考试平均成绩产生显著性影响。

（3）期末考试平均成绩与学生入学时的摸底考试成绩之间存在一定联系，在控制入学成绩的影响后，判断学生是否在班级、性别的不同类别中存在显著性差异。

3．软件实现

【第 1 步】将表 4-7 中的数据通过数据编辑器输入 Stata 系统，将数据文件命名为 anova.dta，并保存，如图 4-13 所示。

```
. save "F:\stata\data\anova.dta"
file F:\stata\data\anova.dta saved
```

	id	score	prescore	sex	class
1	1	78	80	1	1
2	2	85	82	1	1
3	3	90	85	2	1
4	4	87	90	1	1
5	5	85	88	2	1
6	6	87	85	2	1
7	7	76	80	2	1
8	8	79	65	1	1
9	9	91	88	1	1
10	10	88	86	2	1
11	11	87	83	1	2
12	12	85	84	2	2
13	13	83	80	1	2
14	14	79	85	2	2
15	15	65	77	1	2
16	16	93	89	2	2
17	17	95	98	2	2
18	18	77	80	1	2
19	19	82	89	1	2
20	20	83	78	2	2
21	21	90	85	2	3
22	22	65	75	2	3
23	23	88	80	1	3
24	24	83	89	1	3
25	25	79	83	1	3
26	26	80	89	2	3
27	27	87	78	1	3
28	28	91	84	1	3
29	29	74	80	2	3
30	30	73	82	2	3

图 4-13 anova.dta 数据展示

【第 2 步】以 score 为观测变量，以 class 为控制变量，进行单因素方差分析，判断不同班级的期末考试成绩的均值是否存在显著性差异。Stata 的命令及运行结果如图 4-14 所示。从单因素方差分析表中可以看出，控制变量 class 的相伴概率为 0.5703，大于显著性水平 0.05，因此可以判断不拒绝原假设，得到结论：不同班级的学生在期末考试平均成绩之间不存在显著性差异。方差分析表中还给出了线性模型的拟合优度（R-squared）以及调整后的拟合优度（Adj R-squared），本案例分析的重点在于均值比较，因此暂时可不关注这些输出统计量。

```
. anova score class

                 Number of obs =         30    R-squared     =  0.0407
                 Root MSE      =    7.52108    Adj R-squared = -0.0303

      Source | Partial SS         df         MS           F    Prob>F
  -----------+------------------------------------------------------
       Model |  64.866667          2   32.433333       0.57   0.5703
             |
       class |  64.866667          2   32.433333       0.57   0.5703
             |
    Residual |     1527.3         27   56.566667
  -----------+------------------------------------------------------
       Total |  1592.1667         29   54.902299
```

图 4-14 单因素方差分析命令及运行结果

【第 3 步】以 score 为观测变量，class、sex 为控制变量，进行多因素方差分析，判断不同班级和性别的学生的期末考试成绩均值是否存在显著性差异，并判断 class 与 sex 之间是否存在交互作用。Stata 的命令及运行结果如图 4-15 所示。

```
. anova score class sex class#sex

                         Number of obs =         30    R-squared     =  0.2815
                         Root MSE      =    6.90411    Adj R-squared =  0.1318

                  Source | Partial SS         df         MS        F    Prob>F
              -----------+----------------------------------------------------
                   Model |  448.16667          5   89.633333     1.88  0.1353
                         |
                   class |  64.866667          2   32.433333     0.68  0.5159
                     sex |  .03333333          1   .03333333     0.00  0.9791
               class#sex |  383.26667          2   191.63333     4.02  0.0312
                         |
                Residual |       1144         24   47.666667
              -----------+----------------------------------------------------
                   Total |  1592.1667         29   54.902299
```

图 4-15　多因素方差分析命令及运行结果

多因素方差分析的结果表明，class 与 sex 两个控制变量的检验相伴概率均大于显著性水平 0.05，判定它们均未对 score 产生显著性影响，即不同班级、不同性别的学生在期末考试成绩均值上不存在显著性差异。同时可以看出 class 与 sex 的交互作用选项 class#sex 的检验相伴概率为 0.0312，小于 0.05 的显著性水平，因此判定这两个控制变量之间存在交互作用，它们交叉分类下不同班级和性别的学生期末考试平均成绩之间存在显著性差异。

【第 4 步】将 prescore 设定为协变量，控制住协变量的影响后，进一步判定不同班级、不同性别学生的期末考试平均成绩的差异性。Stata 的命令及运行结果如图 4-16 所示。可见协变量 prescore 检验的相伴概率为 0.0012，小于显著性水平 0.05，说明协变量 prescore 对观测变量 score 是具有显著影响的。控制住协变量的影响后，控制变量 class 的相伴概率为 0.4617，大于 0.05 的显著性水平，说明不同班级的学生在学习成绩上不存在显著性差异，班级对成绩无显著影响。

```
. anova score class c.prescore

                         Number of obs =         30    R-squared     =  0.3627
                         Root MSE      =    6.24727    Adj R-squared =  0.2891

                  Source | Partial SS         df         MS        F    Prob>F
              -----------+----------------------------------------------------
                   Model |  577.42799          3     192.476     4.93  0.0076
                         |
                   class |  62.150284          2   31.075142     0.80  0.4617
                prescore |  512.56132          1   512.56132    13.13  0.0012
                         |
                Residual |  1014.7387         26   39.028411
              -----------+----------------------------------------------------
                   Total |  1592.1667         29   54.902299
```

图 4-16　协方差分析命令及运行结果（1）

【第5步】将协方差分析进一步深化。在确定prescore的显著影响后，再进行多因素方差分析，用以判断两个控制变量对观测变量的作用。Stata的命令及运行结果如图4-17所示。协变量prescore的相伴概率仍然小于0.05，其对观测变量score的显著作用仍然存在。控制住协变量的影响后，控制变量class和sex对score的影响均是不显著的，其相伴概率均大于显著性水平0.05。

因此可以得到基本结论：在假定各学生入学摸底考试成绩不存在差异的前提下，不同班级、不同性别的学生在学习成绩上是平衡发展的，不存在班级和性别上的差异。

```
. anova score class sex c.prescore

                         Number of obs =         30    R-squared     =  0.3804
                         Root MSE      =    6.28179    Adj R-squared =  0.2813

                  Source | Partial SS         df         MS           F    Prob>F
              -----------+----------------------------------------------------
                   Model |   605.6457          4   151.41143       3.84  0.0145
                         |
                   class |  62.536861          2    31.26843       0.79  0.4638
                     sex |  28.217711          1   28.217711       0.72  0.4058
                prescore |   540.7457          1    540.7457      13.70  0.0011
                         |
                Residual |  986.52097         25   39.460839
              -----------+----------------------------------------------------
                   Total |  1592.1667         29   54.902299
```

图4-17 协方差分析命令及运行结果（2）

习 题

1．两配对样本均值比较与推断的原理是什么？
2．多因素方差分析的原理是什么？
3．协方差分析主要用于解决什么问题？

上机实训

在某项医学试验中，对不同的群体测定尿铅含量，选定24个观测个案，将这24个观测个案分为男女两组，同时观测个案可分为3个年龄组。数据详情如表4-8所示。数据包含3个变量，即测定结果（result）、性别（sex，取值为1和2，1代表男性，2代表女性）和年龄组（age，取值为1、2和3，分别对应青年组、中年组和老年组）。

表4-8 群体测定尿铅含量研究相关数据

id	result	sex	age
1	2.41	1	1
2	2.90	1	1
3	2.75	1	1
4	2.23	1	1

续表

id	result	sex	age
5	3.67	1	2
6	4.49	1	2
7	5.16	1	2
8	5.45	1	2
9	2.06	1	3
10	1.64	1	3
11	1.06	1	3
12	0.77	1	3
13	2.80	2	1
14	3.04	2	1
15	1.88	2	1
16	3.43	2	1
17	3.81	2	2
18	4.00	2	2
19	4.44	2	2
20	5.41	2	2
21	1.24	2	3
22	1.83	2	3
23	1.45	2	3
24	0.92	2	3

请进行以下分析。

（1）不同性别的观测个案尿铅含量是否存在显著性差异。

（2）不同年龄组的观测个案尿铅含量是否存在显著性差异。

（3）性别和年龄组是否对观测个案尿铅含量均值存在交互作用。

第5章 数据内部关联结构分析与 Stata 实现

在对数据进行描述和均值的比较与推断后，基本可以判断出数据的分布特征，以及统计分组下组别之间的差异，接下来需要对数据内部关联结构的特征进行探讨。按研究视角和维度不同，数据内部关联结构分为样本的关联结构和变量的关联结构两部分。样本的关联结构分析主要采用聚类分析方法，变量的关联结构分析主要采用因子分析方法。

学习目标

（1）掌握系统聚类分析和快速聚类分析方法的原理。

（2）掌握因子分析方法的原理和步骤。

（3）熟练运用 Stata 软件完成聚类分析和因子分析，并根据输出结果进行正确决策。

知识框架

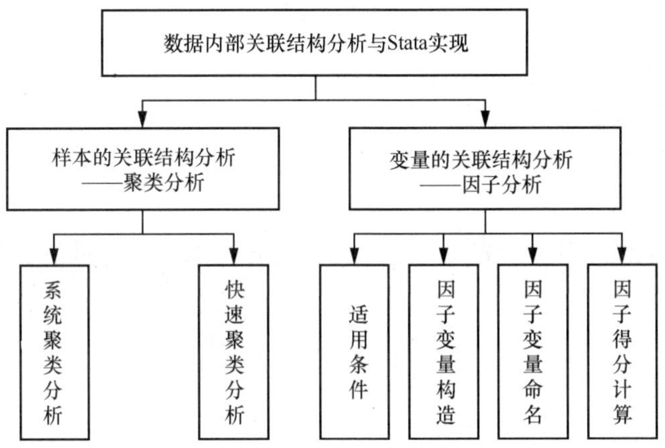

5.1 样本的关联结构分析——聚类分析

5-1 样本的关联结构分析——聚类分析

人们在认识某类事物时往往会先对这类事物的各个观测个案进行分类，以便寻找观测个案彼此之间的关联关系。聚类分析的实质是建立一种分类，它能够在没有先验知识的情况下，将一批样本按照它们性质上的亲疏程度自动分类，通过分类反映样本之间的关联结构。

5.1.1 系统聚类分析与 Stata 实现

系统聚类分析适用于用户事先并不确定希望得到的分类组别数，只是通过系统聚类分析方法的运行结果帮助其做相关判断的情况。系统聚类分析根据观察变量之间的亲疏程度，将最相似的对象结合在一起，以逐次聚合的方式将观测个案（即样本）分类，直到最后所有观测个案都聚成一类。在系统聚类分析中，测量样本之间的亲疏程度是关键。聚类时会涉及两种类型亲疏程度的计算：一种是样本数据之间的亲疏程度，另一种是样本数据与小类、小类与小类之间的亲疏程度。下面讲述这两种类型亲疏程度的测量方法和计算公式。

观测个案之间的亲疏程度主要通过样本之间的距离或样本间的相关系数来测度。Stata 根据变量数据类型的不同，提供了相似性（即相关系数）和不相似性（即距离）两种方式测量样本间亲疏程度。

1．样本间亲疏程度测量方法

（1）连续变量的样本不相似性测量方法

样本若有 k 个变量，则可以将样本看成一个 k 维空间中的一个点，样本和样本之间的距离就是 k 维空间中点和点之间的距离，这反映了样本之间的亲疏程度。聚类时，距离相近的样本属于同一类，距离远的样本属于不同类。

① 欧氏距离

两个样本之间的欧氏距离（EUCLID）是样本各个变量值之差的平方和的平方根，计算公式为：

$$\text{EUCLID} = \sqrt{\sum_{i=1}^{k}(x_i - y_i)^2}$$

其中，k 表示每个样本有 k 个变量；

x_i 表示第一个样本在第 i 个变量上的取值；

y_i 表示第二个样本在第 i 个变量上的取值。

② 欧氏距离平方

两个样本之间的欧氏距离平方（SEUCLID）是各样本每个变量值之差的平方和，计算公式为：

$$\text{SEUCLID} = \sum_{i=1}^{k}(x_i - y_i)^2$$

其中，k 表示每个样本有 k 个变量；

x_i 表示第一个样本在第 i 个变量上的取值；

y_i 表示第二个样本在第 i 个变量上的取值。

③ 切比雪夫距离

两个样本之间的切比雪夫距离（CHEBYSHEV）是各样本所有变量值之差绝对值中的最大值，计算公式为：

$$\text{CHEBYSHEV}(x,y) = \max\left|x_i - y_i\right|$$

其中，x_i 表示第一个样本在第 i 个变量上的取值；

y_i表示第二个样本在第i个变量上的取值。

④ 块距离

两个样本之间的块距离（BLOCK）是各样本所有变量值之差绝对值的总和，计算公式为：

$$\mathrm{BLOCK}(x,y)=\sum_{i=1}^{k}\left|x_i-y_i\right|$$

其中，k表示每个样本有k个变量；

x_i表示第一个样本在第i个变量上的取值；

y_i表示第二个样本在第i个变量上的取值。

⑤ 闵可夫斯基距离

两个样本之间的闵可夫斯基距离（MINKOWSKI）是各样本所有变量值之差绝对值的p次方的总和，再求p次方根。计算公式为：

$$\mathrm{MINKOWSKI}(x,y)=\sqrt[p]{\sum_{i=1}^{k}\left|x_i-y_i\right|^p}$$

其中，k表示每个样本有k个变量；

p是任意可指定的次方；

x_i表示第一个样本在第i个变量上的取值；

y_i表示第二个样本在第i个变量上的取值。

（2）连续变量的样本相似性测量方法

连续变量亲疏程度的测量，除了上面的各种距离外，还可以计算其他统计指标，如皮尔逊相关系数、余弦相似度（COSINE）等。

余弦相似度将样本各变量看作k维空间向量，然后计算各个向量间夹角的余弦，计算公式为：

$$\mathrm{COSINE}(x,y)=\frac{\sum_{i=1}^{k}x_i^2y_i^2}{\sqrt{\left(\sum_{i=1}^{k}x_i^2\right)\left(\sum_{i=1}^{k}y_i^2\right)}}$$

其中，k表示每个样本有k个变量；

x_i表示第一个样本在第i个变量上的取值；

y_i表示第二个样本在第i个变量上的取值。

（3）定序或定性变量的样本亲疏程度测量方法

对于此类变量，可以计算一些有关相似性的统计指标来测量样本间的亲疏程度。也可以通过下面两个计算公式来测量。

① χ^2（Chi-square）统计量

计算公式为：

$$\mathrm{CHISQ}(x,y)=\sqrt{\frac{\sum_{i=1}^{k}(x_i-E(x_i))^2}{E(x_i)}+\frac{\sum_{i=1}^{k}(y_i-E(y_i))^2}{E(y_i)}}$$

其中，x_i表示第一个样本在第i个变量上的取值；y_i表示第二个样本在第i个变量上的取值。$E(x_i)$表示所有样本在第i个变量上的均值，$E(y_i)$表示所有样本在第i个变量上的均值，下同。

② φ^2（Phi-square）统计量

计算公式为：

$$\text{PHISQ}(x,y)=\sqrt{\frac{\dfrac{\sum_{i=1}^{k}(x_i-E(x_i))^2}{E(x_i)}+\dfrac{\sum_{i=1}^{k}(y_i-E(y_i))^2}{E(y_i)}}{n}}$$

2．类间亲疏程度测量方法

根据样本聚类的过程和原理，在对任意两个样本测度完距离之后，会形成小类，其后进行的聚类步骤会涉及样本数据与小类、小类与小类之间的亲疏程度测量方法。所谓小类，是指在聚类过程中根据样本之间亲疏程度形成的中间类。

Stata在聚类运算过程中提供了多种计算样本数据与小类、小类与小类之间的亲疏程度的计算规则。

（1）最近邻元素法

以当前某个样本与已经形成小类中的各样本距离的最小值作为当前样本与该小类之间的距离。

（2）最远邻元素法

以当前某个样本与已经形成小类中的各样本距离的最大值作为当前样本与该小类之间的距离。

（3）组间链接法

两个小类之间的距离为两个小类中所有样本间的平均距离。

（4）组内链接法

与组间链接法类似，组内链接法计算的平均距离是对所有样本对的距离求平均值，包括小类之间的样本对、小类内的样本对。

（5）质心聚类法

将两小类间的距离定义成两小类质心（重心）间的距离。每一小类的质心（重心）就是该类中所有样本在各个变量上的均值代表点。

（6）瓦尔德法

瓦尔德法是小类合并的方法，在聚类过程中，使小类内各个样本的欧氏距离总平方和增加最小的两小类合并成一类。

通过测量样本与样本、样本与小类、小类与小类之间的亲疏程度，小类与样本、小类与小类继续聚合，最终将所有样本都包括在一个大类中，完成聚类过程。

3．Stata基本命令

在Stata中，聚类分析可以采用两种命令方式完成：一种是利用cluster命令通过数据直接进行系统聚类分析，另一种是利用clustermat命令通过分析距离矩阵来进行系统聚类分析。

（1）cluster命令

cluster命令的基本语法为

```
. cluster linkage varlist [if] [in] [,cluster_options]
```

其中，linkage是系统聚类中类间距离测量方法，用户可选择使用的类间距离测量方法如表5-1所示。

表 5-1　　类间距离测量方法

linkage 选项	对应方法
singlelinkage	最近邻元素法
completelinkage	最远邻元素法
averagelinkage	未加权的链接法
waveragelinkage	加权的链接法
medianlinkage	加权的质心聚类法
centroidlinkage	未加权的质心聚类法
wardslinkage	瓦尔德法

varlist 是系统聚类分析中需要用到的变量名称，cluster_options 选项及说明如表 5-2 所示。

表 5-2　　cluster_options 选项及说明

选项	说明
measure(measure)	相似性的度量方法
name(clname)	聚类分析的名称
generate(stub)	生成的分类变量的前缀

在系统聚类分析中，除了形成聚类分析结果文件，还可绘制树状聚类图，具体命令可采用如下形式。

```
. cluster singlelinkage x1 x2 x3, name(cls)
. cluster dendrogram cls, xlabel
```

第一行命令采用最近邻元素法进行分类，聚类分析使用了 3 个变量，分别为 x1、x2、x3，并且将聚类分析的结果命名为 cls。

第二行命令要求对聚类分析结果 cls 绘制树状聚类图。

在 Stata 中绘制树状聚类图的语法格式为：

```
. cluster dendrogram [clname] [if] [in] [, options]
```

其中，clname 为聚类分析结果文件，即针对该聚类分析结果绘制树状聚类图，options 选项中较为常用的是 label(name)，表示将树状聚类图命名为 name。

（2）clustermat 命令

clustermat 命令在使用之前要求先生成距离矩阵，生成距离矩阵的语法格式为：

```
. matrix dissimilarity matname= [varlist] [if] [in] [,matrix_options]
```

dissimilarity 表示依据样本之间的不相似性（距离）作为分类的依据，matname 表示生成的距离矩阵的名称，varlist 指明需要保存哪些变量的所有观测个案的距离。其中 matrix_options 的主要选项如表 5-3 所示。

表 5-3　　matrix_options 主要选项

选项	内容	选项	内容
cont_measure	连续数据	Linfinity	切比雪夫距离
L2	欧氏距离，默认项	L(1)	等同于 L1
Euclidean	等同于 L2	Lpower(1)	等同于 L1

续表

选项	内容	选项	内容
L(2)	等同于 L2	maximum	等同于 Linfinity
L2squared	欧氏距离平方	L(#)	闵可夫斯基距离
Lpower(2)	等同于 L2squared	Lpower(#)	闵可夫斯基距离
L1	块距离	correlation	皮尔逊相关系数
absolute	等同于 L1	angular	余弦相似度
cityblock	等同于 L1	angle	等同于 angular
manhattan	等同于 L1	pearson	φ^2 统计量

注：表 5-3 只列出部分选项内容，读者如有需要可使用 help 命令得到更多资料。

下面列举几种常用的生成距离矩阵的语法格式。

```
. matrix dissimilarity DD =x1 x2…
```

创建 DD 矩阵默认采用欧氏距离。x1、x2…为矩阵中的变量。

```
. mat list DD
```

创建完 DD 矩阵后，可用 mat list 命令查看 DD 矩阵的内容。

```
. matrix dissimilarity EU = x1 x2 x3, L2squared
```

创建矩阵 EU，并在 EU 中保存变量 x1、x2、x3 的所有观测个案的欧氏距离平方。

生成 matname 矩阵后，利用 clustermat 命令进行系统聚类的语法格式为：

```
. clustermat linkage matname [if] [in] [,clustermat_options]
```

其中，linkage 为类间距离测量方法，具体参见表 5-1。clustermat_options 选项的内容可参见表 5-2，详细信息可借助 help 命令获得。matname 为生成的距离矩阵。

下面列举几种常用的 clustermat 语法格式。

```
. clustermat wardslinkage DD, name(PHone)
```

采用瓦尔德法对矩阵 DD 进行聚类分析，将结果命名为 PHone。

（3）cluster dendrogram 命令

cluster dendrogram 命令主要用于将聚类分析的结果生成树状聚类图。cluster dendrogram 命令的常用语法格式为：

```
. cluster dendrogram clname, labels(name) horizontal
```

其中 clname 为聚类分析产生的结果，该命令表示针对 clname 绘制树状聚类图。labels(name)表示对生成的树状聚类图命名，名称为 name。horizontal 表示生成水平状的树状聚类图，默认为垂直状的。

5.1.2 快速聚类分析与 Stata 实现

Stata 系统聚类分析对计算机的性能要求比较高，在大样本的情况下，可以采用快速聚类分析方法。采用快速聚类分析得到的结果简单易懂，对计算机的性能要求也不高，因此应用也比较广泛。

1. 适用条件

快速聚类分析是由用户指定类别数的大样本数据的逐步聚类分析。它先对数据进行初始分类，然后逐步调整，得到最终分类。

和系统聚类分析一致，快速聚类分析也以距离为样本间亲疏程度的度量。但两者的不同在于：系统聚类可以对不同的聚类类数产生一系列聚类解，快速聚类只能产生固定类数的聚类解，类数需要用户事先指定。

另外，在快速聚类分析中，用户可以自己指定初始的类中心点。如果用户的经验比较丰富，则可以指定比较合理的初始类中心点，否则需要增加迭代的次数，以保证最终聚类结果的准确性。

2．迭代原理和过程

快速聚类分析是一个不断迭代的过程，其基本原理和迭代步骤如下。

（1）指定聚类成多少类（如 k 类）。

（2）Stata 确定 k 类的初始类中心点。Stata 会根据样本数据的实际情况，选择 k 个有代表性的样本数据作为初始类中心点。初始类中心点也可以由用户自行指定，需要指定 k 个样本数据作为初始类中心点。

（3）计算所有样本数据点到 k 个类中心点的欧氏距离。Stata 按照距 k 个类中心点距离最短原则，把所有样本分派到各中心点所在的类中，形成一个新的 k 类，完成一次迭代过程。

（4）Stata 重新确定 k 类的中心点。Stata 计算每类中各个变量的变量值均值，并以均值点作为新的类中心点。

（5）重复步骤（3）、步骤（4）的计算过程，直到达到指定的迭代次数或终止迭代的判断要求为止。

3．Stata 基本命令

快速聚类中类初始中心点的指定方法不同，形成了 k 均值聚类和 k 中位数聚类两种方法。

k 均值聚类命令的语法格式为：

```
. cluster kmeans [varlist] [if] [in] , k(#) [options]
```

k 中位数聚类命令的语法格式为：

```
. cluster kmedians [varlist] [if] [in] , k(#) [options]
```

其中，varlist 表示聚类分析过程中需要使用的变量，k(#)表示指定的聚类的类别数，#为类别数，options 的主要选项如表 5-4 所示。

表 5-4　　快速聚类中 options 的主要选项

选项	内容
measure(measure)	距离测量方法
name(clname)	聚类分析结果名称
start(start_option)	初始值设定
krandom[(seed#)]	随机抽取 k 个不同的观测个案作为 k 组的中心点
firstk[, exclude]	将前 k 个观测个案数值作为 k 组的初始中心点，exclude 表示前 k 个观测个案不进行分类
lastk[,exclude]	将后 k 个观测个案数值作为 k 组的初始中心点，exclude 表示后 k 个观测个案不进行分类
random[(seed#)]	从[min,max]的均匀分布中随机生成 k 个数作为 k 组的初始中心点
group(varname)	用 varname 作为初始分类变量
keepcenters	将最后生成的 k 组的均值添加到数据中
generate(groupvar)	生成的分类变量的前缀
iterate(#)	迭代次数，默认为 10000 次

下面列举几种常用的快速聚类命令的语法格式。

```
. cluster kmeans x1 x2 x3, k(3)
```

采用 *k* 均值聚类法对变量 x1、x2、x3 进行聚类分析，将所有观测个案聚成 3 类。

```
. cluster kmeans x1 x2 x3, k(3) name(FF)
```

采用 *k* 均值聚类法对变量 x1、x2、x3 进行聚类分析，将所有观测个案聚成 3 类，并将聚类分析结果命名为 FF。

```
. cluster kmedians x1 x2 x3, k(4) name(GH) start(firstk)
```

采用 *k* 中位数聚类法对变量 x1、x2、x3 进行聚类分析，将所有观测个案聚成 4 类，并将聚类分析结果命名为 GH，在聚类过程中采用前 4 个观测个案数值作为初始中心点。

5.1.3 案例详解与 Stata 实现：手机品牌满意度调查结果的聚类分析

1．数据

在某次对市场上销售的手机满意度调查中，从市场中挑选出 10 款不同品牌的手机，通过拦截式街访的方式，选择 100 名受访者，让其对不同品牌手机 5 个方面的满意度进行打分，这 5 个方面分别是外观（x1）、运行速度（x2）、售后服务（x3）、安全性（x4）和照相功能（x5）。打分采用 10 分制，分数越高，表示受访者对该手机的满意度越高。将受访者所打分数进行简单算术平均后得到 10 个手机品牌在 5 个方面的平均分数，如表 5-5 所示。

表 5-5　　10 个手机品牌在 5 个方面的平均分数

单位：分

brand	x1	x2	x3	x4	x5
A	9	8	9	8	5
B	8	7	8	5	7
C	8	5	5	7	6
D	5	6	5	6	7
E	6	6	6	7	4
F	8	5	6	5	8
G	7	5	7	8	6
H	5	6	5	7	9
I	7	5	5	8	6
J	7	9	5	6	5

2．研究目的

利用表 5-5 中的 5 个评价指标，将 10 个手机品牌进行聚类。

3．软件实现

将表 5-5 中的数据保存为名为 cluster.dta 的数据文件，数据详情如图 5-1 所示。其中 brand 代表手机品牌。

方法 1：系统聚类——cluster 命令

采用最近邻元素法对 10 个观测个案进行系统聚类分析。执行完 cluster 命令后，输出结果包括 3 个部分，clus1_id 表示初始时各观测个案的编号，clus1~rd 表示经过聚类分析后重新赋予各观测个案的编号，clus1_hgt 表示对每个观测样本进行聚类分析后计算的数值，如图 5-2 所示。

	brand	x1	x2	x3	x4	x5
1	A	9	8	9	8	5
2	B	8	7	8	5	7
3	C	8	5	5	7	6
4	D	5	6	5	6	7
5	E	6	6	6	7	4
6	F	8	5	6	5	8
7	G	7	5	7	8	6
8	H	5	6	5	7	9
9	I	7	5	5	8	6
10	J	7	9	5	6	5

图 5-1 cluster.dta 数据文件

```
. save "F:\stata\data\cluster.dta"
file F:\stata\data\cluster.dta saved

. cluster singlelinkage x1 x2 x3 x4 x5, name(clus1)

. list
```

	brand	x1	x2	x3	x4	x5	clus1_id	clus1~rd	clus1_hgt
1.	A	9	8	9	8	5	1	1	4
2.	B	8	7	8	5	7	2	4	2.236068
3.	C	8	5	5	7	6	3	8	3.1622777
4.	D	5	6	5	6	7	4	2	3
5.	E	6	6	6	7	4	5	6	3
6.	F	8	5	6	5	8	6	5	2.8284271
7.	G	7	5	7	8	6	7	7	2
8.	H	5	6	5	7	9	8	3	1.4142136
9.	I	7	5	5	8	6	9	9	3.6055513
10.	J	7	9	5	6	5	10	10	.

图 5-2 cluster 命令运行结果

图 5-2 显示的 cluster 命令运行结果并没有直接给出观测个案的分类情况，因此可以绘制树状图得到直观分类结果。图 5-3 中的绘制树状图的命令要求将其水平放置，如果树状图个案编号较大，则可以通过图形绘制界面中的“标签尺寸”按钮调节大小。从左往右看树状图可以了解整个聚类的过程；从右往左看树状图可以获得分类的基本信息。

```
. cluster dendrogram clus1, horizontal
```

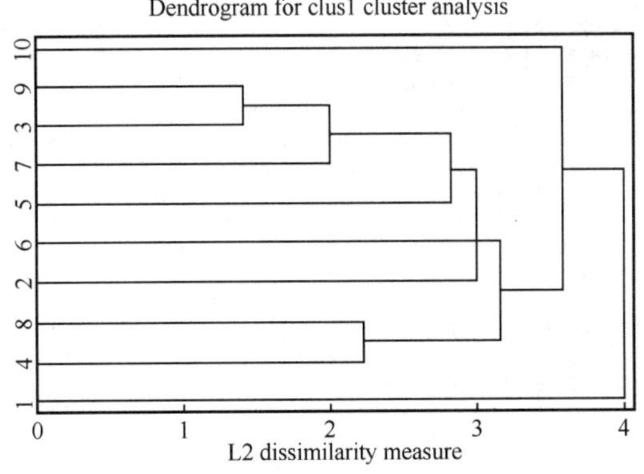

图 5-3 树状图输出结果

但观测样本比较多时，可以利用命令生成分类变量，命令的语法格式为：

```
. cluster gen varname=group(#)
```

该命令表示生成一个分类变量，varname为该分类变量的名称，group(#)表示将所有样本分为#类，因此该分类数量（varname）用于存储在#分类的情况下，每个样本的类别归属。

本案例将所有观测个案（样本）分成3类，将其保存在名称为type1的变量中。执行完命令后会发现在原有聚类分析的结果中出现了一列新的变量取名type1，如图5-4所示，A品牌手机单独为第1类，J品牌手机归属为第3类，其余品牌手机归属为第2类，这与树状图的输出结果保持一致。

```
. cluster gen type1=group(3)

. list brand type1
```

	brand	type1
1.	A	1
2.	B	2
3.	C	2
4.	D	2
5.	E	2
6.	F	2
7.	G	2
8.	H	2
9.	I	2
10.	J	3

图5-4　分类变量type1输出结果

方法2：系统聚类——clustermat命令

首先采用matrix dissimilarity命令生成距离矩阵，若需要观察该距离矩阵，则可以使用mat list命令。具体命令及运行结果如图5-5所示。

```
. matrix dissimilarity CLD= x1 x2 x3 x4 x5

. mat list CLD

symmetric CLD[10,10]
```

	obs1	obs2	obs3	obs4	obs5	obs6
obs1	0					
obs2	4	0				
obs3	5.2915026	4.2426407	0			
obs4	6.6332496	4.472136	3.4641016	0		
obs5	4.8989795	4.6904158	3.1622777	3.4641016	0	
obs6	6.0827625	3	3	3.6055513	5	0
obs7	4.2426407	4	2.4494897	3.7416574	2.8284271	3.8729833
obs8	7.2801099	5.1961524	4.3588989	2.236068	5.1961524	4
obs9	5.4772256	4.8989795	1.4142136	3.1622777	2.8284271	3.8729833
obs10	5	4.3588989	4.3588989	4.1231056	3.6055513	5.2915026

	obs7	obs8	obs9	obs10
obs7	0			
obs8	4.3588989	0		
obs9	2	3.8729833	0	
obs10	5	5.4772256	4.5825757	0

```
.
```

图5-5　matrix dissimilarity命令与mat list命令及运行结果

采用 matrix dissimilarity 命令创建了 CLD 距离矩阵，该矩阵保存了 x1、x2、x3、x4 和 x5 这 5 个变量的欧式距离。采用 mat list 命令展示了该矩阵的具体信息。

在构建的距离矩阵的基础上，可以采用 clustermat 命令进行系统聚类分析，如图 5-6 所示。该命令表示借助于上一步构建的 CLD 距离矩阵，采用瓦尔德法进行聚类，并将聚类结果命名为 clus2。在 clus2 的结果展示中并不能很清晰地看到各个观测个案的分类状况，因此与 cluster 命令中的处理方法相同，可以构建一个分类变量 type2，用于存储聚类分析的观测个案分类结果。为了与方法 1 的运行结果做对比，仍然将所有观测个案划分为 3 类。具体结果如图 5-7 所示。

```
. clustermat wardslinkage CLD, name(clus2) clear
number of observations (_N) was 0, now 10

. list
```

	clus2_id	clus2~rd	clus2_hgt
1.	1	1	5
2.	2	10	5.866582
3.	3	2	3
4.	4	6	7.5729022
5.	5	3	1.4142136
6.	6	9	2.494922
7.	7	7	3.4322821
8.	8	5	6.6018395
9.	9	4	2.236068
10.	10	8	.

图 5-6　clustermat 命令运行结果

```
. cluster gen type2=group(3)

. list
```

	clus2_id	clus2~rd	clus2_hgt	type2
1.	1	1	5	1
2.	2	10	5.866582	1
3.	3	2	3	2
4.	4	6	7.5729022	3
5.	5	3	1.4142136	2
6.	6	9	2.494922	1
7.	7	7	3.4322821	2
8.	8	5	6.6018395	3
9.	9	4	2.236068	2
10.	10	8	.	1

图 5-7　分类变量 type2 输出结果

方法 3：快速聚类——cluster kmeans 命令

采用 *k* 均值聚类方法将所有观测个案划分为 3 个类别，以便与前述两种分类方法的结果进行对比。具体命令及运行结果如图 5-8 所示。命令 cluster kmeans x1,x2,x3,x4,x5,k(3) name(clus3)表示采用 *k* 均值聚类方法，利用 x1、x2、x3、x4 和 x5 这 5 个变量的信息，将所有观测个案分为 3 个类别，并将聚类结果保存为 clus3。

```
. cluster kmeans x1 x2 x3 x4 x5, k(3) name(clus3)

. list
```

	brand	x1	x2	x3	x4	x5	clus3
1.	A	9	8	9	8	5	2
2.	B	8	7	8	5	7	2
3.	C	8	5	5	7	6	3
4.	D	5	6	5	6	7	1
5.	E	6	6	6	7	4	2
6.	F	8	5	6	5	8	3
7.	G	7	5	7	8	6	2
8.	H	5	6	5	7	9	1
9.	I	7	5	5	8	6	3
10.	J	7	9	5	6	5	1

图 5-8　cluster kmeans 命令运行结果

在上述案例分析过程中，分别采用3种方法对同一数据进行聚类分析。可见，虽然各种方法都将观测个案聚为3类，但是由于使用的距离测量方法不同等原因，导致分类结果不尽相同，因此常常认为聚类分析是探索性数据分析的一种。

5.2 变量的关联结构分析——因子分析

5-2 变量的关联结构分析——因子分析

对变量间关联结构探讨的常用方法之一是因子分析。因子分析是由查尔斯·斯皮尔曼（Charles Spearman）在1904年首次提出的，其在某种程度上可以看成主成分分析的推广和扩展。因子分析就是用少量因子变量来描述许多指标或因素之间的联系，以较少的几个因子变量反映原资料的大部分信息的统计方法。

因子分析有两个核心问题：一是如何构建因子变量，也称公共因子变量；二是如何对因子变量进行命名解释。因子分析有下面4个基本步骤：

（1）确定因子分析的适用条件；

（2）构造因子变量；

（3）为因子变量命名，以便使得因子变量更具有可解释性；

（4）计算因子变量的得分。

5.2.1 因子分析基本步骤

1. 适用条件

因子分析从众多的初始变量中构造出少数几个具有代表意义的因子变量，这里面有一个潜在的要求，即初始变量之间要具有比较强的相关关系。如果初始变量之间不存在较强的相关关系，就无法从中综合出能反映某些变量共同特性的少数公共因子变量。因此，在进行因子分析时，需要对初始变量做相关分析。

判断变量间相关关系非常简单的方法是计算变量之间的相关系数矩阵。如果相关系数矩阵中的大部分元素（即两个变量的相关系数）都小于0.3，并且未通过统计检验，那么这些变量不适合进行因子分析。

Stata在因子分析过程中还提供了几种统计检验方法来判断变量是否适合做因子分析，主要的统计检验方法有如下几种。

（1）KMO统计量检验

KMO统计量检验用于比较变量间的简单相关系数和偏相关系数，计算公式如下。

$$\mathrm{KMO}=\frac{\sum\sum\limits_{i\neq j} r_{ij}^{2}}{\sum\sum\limits_{i\neq j} r_{ij}^{2}+\sum\sum\limits_{i\neq j} p_{ij}^{2}}$$

其中，r_{ij}^2是变量i和变量j之间的简单相关系数，p_{ij}^2是变量i和变量j之间的偏相关系数。KMO的取值范围为0～1。KMO的值越接近1，所有变量之间的简单相关系数平方和远大于偏相关系数平方和，因此初始变量越适合做因子分析。KMO 的值越小，初始变量越不适合做因子分析。

凯撒（Kaiser）给出了KMO的经验标准。

0.9≤KMO：初始变量非常适合做因子分析。

0.8≤KMO＜0.9：初始变量适合做因子分析。

0.7≤KMO＜0.8：初始变量做因子分析的适用程度一般。

0.6≤KMO＜0.7：初始变量不太适合做因子分析。

KMO＜0.5：初始变量不适合做因子分析。

该经验标准只能作为参考，不可用于精确判断。

（2）巴特利特球形度检验

巴特利特球形度检验是以变量的相关系数矩阵为出发点的。它的原假设为相关系数矩阵是一个单位矩阵，即相关系数矩阵主对角线上的所有元素都为 1，所有非对角线上的元素都为 0。巴特利特球形度检验的统计量是根据相关系数矩阵的行列式得到的。如果该统计量较大，且其对应的相伴概率值小于用户设定的显著性水平，那么应该拒绝原假设，认为相关系数矩阵不可能是单位矩阵，即初始变量之间存在相关性，适合做因子分析；相反，如果该统计量比较小，且其对应的相伴概率值大于显著性水平，那么不应该拒绝原假设，认为相关系数矩阵可能是单位矩阵，初始变量不适合做因子分析。相伴概率若等于显著性水平，则可以考虑重新获取数据进行检验。

（3）反映像相关矩阵检验

反映像相关矩阵检验以变量的偏相关系数矩阵为出发点，将偏相关系数矩阵的每个元素取反，得到反映像相关矩阵。偏相关系数是在控制其他变量对两变量影响的条件下计算出来的相关系数，如果变量之间存在较多的重叠影响，那么偏相关系数会较小。因此，如果反映像相关矩阵中有些元素的绝对值比较大，那么说明这些变量不适合做因子分析。

2．因子变量的构建

因子分析中有多种构建因子变量的方法，如基于主成分模型的主成分分析法和基于因子分析模型的主轴因子法、极大似然法、最小二乘法等。其中，基于主成分模型的主成分分析法是使用最多的因子变量构建方法之一。

下面以主成分分析法为因子变量构建方法进行分析。

（1）数据标准化

因子分析的初始数据通常存在测量单位、数量级的差异，不利于后续的数据计算，因此在进行公共因子变量构造之前，首先要对数据进行标准化，标准化的方法较多。使用较多的为 Z 标准化方法，计算公式为：

$$x_{ij}^{*}=\frac{x_{ij}-x_{j}}{S_{j}}$$

其中，$i=1,2,\cdots,n$，n 为样本点数；

$j=1,2,\cdots,p$，p 为样本初始变量数。

为了方便，将标准化后的数据矩阵仍然记为：

$$[x_{ij}^{*}]_{n\times p}=[x_{ij}]_{n\times p}$$

（2）因子载荷矩阵构建

主成分分析通过坐标变换手段，将原有的 p 个相关变量 x_i 做线性变化，转换为另外一组

不相关的变量 y_i，可以表示为：

$$\begin{cases} y_1 = u_{11}x_1 + u_{21}x_2 + \cdots + u_{p1}x_p \\ y_2 = u_{12}x_1 + u_{22}x_2 + \cdots + u_{p2}x_p \\ \qquad \vdots \\ y_p = u_{1p}x_1 + u_{2p}x_2 + \cdots + u_{pp}x_p \end{cases}$$

其中，$u^2_{1k} + u^2_{2k} + \cdots + u^2_{pk} = 1(k = 1,2,3,\cdots,p)$，$y_1, y_2, y_3, \cdots, y_p$ 为原有变量的第 1 个、第 2 个、第 3 个、……、第 p 个主成分。其中 y_1 在总方差中占的比例最大，综合原有变量的能力也最强，其余主成分在总方差中占的比例逐渐减少，也就是综合原变量的能力依次减弱。主成分分析就是选取前面几个方差较大的主成分，这样既达到了因子分析变量个数较少的目的，又能以较少的变量反映初始变量的绝大部分信息。

主成分分析放在一个多维坐标系中看，就是对 $x_1, x_2, x_3, \cdots, x_p$ 组成的坐标系进行平移变换，使得新的坐标系原点和数据群点的中心重合，新坐标系的第一个轴与数据变化最大方向对应（占的方差最大，解释初始变量的能力也最强），新坐标的第二个轴与第一个轴正交（不相关），并且对应数据变化的第二个方向……因此称这些新轴为第一主轴 $\boldsymbol{u}_1$、第二主轴 $\boldsymbol{u}_2$ ……若舍弃少量信息后，原来的 p 维空间降成 m 维空间，仍能够十分有效地表示初始数据的变化情况，则生成的空间 $L(\boldsymbol{u}_1, \boldsymbol{u}_2, \cdots, \boldsymbol{u}_m)$ 称为“m 维主超平面”。用原样本点在主超平面上的投影近似地表示原来的样本点。

根据主成分分析的基本原理，计算因子载荷矩阵的步骤如下。

① 计算经过标准化的数据 $[x_{ij}]_{n\times p}$ 的协方差矩阵 $\boldsymbol{R}$。

② 求得协方差矩阵 $\boldsymbol{R}$ 的特征值，并根据提取的公共因子变量个数 m，提取 $\boldsymbol{R}$ 的前 m 个特征值（$\lambda_1 \geqslant \lambda_2 \geqslant \lambda_3 \geqslant \cdots \geqslant \lambda_m$）以及对应的特征向量 $\boldsymbol{u}_1, \boldsymbol{u}_2, \cdots, \boldsymbol{u}_m$，它们标准正交。

③ 计算得到 m 个变量的因子载荷矩阵。

$$\boldsymbol{A} = \begin{pmatrix} a_{11}, a_{12}, \cdots, a_{1m} \\ a_{21}, a_{22}, \cdots, a_{2m} \\ \cdots \\ a_{p1}, a_{p2}, \cdots, a_{pm} \end{pmatrix} = \begin{pmatrix} u_{11}\sqrt{\lambda_1}, u_{12}\sqrt{\lambda_2}, \cdots, u_{1m}\sqrt{\lambda_m} \\ u_{21}\sqrt{\lambda_1}, u_{22}\sqrt{\lambda_2}, \cdots, u_{2m}\sqrt{\lambda_m} \\ \cdots \\ u_{p1}\sqrt{\lambda_1}, u_{p2}\sqrt{\lambda_2}, \cdots, u_{pm}\sqrt{\lambda_m} \end{pmatrix}$$

以因子载荷矩阵为基础，介绍因子分析中较为重要的 3 个概念。

① 因子载荷

在各个因子变量不相关的情况下，因子载荷 a_{ij} 就是第 i 个初始变量和第 j 个因子变量的相关系数，即 x_i 在第 j 个公共因子变量上的相对重要性。因此，a_{ij} 绝对值越大，公共因子变量 F_j 和初始变量 x_i 的关系越强。

② 变量共同度

变量共同度也称为公共方差，反映全部公共因子变量对初始变量 x_i 的总方差解释比例。初始变量 x_i 的变量共同度为因子载荷矩阵 $\boldsymbol{A}$ 中第 i 行各元素的平方和，即

$$h_i^2 = \sum_{j=1}^{m} a_{ij}^{\ 2}$$

初始变量 x_i 的方差可以表示成两个部分：h_i^2 和 ε_i^2。第一部分 h_i^2 反映公共因子变量对初

始变量的方差解释比例，第二部分 ε_i^2 反映初始变量方差中无法被公共因子变量表示的部分。因此，第一部分 h_i^2 越接近于 1（在原有变量 x_i 标准化的前提下，总方差为 1），说明公共因子变量解释初始变量越多的信息。可以说，各个变量的变量共同度是衡量因子分析效果的一个指标。

③ 公共因子变量 F_j 的方差贡献

公共因子变量 F_j 的方差贡献定义为因子载荷矩阵 $\boldsymbol{A}$ 中第 j 列各元素的平方和，即

$$S_j = \sum_{i=1}^{p} a_{ij}^2$$

公共因子变量 F_j 的方差贡献反映了该因子变量对所有初始变量总方差的解释能力，其值越高，说明因子变量重要程度越高。

（3）公共因子提取

因子载荷分析方法即通过提取较少数（m 个）的公共因子变量，反映初始变量的大部分信息。确定公共因子变量个数 m 的基本原则是使数据信息损失尽可能小。数据信息主要反映在数据方差上，方差越大，数据所包含的信息就越多。若一个事物一成不变，则无须对其进行研究。确定公共因子变量个数 m 的方法主要有：

① 根据特征值的大小确定，一般取大于 1 的特征值的个数作为 m 的数值；

② 根据因子变量的累计方差贡献率来确定。

前 m 个因子变量的累计方差贡献率计算方法为：

$$Q = \frac{\sum_{i=1}^{m} \lambda_i}{\sum_{i=1}^{p} \lambda_i}$$

如果数据已经标准化，则

$$Q = \frac{\sum_{i=1}^{m} \lambda_i}{p}$$

一般方差的累计贡献率应在 85%以上。如果读者有特殊要求，则可通过程序设定调整累计方差贡献率的数值。

3．因子变量的命名解释

因子变量的命名解释是因子分析的另外一个核心问题。经过主成分分析得到的 $y_1, y_2, y_3, \cdots, y_p$ 是对初始变量的综合，初始变量都有具体含义，对它们进行线性变换后，得到的新综合变量含义是什么呢？这就需要对因子变量进行解释，根据因子变量的解释来为其命名，可以进一步说明影响初始变量系统构成的主要因素和系统特征。

（1）因子载荷矩阵旋转

经过计算直接得到的因子载荷矩阵，其载荷数值彼此相差不大，这样不利于提取公共因子的具体含义。因此可以通过旋转因子载荷矩阵，使得载荷的数值向 0 或 1 分化，以便于快速识别公共因子变量主要反映的初始变量的综合含义。Stata 软件提供了常用的因子载荷矩阵旋转方法，包括正交旋转法（因子相互独立）、斜交旋转法（因子不相互独立）、方差极大法，其中最常用的是方差极大法。

（2）变量命名

通过对旋转过后的因子载荷矩阵 $\boldsymbol{A}$ 的值进行分析，得到因子变量和初始变量的关系，从而对新的因子变量进行命名。因子载荷矩阵 $\boldsymbol{A}$ 中某一行中可能有多个 a_{ij} 比较大，说明某个初始变量 x_i 可能同时与几个因子有比较大的相关关系。因子载荷矩阵 $\boldsymbol{A}$ 中某一列中也可能有多个 a_{ij} 比较大，说明某个因子变量可能能解释多个初始变量的信息。但每个因子变量只能解释某个初始变量的一小部分信息，这样会使某个因子变量的含义模糊不清。在实际分析中，读者希望对因子变量的含义有比较清楚的认识。

4．因子变量得分的计算

计算因子得分是因子分析的最后一步。公共因子变量确定以后，对每一样本数据，希望得到它们在不同公共因子变量上的具体数值，这些数值就是因子得分，它和原变量的得分相对应。有了因子得分，在以后的研究中就可以因子得分作为对样本进行评估的依据。

计算因子得分的方法有回归法、巴特利特法、安德森-鲁宾法等。具体方法可以查阅相关书籍了解。

其中回归法计算因子得分是将因子得分变量表示为初始变量的线性组合，即

$$Y_j = \beta_{j1}x_1 + \beta_{j2}x_2 + \cdots + \beta_{jp}x_p \ (j = 1, 2, \cdots, m)$$

5.2.2 Stata 基本命令

因子分析过程的每一个步骤下都有对应的命令，下面按照分析步骤介绍将用到的命令及语法格式。

1．estat 命令

在 Stata 中，使用 estat 命令判断初始变量数据是否适合做因子分析，进行因子分析之后，可通过 estat 命令显示估计的数值与矩阵变量的统计量。

estat 常用命令如表 5-6 所示。

表 5-6　　　　estat 常用命令

命令	解释
estat anti	计算反映像相关矩阵与反映像协方差矩阵
estat common	计算公共因子变量的相关系数矩阵
estat factors	计算不同因子个数模型的 AIC、BIC 值
estat kmo	计算 KMO 值
estat residuals	计算相关系数矩阵残差
estat rotatecompare	比较未旋转主成分和旋转载荷
estat smc	计算复相关系数
estat structure	计算变量与公共因子变量间的相关系数
estat summarize	给出变量基本描述统计量

注：AIC、BIC 值为模型效果判断指标，具体可参照相关书籍。

2．screeplot 命令

screeplot 命令用来绘制碎石图，通过碎石图来初步判断保留公共因子变量的个数。

screeplot 命令的基本语法为：

```
. screeplot [eigenvals] [, options]
```

其中，eigenvals 为用户保存的特征向量，options 选项的主要内容如表 5-7 所示。

表 5-7　　options 选项主要内容

选项	内容
neigen(#)	只对最大的#个特征值作图，默认对所有特征值作图
mean	在特征值均值的点作水平线
ci_options	在置信区间作图
asymptotic	渐进区间估计，为默认选项
heteroskedastic	异方差自举法
homoskedastic	同方差自举法
table	列出置信区间表
level(#)	置信度
reps(#)	自举模型次数，默认为 reps(200)
seed(#)	自举模型的种子值
addplot(plot)	在碎石图上增加其他图形

3．scoreplot、loadingplot 命令

这两个命令都用来绘制散点图。scoreplot 用于绘制不同因子得分的散点图，其语法格式为：

```
.scoreplot [, scoreplot_options]
```

scoreplot_options 选项内容如表 5-8 所示。

loadingplot 命令用于绘制不同因子载荷的散点图，其语法格式为：

```
. loadingplot [, loading_options]
```

loading_options 选项内容如表 5-8 所示。

表 5-8　　scoreplot_options 选项与 loading_options 选项内容

选项	内容	选项归属
factors(#)	保留前#个公共因子作图，默认为 factors(2)	scoreplot_options 选项与 loading_options 选项共有
components(#)	等同于 factors(#)	scoreplot_options 选项与 loading_options 选项共有
norotated	使用未旋转公共因子变量	scoreplot_options 选项与 loading_options 选项共有
matrix	将多个图形列为矩阵形式，仅当 factors(#)中#大于 2 时	scoreplot_options 选项与 loading_options 选项共有
combined	将多个图形组合在一起	scoreplot_options 选项与 loading_options 选项共有
scoreoptions(predict_options)	预测得分的选项	scoreplot_options 选项独有
maxlength(#)	将变量名称简化为#个字符，默认为 maxlength(13)	loading_options 选项独有

4．rotate 命令

在因子分析中为了更好地得到因子变量信息，需要对原始因子载荷矩阵进行旋转，在Stata中用rotate命令完成因子载荷矩阵的正交旋转或斜交旋转。

rotate命令的语法格式为：

```
. rotate [, rotate_options]
```

rotate_options选项的内容如表5-9所示。

表5-9　rotate_options选项内容

选项	内容
orthogonal	允许正交旋转，为默认项
oblique	允许斜交旋转
rotation_methods	旋转准则（如下）
normalize	旋转凯撒（Kaiser）规范矩阵
factors(#)	对#个公共因子变量进行旋转，默认旋转全部公共因子变量
components(#)	等同于factors(#)
blanks(#)	默认为blanks(0)
detail	显示命令rotatemat的运行结果，即旋转后矩阵运行结果
format(%fmt)	矩阵的显示格式，默认为format(%9.5f)
noloading	不显示旋转的载荷
norotation	不显示旋转的矩阵

5．predict 命令

因子得分的计算是因子分析的最后一步。Stata中predict命令可以用于预测变量、拟合值和残差，利用predict命令也可以计算因子得分。predict命令的语法格式为：

```
. predict [type] stub*| newvarlist [if] [in] [, statistic options]
```

其中stub*| newvarlist为需要计算因子变量得分的变量，statistic和options选项的主要内容如表5-10所示。

表5-10　statistic和options选项主要内容

statistic	内容	options	内容
Score	计算第1,2,⋯,#个因子的得分，默认项	norotated	利用未旋转的结果进行估计
fit	利用提取的因子计算的拟合值（k个新变量）	center	利用标准化变量进行估计
residual	利用提取的因子计算的残差（k个新变量）	notable	不显示得分系数表
q	残差平方和	format(%fmt)	得分系数的显示格式

6．factor 和 factormat 命令

前述各项命令是因子分析中用于中间计算结果的展示和调整命令。Stata中用于因子分析的主命令有两种形式，一是通过变量直接进行因子分析，为factor命令；二是通过矩阵进行主成分分析，为factormat命令。这两种命令的基本语法如下。

命令格式1：通过变量直接进行因子分析。

```
. factor varlist [if] [in] [weight] [, method options]
```

varlist 为因子分析使用的初始变量，method 和 options 选项内容如表 5-11 所示。

表 5-11　　method 和 options 选项内容

method	内容	options	内容
pf	主成分因子法（默认项），用复相关系数平方作为因子载荷估计量	factor(#)	提取的公共因子变量个数
pcf	主成分因子法，假定共同度为 1	mineigen(#)	最小特征值
ipf	迭代主因子，重复估计共同度	citerate(#)	估计共同度的迭代次数，仅限于 ipf
ml	极大似然因子法	blanks(#)	如果载荷的绝对值小于#，则载荷显示为空
		norotated	显示未旋转的结果
		altdivisor	使用相关系数矩阵的迹作为计算贡献率的分母
		protect(#)	执行#次最优化并报告最优解，仅限于 ml
		random	使用随机起始值计算，仅限于 ml
		seed(seed)	随机数种子，仅限于 protect(#)、random 的 ml

命令格式 2：通过矩阵进行主成分分析。

```
. factormat matname, n(#) [method options factormat_options]
```

如果已有变量的相关系数矩阵或协方差矩阵，则可以使用 factormat 命令进行因子分析。其中 matname 为事先形成的系统的相关系数矩阵或协方差矩阵，n(#)表示观测个案的个数为#，method 和 options 选项的内容与表 5-11 的内容相同。factormat_options 选项的内容如表 5-12 所示。

表 5-12　　factormat_options 选项内容

选项	内容
shape(full)	矩阵为对称矩阵
shape(lower)	矩阵为下三角矩阵
shape(upper)	矩阵为上三角矩阵
names(namelist)	变量名称。如果矩阵是三角矩阵，则 names 是必需的选项
forcepsd	如果矩阵为负定矩阵，则将其修正为正定矩阵
sds(matname2)	显示变量向量的标准差
means(matname3)	显示变量向量的均值

5.2.3　案例详解与 Stata 实现：汉城奥运会男子十项全能成绩分析

1．数据

1988 年汉城奥运会男子十项全能决赛 34 人次的比赛成绩如表 5-13 所示。

表 5-13　　　　　　　　男子十项全能决赛成绩

id	r100m	longjump	shot	highjump	r400m	h110m	discus	polevlt	javelin	r1500m
1	11.25	7.43	15.48	2.27	48.90	15.13	49.28	4.70	61.32	268.95
2	10.87	7.45	14.97	1.97	47.71	14.46	44.36	5.10	61.76	273.02
3	11.18	7.44	14.20	1.97	48.29	14.81	43.66	5.20	64.16	263.20
4	10.62	7.38	15.02	2.03	49.06	14.72	44.80	4.90	64.04	285.11
5	11.02	7.43	12.92	1.97	47.44	14.40	41.20	5.20	57.46	256.64
6	10.83	7.72	13.58	2.12	48.34	14.18	43.06	4.90	52.18	274.07
7	11.18	7.05	14.12	2.06	49.34	14.39	41.68	5.70	61.60	291.20
8	11.05	6.95	15.34	2.00	48.21	14.36	41.32	4.80	63.00	265.86
9	11.15	7.12	14.52	2.03	49.15	14.66	42.36	4.90	66.46	269.62
10	11.23	7.28	15.25	1.97	48.60	14.76	48.02	5.20	59.48	292.24
11	10.94	7.45	15.34	1.97	49.94	14.25	41.86	4.80	66.64	295.89
12	11.18	7.34	14.48	1.94	49.02	15.11	42.76	4.70	65.84	256.74
13	11.02	7.29	12.92	2.06	48.23	14.94	39.54	5.00	56.80	257.85
14	10.99	7.37	13.61	1.97	47.83	14.70	43.88	4.30	66.54	268.97
15	11.03	7.45	14.20	1.97	48.94	15.44	41.66	4.70	64.00	267.48
16	11.09	7.08	14.51	2.03	49.89	14.78	43.20	4.90	57.18	268.54
17	11.46	6.75	16.07	2.00	51.28	16.06	50.66	4.80	72.60	302.42
18	11.57	7.00	16.60	1.94	49.84	15.00	46.66	4.90	60.20	286.04
19	11.07	7.04	13.41	1.94	47.97	14.96	40.38	4.50	51.50	262.41
20	10.89	7.07	15.84	1.79	49.68	15.38	45.32	4.90	60.48	277.84
21	11.52	7.36	13.93	1.94	49.99	15.64	38.82	4.60	67.04	266.42
22	11.49	7.02	13.80	2.03	50.60	15.22	39.08	4.70	60.92	262.93
23	11.38	7.08	14.31	2.00	50.24	14.97	46.34	4.40	55.68	272.68
24	11.30	6.97	13.23	2.15	49.98	15.38	38.72	4.60	54.34	277.84
25	11.00	7.23	13.15	2.03	49.73	14.96	38.06	4.50	52.82	285.57
26	11.33	6.83	11.63	2.06	48.37	15.39	37.52	4.60	55.42	270.07
27	11.10	6.98	12.69	1.82	48.63	15.13	38.04	4.70	49.52	261.90
28	11.51	7.01	14.17	1.94	51.16	15.18	45.84	4.60	56.28	303.17
29	11.26	6.90	12.41	1.88	48.24	15.61	38.02	4.40	52.68	272.06
30	11.50	7.09	12.94	1.82	49.27	15.56	42.32	4.50	53.50	293.85
31	11.43	6.22	13.98	1.91	51.25	15.88	46.18	4.60	57.84	294.99
32	11.47	6.43	12.33	1.94	50.30	15.00	38.72	4.00	57.26	293.72
33	11.57	7.19	10.27	1.91	50.71	16.20	34.36	4.10	54.94	269.98
34	12.12	5.83	9.71	1.70	52.32	17.05	27.10	2.60	39.10	281.24

数据来源：张文彤《IBM SPSS 数据分析与挖掘实战案例精粹》。

2．研究目的

通过十项全能成绩对运动员进行综合评价，即分析十项全能运动成绩主要反映了运动员哪些方面的运动能力。

3. 软件实现

首先将表 5-13 中的数据导入 Stata 软件，并将数据文件存储为“factor.dta”，如图 5-9 所示。

	id	r100m	longjump	shot	highjump	r400m	h110m	discus	polevlt	javelin	r1500m
1	1	11.26	7.43	15.48	2.27	48.9	15.13	49.28	4.7	61.32	268.95
2	2	10.87	7.45	14.97	1.97	47.71	14.46	44.36	5.1	61.76	273.02
3	3	11.18	7.44	14.2	1.97	48.29	14.81	43.66	5.2	64.16	263.2
4	4	10.62	7.38	15.02	2.03	49.06	14.72	44.8	4.9	64.04	285.11
5	5	11.02	7.43	12.92	1.97	47.44	14.4	41.2	5.2	57.46	256.64
6	6	10.83	7.72	13.58	2.12	48.34	14.18	43.06	4.9	52.18	274.07
7	7	11.18	7.05	14.12	2.06	49.34	14.39	41.68	5.7	61.6	291.2
8	8	11.05	6.95	15.34	2	48.21	14.36	41.32	4.8	63	265.86
9	9	11.15	7.12	14.52	2.03	49.15	14.66	42.36	4.9	66.46	269.62
10	10	11.23	7.28	15.25	1.97	48.6	14.76	48.02	5.2	59.48	292.24
11	11	10.94	7.46	15.34	1.97	49.94	14.25	41.86	4.8	66.64	295.89
12	12	11.18	7.34	14.48	1.94	49.02	15.11	42.76	4.7	65.84	256.74
13	13	11.02	7.29	12.92	2.06	48.23	14.94	39.54	5	56.8	257.85
14	14	10.99	7.37	13.61	1.97	47.83	14.7	43.88	4.3	66.54	268.97
15	15	11.03	7.45	14.2	1.97	48.94	15.44	41.66	4.7	64	267.48
16	16	11.09	7.08	14.51	2.03	49.89	14.78	43.2	4.9	57.18	268.54
17	17	11.46	6.75	16.07	2	51.28	16.06	50.66	4.8	72.6	302.42
18	18	11.57	7	16.6	1.94	49.84	15	46.66	4.9	60.2	286.04
19	19	11.07	7.04	13.41	1.94	47.97	14.96	40.38	4.5	51.5	262.41
20	20	10.89	7.07	15.84	1.79	49.68	15.38	45.32	4.9	60.48	277.84
21	21	11.52	7.36	13.93	1.94	49.99	15.64	38.82	4.6	67.04	266.42
22	22	11.49	7.02	13.8	2.03	50.6	15.22	39.08	4.7	60.92	262.93
23	23	11.38	7.08	14.31	2	50.24	14.97	46.34	4.4	55.68	272.68
24	24	11.3	6.97	13.23	2.15	49.98	15.38	38.72	4.6	54.34	277.84
25	25	11	7.23	13.15	2.03	49.73	14.96	38.06	4.5	52.82	285.57
26	26	11.33	6.83	11.63	2.06	48.37	15.39	37.52	4.6	55.42	270.07
27	27	11.1	6.98	12.69	1.82	48.63	15.13	38.04	4.7	49.52	261.9
28	28	11.51	7.01	14.17	1.94	51.16	15.18	45.84	4.6	56.28	303.17
29	29	11.26	6.9	12.41	1.88	48.24	15.61	38.02	4.4	52.68	272.06
30	30	11.5	7.09	12.94	1.82	49.27	15.56	42.32	4.5	53.5	293.85
31	31	11.43	6.22	13.98	1.91	51.25	15.88	46.18	4.6	57.84	294.99

图 5-9　factor.dta 部分数据详情

因子分析是探索性数据分析。初步接触数据时，我们并不清楚提取几个公共因子变量是合适的，因此可能需要反复进行几次修正，最终才能获得满意的数据分析结果。

在进行第一次因子分析时，着重观察公共因子变量的提取个数是否合理。使用基本的 factor 命令即可，具体命令及运行结果如图 5-10 所示。

```
. factor r100m longjump shot highjump r400m h110m discus polevlt javelin r1500m, pcf
(obs=34)

Factor analysis/correlation                  Number of obs    =         34
    Method: principal-component factors      Retained factors =          2
    Rotation: (unrotated)                    Number of params =         19
```

Factor	Eigenvalue	Difference	Proportion	Cumulative
Factor1	5.02352	2.94362	0.5024	0.5024
Factor2	2.07990	1.34443	0.2080	0.7103
Factor3	0.73547	0.04973	0.0735	0.7839
Factor4	0.68574	0.30948	0.0686	0.8525
Factor5	0.37626	0.07415	0.0376	0.8901
Factor6	0.30211	0.01660	0.0302	0.9203
Factor7	0.28551	0.06173	0.0286	0.9489
Factor8	0.22378	0.01904	0.0224	0.9712
Factor9	0.20474	0.12175	0.0205	0.9917
Factor10	0.08298	.	0.0083	1.0000

```
LR test: independent vs. saturated:  chi2(45) =  218.92 Prob>chi2 = 0.0000
```

（a）

Factor loadings (pattern matrix) and unique variances

Variable	Factor1	Factor2	Uniqueness
r100m	-0.8038	0.2944	0.2672
longjump	0.8096	-0.2854	0.2632
shot	0.7262	0.5686	0.1494
highjump	0.5995	-0.0107	0.6405
r400m	-0.6598	0.6161	0.1851
h110m	-0.8369	0.1893	0.2638
discus	0.6874	0.6005	0.1669
polevlt	0.8718	0.0893	0.2321
javelin	0.6573	0.4303	0.3827
r1500m	-0.1873	0.7869	0.3458

（b）

图 5-10　初次筛选时 factor 命令及运行结果

在初次运行 factor 命令时，10 个变量全部进入因子分析模型，并且采用共同度为 1 的主成分法（pcf）。该方法的优点在于公共因子变量的累计方差贡献率最高为 100，是筛选公共因子变量个数最常用的规则。factor 命令的运行结果分为两部分，图 5-10（a）显示了主成分法提取公共因子变量的过程，一次可以提取 10 个公共因子变量，Eigenvalue 代表每个公共因子变量对应的特征值，Proportion 为每个公共因子变量的方差贡献率，Cumulative 为公共因子变量的累计方差贡献率。初次分析时并未指定提取的公共因子变量个数，因此按照特征值大于 1 的筛选规则，可提取 2 个公共因子变量。图 5-10（b）显示提取的 2 个公共因子变量的因子载荷矩阵（未旋转），Uniqueness 为变量共同度，表示每个初始变量总信息中被 2 个公共因子变量提取的比例。

从初次因子分析的结果看，2 个公共因子变量的累计方差贡献率仅为 71.03%，即初始变量的信息总量中有近 30%被舍弃掉，这与 85%的公共因子变量筛选条件不符。若读者对信息的提取程度要求较高，则可改变公共因子变量提取个数，本例中 4 个公共因子变量的累计方差贡献率达到 85.25%，满足筛选条件，因此可进行第二次因子分析。

在进行第二次因子分析之前，可使用 estat 命令对初始变量的适用性、基本统计特征等信息进行判断和计算，具体命令及运行结果如图 5-11 和图 5-12 所示。

```
. estat kmo

Kaiser-Meyer-Olkin measure of sampling adequacy
```

Variable	kmo
r100m	0.8955
longjump	0.9082
shot	0.6973
highjump	0.7737
r400m	0.7038
h110m	0.7983
discus	0.6878
polevlt	0.9431
javelin	0.8696
r1500m	0.4827
Overall	0.7881

图 5-11　estat kmo 命令及运行结果

```
. estat summarize

Estimation sample factor                    Number of obs =        34
```

Variable	Mean	Std. Dev.	Min	Max
r100m	11.22353	.2872322	10.62	12.12
longjump	7.095	.373868	5.83	7.72
shot	13.85088	1.501927	9.71	16.6
highjump	1.974412	.1044811	1.7	2.27
r400m	49.36618	1.175546	47.44	52.32
h110m	15.10765	.6056554	14.18	17.05
discus	41.90529	4.50071	27.1	50.66
polevlt	4.676471	.4930172	2.6	5.7
javelin	58.84059	6.438736	39.1	72.6
r1500m	276.1915	13.47813	256.64	303.17

(Factor analysis correlation matrix)

图 5-12　estat summarize 命令及运行结果

从 estat kmo 的运行结果看，全部变量的 KMO 均值达到 0.7881，满足因子分析的要求，各个初始变量的均值、标准差、最小值和最大值在图 5-12 中有所展示，可帮助读者更精确地了解数据的信息。

接下来对初次因子分析进行优化，指明提取 4 个公共因子变量，具体命令与运行结果如图 5-13 所示。

如图 5-13（a）所示，在原本 factor 命令的基础上添加 factors(#)选项表示指定提取公共因子变量的个数，这里需要注意的是，因为特征值大于 1 的公共因子变量只有 2 个，所以如果使用主成分法提取公共因子变量，则只能提取 2 个，而无法完成 4 个公共因子变量的提取，使用主成分因子法（pf）和极大似然因子法（ml）则不受特征值的影响。本例采用主成分因子法，其为默认方法。

如图 5-13（b）所示，根据 factor 命令提取了 4 个公共因子变量，因子载荷矩阵（未旋转）

并不能够清晰地将各个公共因子变量对初始变量的解释区分开，因此可通过因子载荷矩阵旋转来进一步确定因子变量信息。

```
. factor r100m longjump shot highjump r400m h110m discus polevlt javelin r1500m, factors(4)
(obs=34)

Factor analysis/correlation                        Number of obs    =        34
    Method: principal factors                      Retained factors =         4
    Rotation: (unrotated)                          Number of params =        34
```

Factor	Eigenvalue	Difference	Proportion	Cumulative
Factor1	4.71452	2.93777	0.7090	0.7090
Factor2	1.77675	1.46670	0.2672	0.9762
Factor3	0.31005	0.11720	0.0466	1.0229
Factor4	0.19284	0.13385	0.0290	1.0519
Factor5	0.05899	0.05977	0.0089	1.0607
Factor6	-0.00078	0.01680	-0.0001	1.0606
Factor7	-0.01758	0.08480	-0.0026	1.0580
Factor8	-0.10238	0.00463	-0.0154	1.0426
Factor9	-0.10700	0.06914	-0.0161	1.0265
Factor10	-0.17614	.	-0.0265	1.0000

LR test: independent vs. saturated: chi2(45) = 218.92 Prob>chi2 = 0.0000

（a）

Factor loadings (pattern matrix) and unique variances

Variable	Factor1	Factor2	Factor3	Factor4	Uniqueness
r100m	-0.7776	0.2832	0.1649	0.0916	0.2796
longjump	0.7746	-0.2661	0.1202	0.0799	0.3083
shot	0.7281	0.5588	0.0618	-0.1493	0.1316
highjump	0.5415	-0.0146	0.0626	0.3351	0.5903
r400m	-0.6453	0.5924	0.0269	0.1724	0.2023
h110m	-0.8195	0.1944	0.2746	-0.0820	0.2085
discus	0.6853	0.5816	0.0168	-0.0596	0.1883
polevlt	0.8450	0.0701	-0.0437	0.0368	0.2778
javelin	0.6208	0.3647	0.2686	-0.0030	0.4094
r1500m	-0.1721	0.6696	-0.3320	0.0457	0.4097

（b）

图 5-13　添加公共因子变量提取个数的 factor 命令运行结果

因子载荷矩阵 rotate 命令及运行结果如图 5-14 所示。

```
. rotate

Factor analysis/correlation                        Number of obs    =        34
    Method: principal factors                      Retained factors =         4
    Rotation: orthogonal varimax (Kaiser off)      Number of params =        34
```

Factor	Variance	Difference	Proportion	Cumulative
Factor1	3.14355	0.26625	0.4728	0.4728
Factor2	2.87730	2.27130	0.4327	0.9055
Factor3	0.60600	0.23870	0.0911	0.9966
Factor4	0.36730	.	0.0552	1.0519

LR test: independent vs. saturated: chi2(45) = 218.92 Prob>chi2 = 0.0000

（a）

Rotated factor loadings (pattern matrix) and unique variances

Variable	Factor1	Factor2	Factor3	Factor4	Uniqueness
r100m	0.7983	-0.2769	0.0715	-0.0349	0.2796
longjump	-0.6674	0.3194	-0.2899	0.2456	0.3083
shot	-0.2062	0.9064	0.0651	0.0105	0.1316
highjump	-0.3538	0.2943	-0.0675	0.4397	0.5903
r400m	0.8328	-0.0137	0.3187	0.0492	0.2023
h110m	0.8045	-0.3147	-0.0865	-0.1944	0.2085
discus	-0.1709	0.8705	0.1341	0.0820	0.1883
polevlt	-0.5921	0.5776	-0.0221	0.1937	0.2778
javelin	-0.1495	0.7180	-0.1618	0.1628	0.4094
r1500m	0.3876	0.2903	0.5953	-0.0377	0.4097

（b）

Factor rotation matrix

	Factor1	Factor2	Factor3	Factor4
Factor1	-0.7324	0.6425	-0.1132	0.1947
Factor2	0.5670	0.7162	0.4068	0.0062
Factor3	0.3675	0.2139	-0.8912	0.1582
Factor4	0.0837	-0.1688	0.1658	0.9680

（c）

图 5-14　rotate 命令及运行结果

rotate 运行结果包括 3 个部分，图 5-14（a）所示为旋转过后的因子贡献度，图 5-14（b）所示为旋转后的因子载荷矩阵，这时可以看出第一公共因子变量（Factor1）主要反映 r100m、longjump、 r400m、h110m 这 4 个变量的信息，可以将其命名为速度；第二公共因子变量（Factor2）主要反映 shot、discus、polevlt、javelin 这 4 个变量的信息，可以将其命名为力量；第三公共因子变量（Factor3）主要反映 r1500m 的信息，可以将其命名为耐力；第四公共因子变量（Factor4）主要反映 highjump 的信息，可以将其命名为向上弹跳。图 5-14（c）所示为因子转移矩阵，表示因子旋转的具体方法，即初始因子载荷矩阵转换为后来的因子载荷矩阵。

当然，如果读者想使用不同的因子载荷矩阵旋转方法，则可以在 rotate 命令后加上选项，如 varimax，输出结果的解释与上述的相近。

最后，如有需要，则可以计算各观测个案的因子得分，使用 predict 命令即可完成，具体命令及运行结果如图 5-15 所示。

```
. predict f1 f2 f3 f4, regression

Scoring coefficients (method = regression; based on varimax rotated factors)
```

Variable	Factor1	Factor2	Factor3	Factor4
r100m	0.26821	0.03106	-0.14498	0.15901
longjump	-0.06351	0.04473	-0.27191	0.24643
shot	0.10705	0.56886	-0.27385	-0.59306
highjump	0.01022	-0.00176	-0.07280	0.31259
r400m	0.35260	0.06804	0.36933	0.57007
h110m	0.37841	0.14698	-0.56477	-0.37969
discus	0.06382	0.30201	0.27264	0.21017
polevlt	-0.09722	0.08271	0.04821	0.17583
javelin	0.09304	0.13712	-0.22916	0.14956
r1500m	-0.00700	0.03522	0.39913	-0.14143

图 5-15　predict 命令及运行结果

在上述命令中使用 predict 计算公共因子变量得分，这 4 个因子得分变量分别命名为 f1、f2、f3 和 f4，且使用回归法（Regression）计算公共因子变量得分。图 5-15 给出了 4 个因子得分的计算模型，即每个观测个案的公共因子变量得分是初始变量的线性组合，组合参数为对应列的数据。利用 list 命令可以观测计算出的公共因子变量得分，如图 5-16 所示。在原有数据的基础上，每个观测个案又添加了 4 个变量，用于存储公共因子变量得分。如有需要，则可将该得分数值进行标准化或取值区间的扩展等。除了回归方法外，还可采用其他的因子得分计算方法，只需更改选项即可。

```
. list f1 f2 f3 f4
```

	f1	f2	f3	f4
1.	.1264898	1.166146	-.7809435	.7227893
2.	-1.21736	.4648221	-.2048383	-.4471901
3.	-.5782952	.3192666	-.7666348	.2455023
4.	-.7897685	.664694	.386996	-.1049778
5.	-1.456631	-.6576333	-.4347651	.2989309
6.	-1.488922	-.3897357	.5006952	.8217441
7.	-.6346195	.1692928	1.039644	.794369
8.	-.8098637	.3221455	-.239724	-.5733153
9.	-.2884204	.339497	-.2086727	.4005631
10.	-.3887371	.9778152	.5677052	-.2750451
11.	-.5056157	.6362413	.9115926	.3081667
12.	-.0244303	.4035403	-1.128958	.0316638
13.	-.8439733	-.6549675	-.7117885	.3436118
14.	-.7805921	-.0568942	-.5427091	-.142935
15.	-.0657829	.2844405	-1.119056	-.2310367
16.	-.1630553	.2523035	.3223046	.4635606
17.	1.894109	2.135995	.251728	-.0678856
18.	.6449645	1.480464	.2193259	-.5320545
19.	-.7655696	-.6305239	-.3356106	-.7946722
20.	.1080101	1.107551	.0161405	-1.296883
21.	.8486985	.1888301	-1.408808	.2950286
22.	.6958784	-.0776949	-.4621025	.8762966
23.	.4335284	.3804839	.4833894	.5539678

图 5-16　因子得分结果（部分结果）

除了因子提取、因子载荷和因子得分等信息外，若需要观察图形，则可利用 screeplot、loadingplot、scoreplot 等命令制作统计图，这 3 个命令的基本语法分别为：

```
. screeplot
. loadingplot
. scoreplot
```

上述 3 个绘图命令的运行结果分别如图 5-17～图 5-19 所示。

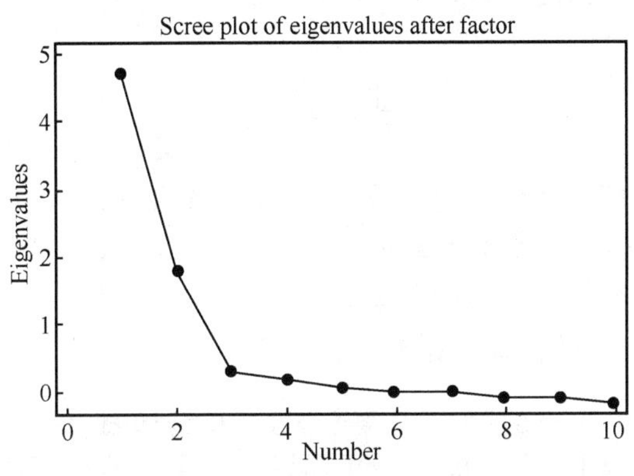

图 5-17　screeplot 统计图

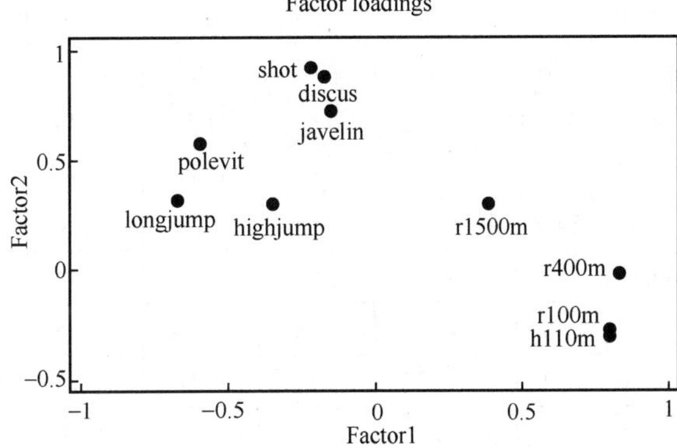

图 5-18　loadingplot 统计图

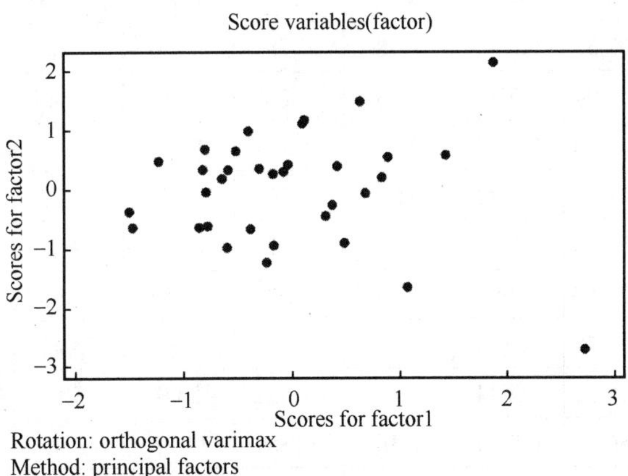

图 5-19　scoreplot 统计图

习　题

1．系统聚类分析的基本原理是什么？

2．快速聚类分析的步骤是什么？

3．因子分析的基本步骤是什么？

上机实训

搜集整理得到 2018 年黄河中下游流域 31 个主要流经城市的 10 个水资源承载力的相关数据，分别为人口密度（x1）、城镇化率（x2）、人均 GDP（x3）、第一产业用水量（x4）、第二产业用水量（x5）、水资源总量（x6）、年降水量（x7）、造林面积（x8）、污水处理率（x9）、建成区绿化覆盖率（x10），数据详情如表 5-14 所示。

表 5-14　　黄河中下游流域 31 个主要流经城市水资源承载力相关数据

city	x1/（人/平方公里）	x2/%	x3/元	x4/亿立方米	x5/亿立方米	x6/亿立方米	x7/毫米	x8/公顷	x9/%	x10/%
呼和浩特	8923	69.80	104719	6.46	1.27	10.55	78.65	18000	99.51	40.31
包头	2188	83.57	138168	6.40	2.86	9.60	104.64	30700	95.83	44.50
鄂尔多斯	2641	74.49	217107	10.61	2.86	31.15	339.08	60800	99.87	42.39
乌海	8386	95.00	103248	0.73	0.82	0.29	3.60	600	98.10	43.00
巴彦淖尔	4763	54.86	54739	47.97	0.91	10.34	141.55	34000	98.75	36.27
太原	3730	84.88	88272	1.71	2.87	6.02	35.84	17278	94.71	44.67
晋中	1251	55.37	57819	4.47	1.23	12.64	77.85	24065	97.74	37.21
运城	6412	50.20	28229	11.97	1.19	9.81	70.85	11887	95.01	37.21
忻州	1694	50.95	31209	4.57	0.89	22.05	143.79	40889	95.69	38.03
临汾	10283	52.54	32066	5.59	0.18	9.12	95.95	34073	100.00	39.36
吕梁	5558	50.59	36585	3.28	0.99	18.77	119.38	107540	94.66	40.58
渭南	2066	48.50	21374	11.01	1.17	8.17	55.59	34242	90.51	39.39
延安	6714	62.31	66593	1.08	0.78	11.50	223.33	68972	92.87	40.76
榆林	3526	58.94	100267	4.83	2.29	24.32	245.14	49816	94.04	36.24
郑州	10937	73.40	101352	4.23	5.27	7.21	42.63	4270	98.05	40.83
开封	5321	48.80	43933	9.91	2.26	9.27	35.89	7670	95.71	38.39
洛阳	7120	57.60	67707	4.89	5.37	18.83	106.86	10550	99.31	40.71
新乡	5640	53.40	43696	12.76	2.50	10.55	50.95	8390	93.10	40.10
焦作	5721	59.40	66329	8.11	3.33	7.31	23.41	6310	98.89	41.02
濮阳	3982	45.30	45644	8.16	2.82	5.69	25.59	2380	95.54	40.59
三门峡	6770	56.30	67275	1.36	1.38	11.08	63.46	16240	96.70	36.47
济源	3923	62.40	87761	1.14	0.70	2.64	13.91	3940	98.71	41.93

续表

city	x1/（人/平方公里）	x2/%	x3/元	x4/亿立方米	x5/亿立方米	x6/亿立方米	x7/毫米	x8/公顷	x9/%	x10/%
济南	2494	72.10	106302	7.57	1.88	19.45	64.42	4902	98.43	40.73
淄博	2588	71.49	107720	4.64	3.39	17.22	54.46	2837	97.52	45.22
东营	657	69.04	191942	5.63	2.22	18.54	79.84	6047	97.31	41.96
济宁	1785	58.85	58972	15.85	2.47	25.76	85.29	11041	97.47	41.49
泰安	1748	61.87	64714	6.44	1.81	17.48	63.53	5678	97.01	45.05
德州	1784	57.01	58252	16.56	1.63	15.44	66.92	15311	97.38	42.50
聊城	2070	51.77	51935	14.49	3.03	13.03	56.72	14146	97.00	42.14
滨州	1110	57.64	67405	12.41	3.03	17.11	71.13	18722	97.50	44.15
菏泽	2065	50.25	35184	17.63	1.63	21.68	81.04	7869	97.26	40.53

数据来源：内蒙古、陕西、山西、河南、山东5省级行政区的《水资源公报》及《统计年鉴》。

请进行以下分析。

（1）应用因子分析法将10个初始变量综合成合适的公共因子变量。

（2）对黄河中下游31个主要流经城市根据因子分析的结果进行聚类分析。

第6章 变量间相关关系分析与Stata实现

许多事物的变化都与其他事物是相互联系和相互影响的，用于描述事物数量特征的变量之间自然也存在一定的关系。变量之间的关系归纳起来可以分为两种类型，即函数关系和统计关系。函数关系是一一对应的确定关系，当一个变量的值不能由另一个变量的值唯一确定时，这种关系即统计关系。在统计关系研究中，测度变量之间线性相关程度的强弱并用适当的统计指标表示出来，这个过程就是相关分析。相关分析可分为二元变量相关分析与偏相关分析，其中二元变量相关分析又可分为二元定距变量相关分析和二元定序变量相关分析。

学习目标

（1）了解定距和定序二元变量适用的相关分析方法。

（2）熟悉二元变量的相关系数计算规则，以及偏相关分析的计算原理。

（3）掌握不同相关分析方法的应用场景和软件操作。

知识框架

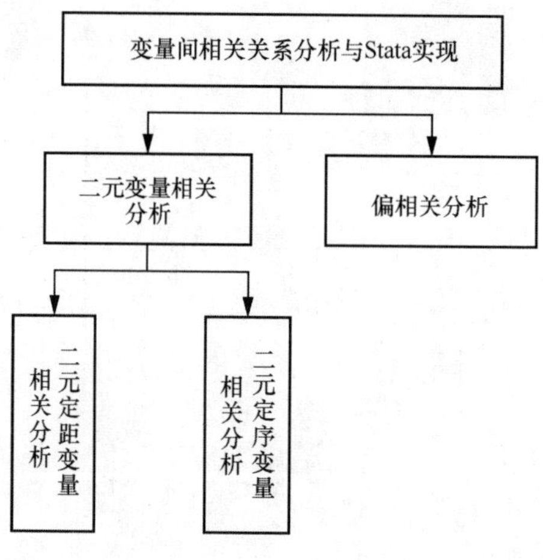

6-1 二元变量相关分析

6.1 二元变量相关分析

二元变量相关分析是指通过计算变量间两两相关的相关系数，对两个或两个以上变量之间两两相关的程度进行分析。根据所研究变量类型的不同，二元变量相关分析又可以分为二元定距变量相关分析和二元定序变量相关分析。对于相关程度的衡量有两种方法，一种是较为简单和直接的散点图，另一种是较为精准的相关系数。

6.1.1 分析方法

1．散点图

散点图是将两个变量分别作为横轴变量和纵轴变量，将每一个观测个案作为二维平面上的一个点，从而绘制出来的图形。散点图对二元变量相关关系的判定是不精确的，常见的散点图通常呈现为图 6-1 所示的 4 种形式之一。

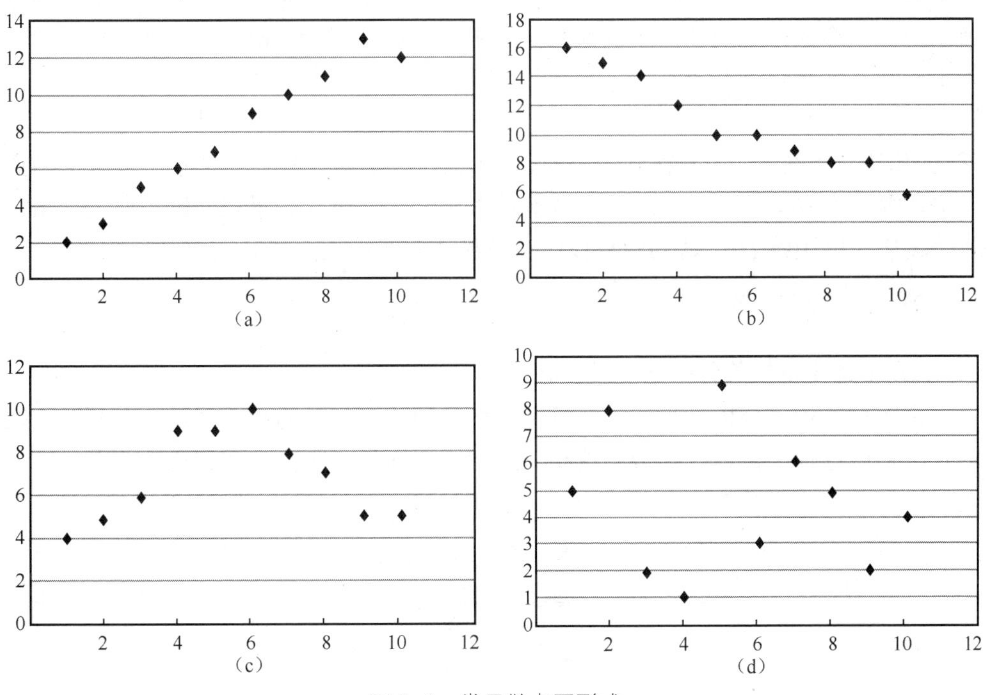

图 6-1 常见散点图形式

在上述的 4 种散点图中，图 6-1（a）的两个变量间呈现正向的线性相关关系，行变量与列变量的变动方向是相同的；图 6-1（b）的两个变量间呈现反向的线性相关关系，行变量与列变量的变动方向是相反的；图 6-1（c）的两个变量间虽然不具有线性相关关系，但是呈现出非线性的变动关系，列变量随着行变量的增大先增大后减小；图 6-1（d）的两个变量间无任何相关关系存在。

2．相关系数

相关系数是衡量变量之间相关程度的量值。如果相关系数是根据总体全部数据计算而来的，则称为总体相关系数，记为 ρ；如果是根据样本数据计算而来的，则称为样本相关系数，记为 r。在统计学中，一般用样本相关系数 r 来推断总体相关系数 ρ。

相关系数的取值范围是 $[-1,+1]$，即 $-1 \leqslant r \leqslant +1$。说明如下。

$0 < r \leqslant +1$ 时，表明变量之间存在正相关关系，即两个变量的相随变动方向相同。

$-1 \leqslant r < 0$ 时，表明变量之间存在负相关关系，即两个变量的相随变动方向相反。

$|r|=1$时，其中一个变量的取值完全取决于另一个变量，二者为函数关系；若$r=+1$时，表明变量之间完全正相关；$r=-1$时，表明变量之间完全负相关。

r=0时，说明变量之间不存在线性相关关系，但不排除变量之间存在其他非线性关系的可能。

在说明变量之间的线性相关程度时，根据经验可将相关程度分为以下几种情况：

$|r|\geqslant 0.8$时，视为高度相关；

$0.5\leqslant|r|<0.8$时，视为中度相关；

$0.3\leqslant|r|<0.5$时，视为低度相关；

$|r|<0.3$时，说明变量之间的相关程度极弱，可视为不相关。

在一般情况下，总体相关系数ρ是未知的，往往用样本相关系数r作为总体相关系数ρ的估计值。但由于存在样本抽样的随机性，样本相关系数并不能直接反映总体的相关程度。

为了判断r对ρ的代表性大小，需要对相关系数进行假设检验。

① 假设总体相关性为0，即H_0：两总体无显著的线性相关关系，即$\rho=0$。

② 计算相应的统计量，并得到对应的相伴概率值。如果相伴概率值小于或等于指定的显著性水平，则拒绝H_0，认为两总体存在显著的线性相关关系；如果相伴概率值大于指定的显著性水平，则不能拒绝H_0，认为两总体不存在显著的线性相关关系。

6.1.2 分析原理及步骤

1．二元定距变量相关分析原理及步骤

二元定距变量相关分析是指通过计算定距变量间两两相关的相关系数，对两个定距变量之间的相关程度进行分析。皮尔逊简单相关系数用来衡量定距变量间的线性关系。

皮尔逊简单相关系数的计算公式为：

$$r=\frac{\sum_{i=1}^{n}(x_i-\overline{x})(y_i-\overline{y})}{\sqrt{\sum_{i=1}^{n}(x_i-\overline{x})^2\sum_{i=1}^{n}(y_i-\overline{y})^2}}$$

其中，x_i、y_i表示第i个观测个案的x和y变量的取值，$\overline{x}$、$\overline{y}$表示所有观测个案计算得到的x和y变量的均值。

通常采用t检验进行皮尔逊简单相关系数的显著性统计检验，即判断皮尔逊简单相关系数是否和零（0）有显著性差异，采用t统计量作为检验统计量。

t统计量计算公式为：

$$t=\frac{r\sqrt{n-2}}{\sqrt{1-r^2}}$$

t统计量服从$n-2$个自由度的t分布，Stata将依据t分布表给出对应的相伴概率。

2．二元定序变量相关分析的原理及步骤

二元定序变量相关分析是指通过计算定序变量间两两相关的相关系数，对两个定序变量之间的相关程度进行分析。

斯皮尔曼（Spearman）等级相关系数和肯德尔（Kendall）tua-b等级相关系数用于衡量定序变量间的线性相关关系，它们利用的是非参数检验方法。

斯皮尔曼等级相关系数为：

$$R = 1 - \frac{6\sum_{i=1}^{n} D_i^2}{n(n^2 - 1)}$$

其中，$\sum_{i=1}^{n} D_i^2 = \sum_{i=1}^{n} (U_i - V_i)^2$（$U_i$、$V_i$分别为两变量排序后的秩）。可见，斯皮尔曼等级相关系数不是直接计算变量值得到的，而是利用秩计算得到的。

对斯皮尔曼等级相关系数显著性的统计检验分为两种情况。

① 个案数$n \leqslant 30$时，Stata自动根据斯皮尔曼等级相关系数统计量表给出对应的相伴概率值。

② 个案数$n > 30$时，采用Z统计量$Z = R\sqrt{n-1}$。Z统计量近似服从正态分布，Stata将根据正态分布表给出对应的相伴概率值。

肯德尔 tua-b 等级相关系数为：

$$T = 1 - \frac{4V}{n(n-1)}$$

V是利用变量的秩数据计算而得的非一致对（即U_i、V_i不相同的观测个案）数目。

对肯德尔 tua-b 等级相关系数的统计检验分为两种情况。

① 个案数$n \leqslant 30$时，Stata自动根据肯德尔 tua-b 等级相关系数统计量表给出对应的相伴概率值。

② 个案数$n > 30$时，计算Z统计量$Z = \frac{3T\sqrt{n(n-1)}}{\sqrt{2(2n+5)}}$。$Z$统计量近似服从正态分布，Stata将根据正态分布表给出对应的相伴概率值。

6.1.3 Stata 基本命令

1. 二元定距变量相关分析基本命令

二元定距变量相关分析基本命令为correlate，correlate命令不仅可以计算变量之间的相关系数矩阵，还可以计算变量间的协方差矩阵。

correlate命令的基本语法为：

```
. correlate [varlist] [if] [in] [, correlate_options]
```

该命令用于计算变量间的相关系数矩阵，若不指定变量，则默认计算数据集中所有变量的二元皮尔逊相关系数矩阵；若指定变量，则只计算指定变量的二元相关系数矩阵。

若需要计算变量的协方差矩阵，则需要在 correlate 命令后添加 covariance 选项，correlate_options选项内容如表6-1所示。

表6-1　correlate_options 选项内容

选项	解释
_coef	显示回归系数的相关系数矩阵或协方差矩阵
means	显示变量的基本统计量：均值、标准差、最大值、最小值
covariance	显示协方差矩阵

Stata 中针对缺失数据提出了两种处理方法，correlate 命令在计算相关系数时，若某个观测个案在指明的变量中有一个缺失数据，那么该观测个案将不参加所有二元相关系数的计算，相当于删除了这个观测个案。这样会造成观测个案数量下降。

若只有当用到某个变量时才将缺失数据删除，则可以采用 pwcorr 命令，该命令不仅可以进行相关系数计算，而且通过选项设置还可以进行相关系数的显著性检验。pwcorr 命令的基本语法为：

```
. pwcorr  [varlist] [if] [in] [, pwcorr_options]
```

pwcorr 命令的语法与 correlate 命令的语法基本相同，其选项 pwcorr_options 的具体内容如表 6-2 所示。

表 6-2 pwcorr_options 选项内容

选项	说明
obs	显示每个相关系数计算时使用的观测个案数
sig	显示相关系数显著性检验的相伴概率值，即 p 值
print(#)	仅显示小于显著性水平的相关系数
star(#)	在小于显著性水平的相关系数右上角标注星号
listwise	使用该选项处理缺失数据时，pwcorr 退化成 correlate 命令

常用的二元定距变量相关系数命令为：

```
. correlate x y z
```

计算 x、y、z 这 3 个变量间的相关系数矩阵，若观测个案存在缺失值，则该个案不参与计算。

```
. correlate x y z, covariane
```

计算 x、y、z 这 3 个变量间的协方差矩阵，若观测个案存在缺失值，则该个案不参与计算。

```
. pwcorr x y z, sig
```

计算 x、y、z 这 3 个变量间的相关系数矩阵，并给出每一对相关系数检验的 p 值。

```
. pwcorr x y z, sig star(.05)
```

计算 x、y、z 这 3 个变量间的相关系数矩阵，给出每一对相关系数显著性检验的 p 值，并且在 p 值小于显著性水平 0.05 的相关系数上标注星号。

```
. pwcorr x y z, sig print(.05)
```

计算 x、y、z 这 3 个变量间的相关系数矩阵，给出每一对相关系数显著性检验的 p 值，并且仅显示 p 值小于显著性水平 0.05 的相关系数。

```
. graph matrix x y z
```

绘制 x、y、z 这 3 个变量的散点图矩阵。

2．二元定序变量相关分析基本命令

二元定序变量相关分析常采用斯皮尔曼等级相关系数和肯德尔 tua-b 等级相关系数来表示变量相关性，Stata 分别采用 spearman 命令和 ktau 命令来计算这两种相关系数，它们的基本语法格式与 correlate 和 pwcorr 的基本语法相同，因此这里只介绍基本语法格式，详细信息读者可借助 help spearman 和 help ktau 来学习。

spearman 命令的基本语法为：

```
. spearman [varlist] [if] [in] [, spearman_options]
```

这时它对缺失数据的处理方式与 correlate 命令对缺失数据的处理方式相同。

```
. spearman [varlist] [if] [in] , pw
```

加入 pw 选项，这时它对缺失数据的处理方式与 pwcorr 命令对缺失数据的处理方式相同。

ktau 命令基本语法为：

```
ktau [varlist] [if] [in] [, ktau_options]
```

这里可以设置 ktau_options 选项进行显著性检验，选项内容与 pwcorr_options 的基本相同。

6.1.4　案例详解与 Stata 实现：分地区居民人均可支配收入与人均消费支出关系分析

1．数据

2020 年中国 31 个省（直辖市、自治区）的居民收入和消费相关数据如表 6-3 所示，其中，province 为地区名称，income 为分地区居民人均可支配收入（单位：元），cost 为分地区居民人均消费支出（单位：元），gdp 为分地区 GDP（单位：亿元）。

表 6-3　居民收入与消费支出相关数据

province	income/元	cost/元	gdp/亿元
beijing	69433.5	38903.3	36102.55
tianjin	43854.1	28461.4	14083.73
hebei	27135.9	18037.0	36206.89
shanxi	25213.7	15732.7	17651.93
neimenggu	31497.3	19794.5	17359.82
liaoning	32738.3	20672.1	25114.96
jilin	25751.0	17317.7	12311.32
heilongjiang	24902.0	17056.4	13698.50
shanghai	72232.4	42536.3	38700.58
jiangsu	43390.4	26225.1	102719.00
zhejiang	52397.4	31294.7	64613.34
anhui	28103.2	18877.3	38680.63
fujian	37202.4	25125.8	43903.89
jiangxi	28016.5	17955.3	25691.5.0
shandong	32885.7	20940.1	73129.00
henan	24810.1	16142.6	54997.07
hubei	27880.6	19245.9	43443.46
hunan	29379.9	20997.6	41781.49
guangdong	41028.6	28491.9	110760.9
guangxi	24562.3	16356.8	22156.69
hainan	27904.1	18971.6	5532.390
chongqing	30823.9	21678.1	25002.79
sichuan	26522.1	19783.4	48598.76
guizhou	21795.4	14873.8	17826.56

续表

province	income/元	cost/元	gdp/亿元
yunnan	23294.9	16792.4	24521.90
xizang	21744.1	13224.8	1902.74
shanxir	26226.0	17417.6	26181.86
gansu	20335.1	16174.9	9016.70
qinghai	24037.4	18284.2	3005.92
ningxia	25734.9	17505.8	3920.56
xinjiang	23844.7	16512.1	13797.58

数据来源：《中国统计年鉴 2021》。

注：陕西省与山西省的拼音相同，因此陕西省的拼音改用 shanxir 来表示。

2. 研究目的

判断分地区居民人均可支配收入与人均消费支出间是否存在显著线性相关关系。

3. 软件实现

将本案例所用数据导入 Stata 软件，并将其存储为名为 correlation.dta 的数据集，如图 6-2 所示。

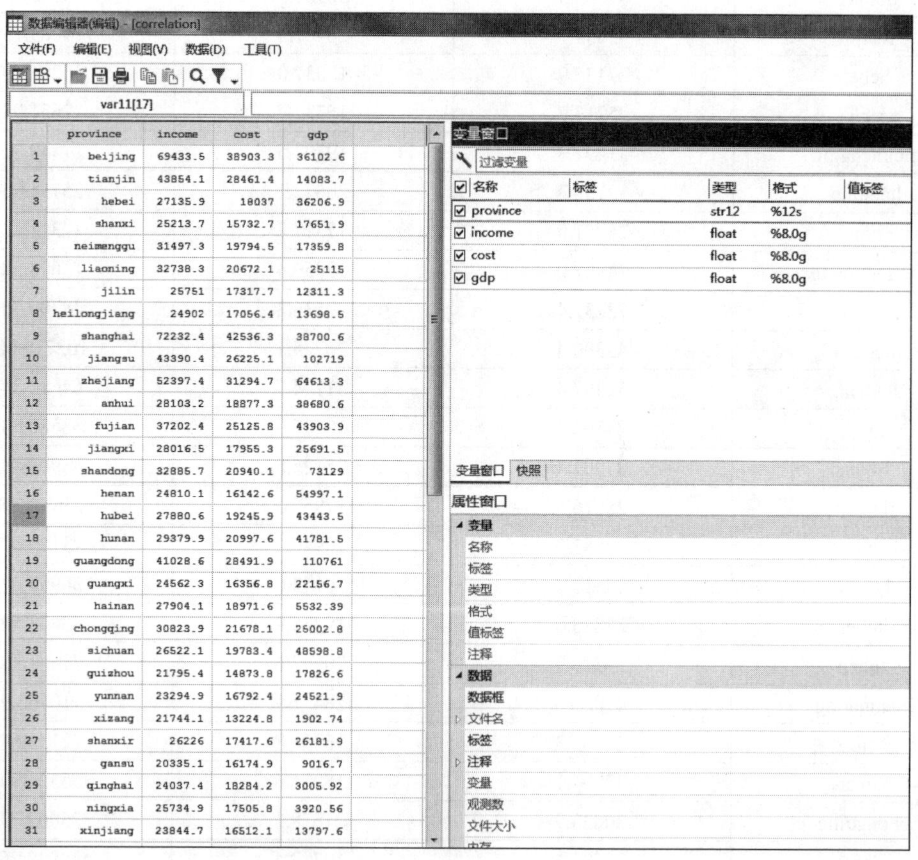

图 6-2 correlation.dta 数据详情

存储完数据后，在进行变量间相关关系分析之前，可以先借助散点图进行直观判断。本案例只需观察 income 与 cost 两个变量的散点图即可，为了偏相关分析案例的需要，这里直接给出 income、cost 和 gdp 这 3 个变量的散点图矩阵，命令如下。

```
.save "F:\stata\data\correlation . dta"
file F: \stata \data\correlation.dta saved
.graph matrix income cost gdp
```

散点图矩阵输出结果如图 6-3 所示。由于相关分析中的两个变量无主次关系，因此散点图矩阵是对称阵，只需观察一半即可。从左下角的 3 张图可以看出，3 个变量之间均具有一定的线性相关变化趋势，其中 income 和 cost 之间的线性相关关系十分明显，gdp 与其他变量之间的线性相关关系稍弱。

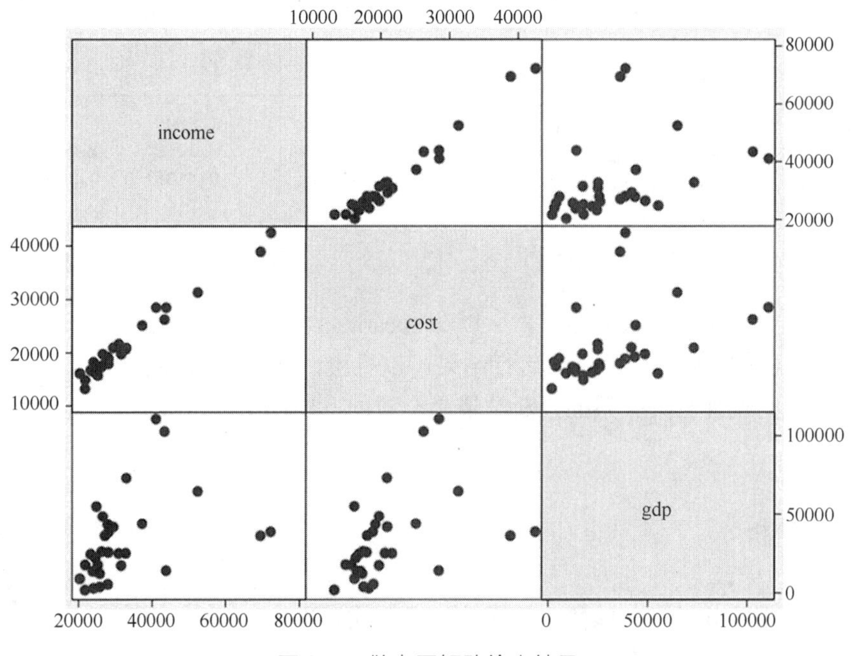

图 6-3 散点图矩阵输出结果

为了更精确地判断变量之间的相关关系，利用 pwcorr 命令计算相关系数，并进行显著性检验，相关命令与运行结果如图 6-4 所示。

```
. pwcorr income cost gdp, sig star(.05)

             |   income     cost      gdp
-------------+---------------------------
      income |   1.0000
             |
             |
        cost |   0.9854*  1.0000
             |   0.0000
             |
         gdp |   0.4006*  0.4331*  1.0000
             |   0.0255   0.0149
             |
```

图6-4　pwcorr命令及运行结果

从pwcorr命令运行结果可以看出，income和cost变量间的皮尔逊简单相关系数为0.9854，相伴概率为0.0000，小于显著性水平0.05，根据命令在相关关系显著存在的相关系数右上角标注*。因此可以判断中国分地区居民人均可支配收入与人均消费支出之间存在显著的线性相关关系。

本案例数据为定距变量数据，除了可以使用皮尔逊简单相关系数判断线性相关关系外，还可以使用斯皮尔曼等级相关系数或肯德尔 tua-b 等级相关系数进行判断。利用这两种方法判断线性相关关系的命令及运行结果分别如图6-5和图6-6所示。

```
. spearman income cost gdp, star(.05)
(obs=31)
```

	income	cost	gdp
income	1.0000		
cost	0.9407*	1.0000	
gdp	0.5931*	0.5492*	1.0000

图6-5　spearman命令及运行结果

```
. ktau income cost gdp, pw star(.05)
(obs=31)
```

	income	cost	gdp
income	1.0000		
cost	0.8065*	1.0000	
gdp	0.4108*	0.3892*	1.0000

图6-6　ktau命令及运行结果

因为本案例中并无缺失数据存在，所以在spearman和ktau命令中，pw选项添加与否对计算结果并没有影响。从两种命令的运行结果可以看出，虽然测度的相关系数数值存在差异，但是对于变量之间线性相关关系的判断结果是一致的，即3个变量彼此之间均存在显著的线性相关关系。

6.2　偏相关分析

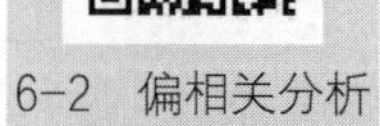

6-2　偏相关分析

二元变量的相关分析在一些情况下无法较为真实、准确地反映事物之间的相关关系。例如，在研究某农场春季早稻产量与平均降雨量、平均温度之间的关系时，早稻产量和平均降雨量之间的关系实际还包含平均温度对早稻产量的影响，同时平均降雨量对平均温度也会产生影响。在这种情况下，单纯计算简单相关系数显然不能准确地反映事物之间的相关关系，需要在剔除其他相关因素影响的条件下计算相关系数。偏相关分析正是用来解决这类问题的。

6.2.1　基本原理

偏相关分析是指当两个变量同时与其他变量相关时，将其他变量的影响剔除，只分析两个变量之间相关程度的过程。

偏相关分析的工具是偏相关系数。

假设有3个变量x_1,x_2,x_3，剔除变量x_3的影响后，变量x_1和x_2之间的偏相关系数记为$r_{12,3}$，其计算公式为：

$$r_{12,3}=\frac{r_{12}-r_{13}r_{23}}{\sqrt{1-r_{13}^{2}}\sqrt{1-r_{23}^{2}}}$$

其中：

r_{12} 表示变量 x_1 与变量 x_2 的简单相关系数；

r_{13} 表示变量 x_1 与变量 x_3 的简单相关系数；

r_{23} 表示变量 x_2 与变量 x_3 的简单相关系数。

同样需要对偏相关系数的显著性进行统计推断。这里采用 t 检验，t 统计量的构建公式为：

$$t = \frac{r_{12,3}}{\sqrt{\frac{1-{r^2}_{12,3}}{n-3}}}$$

其中，n 为个案数。t 统计量近似服从自由度为 $n-3$ 的 t 分布，Stata 将依据 t 分布表给出对应的相伴概率。

可将 3 个变量的情况拓展到 k 个变量的情况。

设有 k 个变量 $x_1,x_2,\cdots,x_k$，在任意两个变量间计算皮尔逊简单相关系数 r_{ij}，并形成皮尔逊相关系数矩阵 $\boldsymbol{M}$，如下所示。

皮尔逊相关系数矩阵 $\boldsymbol{M}$ 是对称的，即 $r_{ij}=r_{ji}(i,j=1,2,\cdots,k)$。

$$\boldsymbol{M}=\begin{pmatrix} r_{11} & r_{12} & \cdots & r_{1k} \\ r_{21} & r_{22} & \cdots & r_{2k} \\ & \vdots & & \\ r_{k1} & r_{k2} & \cdots & r_{kk} \end{pmatrix}$$

设 $\Delta=|\boldsymbol{M}|$，则变量 x_i 与 x_j 之间的偏相关系数为 $\boldsymbol{M}_{ij}=\frac{-\Delta_{ij}}{\sqrt{\Delta_{ii}\times\Delta_{jj}}}$，其中 Δ_{ij}、Δ_{ii}、Δ_{jj} 分别为 Δ 中元素 r_{ij}、r_{ii}、r_{jj} 的代数余子式。

6.2.2　Stata 基本命令

在 Stata 中使用 pcorr 命令进行偏相关分析，其基本语法为：

```
. pcorr pvarname varlist [if] [in]
```

pvarname 为需要计算偏相关系数的其中一个变量，varlist 为需要计算偏相关系数的其他变量，同时也是需要被控制的变量。例如：

```
pcorr x y z
```

执行该命令时，分别计算 x 与 y 的偏相关系数，即剔除 z 变量的影响后 x 与 y 的纯粹偏相关系数；x 与 z 的偏相关系数，即剔除了 y 变量的影响后 x 与 z 的纯粹偏相关系数。同时输出结果还会给出各相关系数的显著性检验结果。

6.2.3　案例详解与 Stata 实现：分地区居民人均可支配收入与人均消费支出偏相关分析

1．数据

沿用表 6-3 中的数据。

2．研究目的

前述案例中已经验证分地区 GDP 与分地区居民人均可支配收入和分地区居民人均消费

支出之间都存在显著的线性相关关系，那么在剔除分地区 GDP 的影响后，分地区居民人均可支配收入和分地区居民人均消费支出是否仍然存在显著的线性相关关系呢？

3．软件实现

采用 pcorr 命令完成偏相关分析。pcorr 命令及运行结果如图 6-7 所示。

```
. pcorr income cost gdp
(obs=31)

Partial and semipartial correlations of income with

              Partial   Semipartial      Partial   Semipartial   Significance
    Variable    Corr.         Corr.      Corr.^2       Corr.^2          Value
------------+-----------------------------------------------------------------
        cost   0.9831        0.9008       0.9666        0.8115         0.0000
         gdp  -0.1710       -0.0291       0.0293        0.0008         0.3661
```

图 6-7　pcorr 命令及运行结果

在控制 gdp 的影响后，income 与 cost 变量间的相关系数变为 0.9831，而未控制 gdp 的影响时，两者之间的相关系数为 0.9854。在偏相关分析中，income 与 cost 的相关系数显著性检验的相伴概率为 0.0000，为图 6-7 中 Significance Value 列的数值，小于 0.05 的显著性水平，因此 income 与 cost 的偏相关关系显著。虽然两个案例的显著性检验的结论相同，均为存在显著的线性相关关系，但相关程度有所下降。图 6-7 中的第二行数据表示控制 cost 变量的影响后，income 与 gdp 变量的相关系数及其检验结果。可以看出，控制 cost 变量后，income 与 gdp 之间不再存在显著的线性相关关系，其相伴概率为 0.3661。

习　题

1．二元定距变量相关分析和二元定序变量相关分析的基本工具有什么差异？
2．偏相关分析主要用于处理什么问题？

上机实训

某学校某次体检中，测度 20 名女生的肺活量（vital）及相关变量数据，具体包括体重（weight）、身高（height）和肩宽（shoulder），详细数据如表 6-4 所示。

表 6-4　女生肺活量研究相关数据

id	vital/升	weight/千克	height/厘米	shoulder/厘米
1	3.00	51.3	175.1	36.4
2	3.11	50.3	165.3	34.0
3	1.92	49.8	159.6	31.0
4	2.65	48.6	159.4	30.3
5	2.89	52.3	162.3	31.2

6	1.90	50.6	165.3	30.6
7	2.98	49.6	168.1	31.0

续表

id	vital/升	weight/千克	height/厘米	shoulder/厘米
8	2.36	53.0	155.7	30.3
9	3.25	55.0	159.3	34.0
10	2.58	51.3	163.0	36.2
11	3.12	49.6	164.2	31.0
12	3.10	48.6	163.2	36.2
13	1.92	45.9	163.1	35.2
14	3.12	48.1	165.4	31.5
15	2.59	50.7	158.9	30.8
16	2.69	48.5	160.8	29.6
17	2.78	51.8	166.7	33.5
18	1.99	48.6	165.4	31.4
19	2.63	45.2	155.4	30.2
20	3.15	58.6	153.0	30.0

请进行以下分析。

（1）肺活量与哪些身体因素变量存在显著的线性相关关系。

（2）请采用偏相关分析的方法进一步探讨肺活量的相关因素。

第 7 章 变量间回归关系分析与 Stata 实现

在数据分析中，确定变量之间存在线性相关关系后，还需要了解变量之间的相互作用，这就需要用到回归分析。回归分析是研究因变量与自变量之间作用关系的最为广泛的方法之一。根据因变量与自变量的相关关系类型，回归分析通常分为线性回归分析和非线性回归分析。根据研究目的的差异，线性回归分析又包括经典线性回归分析、含虚拟自变量的线性回归分析等；非线性回归分析包括众多内容，其中可转化为线性形式的非线性回归分析和 Logistic 回归分析是较为常用的两种。

学习目标

（1）掌握线性回归模型构建的基本原理，并能够熟练运用软件进行操作和结果解读。

（2）熟悉含虚拟自变量的回归模型的构建原理和步骤。

（3）熟悉非线性回归模型的构建原理和软件实现步骤。

知识框架

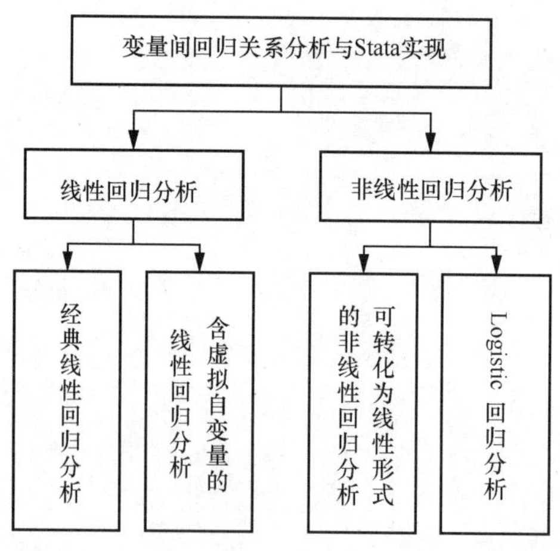

7-1 经典线性回归分析与 Stata 实现

7.1 经典线性回归分析与 Stata 实现

在回归分析中，若自变量对因变量的影响呈线性变化特征，则可以构建经典线性回归模型进行分析。

7.1.1　经典线性回归分析步骤

经典线性回归分析分为3步：模型形式设定、参数估计、统计检验。以多元线性回归分析为例，各步骤的详细内容讲述如下。

1．模型形式设定

设随机变量 y 与一般变量 $x_1,x_2,\cdots,x_k$ 的线性回归模型为：

$$y=\beta_0+\beta_1x_1+\beta_2x_2+\cdots+\beta_kx_k+\varepsilon$$

其中，$\beta_0,\beta_1,\beta_2,\cdots,\beta_k$ 是 $k+1$ 个未知参数，β_0 称为回归常数，$\beta_1,\beta_2,\cdots,\beta_k$ 称为回归系数；y 称为被解释变量（因变量）；$x_1,x_2,\cdots,x_k$ 是 k 个可以精确测量并可控制的一般变量，称为解释变量（自变量）。

k=1 时，上式称为一元线性回归模型；k≥2 时，上式就称为多元线性回归模型。ε 是随机误差，通常假定

$$\begin{cases}E(\varepsilon)=0\\ \operatorname{var}(\varepsilon)=\sigma^2\end{cases}$$

同样，多元线性总体回归方程为：

$$E(y)=\beta_0+\beta_1x_1+\beta_2x_2+\cdots+\beta_kx_k$$

回归系数 β_1 表示在其他自变量不变的情况下，自变量 x_1 变动一个单位时引起的因变量 y 的平均变动单位。其他回归系数的含义类似。从几何意义上讲，多元线性总体回归方程是多维空间中的一个平面。

多元线性样本回归方程为：

$$\hat{y}=\hat{\beta}_0+\hat{\beta}_1x_1+\hat{\beta}_2x_2+\cdots+\hat{\beta}_kx_k$$

式中，$\hat{\beta}_0,\hat{\beta}_1,\hat{\beta}_2,\cdots,\hat{\beta}_k$ 为 $\beta_0,\beta_1,\beta_2,\cdots,\beta_k$ 的估计值。

2．参数估计

线性回归方程中回归系数的估计同样可以采用最小二乘估计法（Ordinary Least Square，OLS）。由残差平方和

$$\text{SSE}=\sum_{j=1}^{n}(y_j-\hat{y}_j)^2$$

式中，y_j 表示第 j 个样本的因变量取值，$\hat{y}_j$ 表示第 j 个样本因变量利用回归模型所得到的估计值。

根据微积分中求极小值的原理，可知残差平方和SSE存在极小值。欲使SSE达到最小，SSE对 $\beta_0,\beta_1,\beta_2,\cdots,\beta_k$ 的偏导数必须等于0。

将SSE对 $\beta_0,\beta_1,\beta_2,\cdots,\beta_k$ 求偏导数，并令其等于0，加以整理后可得到 k+1 个方程式（称为标准方程组），简写为：

$$\frac{\partial \text{SSE}}{\partial \beta_0}=-2\sum(y-\hat{y})=0$$

$$\frac{\partial \text{SSE}}{\partial \beta_i}=-2\sum(y-\hat{y})x_i=0\ (i=1,2,\cdots,k)$$

求解这一方程组便可分别得到 $\beta_0,\beta_1,\beta_2,\cdots,\beta_k$ 的估计值 $\hat{\beta}_0,\hat{\beta}_1,\hat{\beta}_2,\cdots,\hat{\beta}_k$。

当自变量较多时，实际求解回归系数的估计值十分复杂，必须依靠计算机完成。现在利用 Stata，只要将有关数据输入，并指定因变量和相应的自变量，立刻就能得到计算结果。

3．统计检验

（1）拟合优度检验

线性回归模型的拟合程度检验使用多重判定系数，其定义为：

$$R^2=\frac{\text{SSR}}{\text{SST}}=1-\frac{\text{SSE}}{\text{SST}}=1-\frac{\sum_{j=1}^{n}(y_j-\hat{y}_j)^2}{\sum_{j=1}^{n}(y_j-\overline{y})^2}$$

式中，SSR 为回归平方和，SSE 为残差平方和，SST 为总离差平方和。$j=1,2,\cdots,n$ 表示样本，样本总量为 n。

拟合优度的取值范围为 $0\leqslant R^2\leqslant 1$，$R^2$ 越接近 1，回归平面拟合程度越高；反之，R^2 越接近 0，回归平面拟合程度越低。

R^2 的平方根称为复相关系数（R），也称为多重相关系数。它表示因变量 y 与所有自变量全体之间的线性相关程度，实际反映的是样本数据与预测数据间的相关程度。

判定系数 R^2 的大小受到自变量 x 的个数 k 的影响。在实际回归分析中可以看到，随着自变量 x 个数的增加，SSR 增大，使得 R^2 增大。由于增加自变量个数引起的 R^2 增大与拟合程度高低无关，因此，在自变量个数 k 不同的回归方程之间比较拟合程度时，R^2 就不是一个合适的指标，必须加以修正或调整。

调整的方法为：把 SSE 与 SST 之比的分子、分母分别除以各自的自由度，变成均方差之比，以剔除自变量个数对拟合优度的影响。调整的 R^2 为：

$$\overline{R}^2=1-\frac{\text{SSE}/(n-k-1)}{\text{SST}/(n-1)}=1-\frac{\text{SSE}}{\text{SST}}\times\frac{n-1}{n-k-1}=1-(1-R^2)\frac{n-1}{n-k-1}$$

由上式可以看出，$\overline{R}^2$ 考虑的是平均的 SSE，而不是 SSE。因此，一般在线性回归分析中，$\overline{R}^2$ 越大越好。

（2）回归方程的显著性检验（F 检验）

多元线性回归方程的显著性检验一般采用 F 检验。F 统计量定义为：平均的 SSR 与平均的 SSE（均方误差）之比，对于多元线性回归方程

$$F=\frac{\text{SSR}/k}{\text{SSE}/(n-k-1)}=\frac{\sum_{j=1}^{n}(\hat{y}_j-\overline{y})^2\big/k}{\sum_{j=1}^{n}(y_j-\hat{y}_j)^2\big/(n-k-1)}$$

式中，n 为样本数，k 为自变量个数。F 统计量服从第一自由度为 k，第二自由度为 $n-k-1$ 的 F 分布。即

$$F\sim F(k,n-k-1)$$

从 F 统计量的定义式可以看出，如果 F 值较大，则说明自变量对因变量造成的影响远远大于随机变量对因变量造成的影响。

另外，从另一个角度来看，F 统计量也可以反映回归方程的拟合优度。将 F 统计量的公

式与 R^2 的公式做结合转换，可得

$$F=\frac{R^2/k}{(1-R^2)/(n-k-1)}$$

可见，回归方程的拟合优度越高，F 统计量就越显著；F 统计量越显著，回归方程的拟合优度也越高。

利用 F 统计量进行回归方程显著性检验的步骤如下。

① 提出假设。

$$H_0:\ \beta_1=\beta_2=\cdots=\beta_k=0$$
$$H_1:\beta_j\text{不全为}0\,(j=1,2,\cdots,k)$$

② 在 H_0 成立的条件下，计算 F 统计量

$$F=\frac{\mathrm{SSR}/k}{\mathrm{SSE}/(n-k-1)}\sim F(k,n-k-1)$$

③ 由样本观测值计算 F 值。

根据给定的显著性水平 α 确定临界值 $F_\alpha(k,n-k-1)$，或者计算 F 值对应的相伴概率值 p。

如果 $F>F_\alpha(k,\ n-k-1)$（或者 $p<\alpha$），就拒绝原假设 H_0，接受备择假设 H_1，认为所有回归系数同时与 0 有显著差异，自变量与因变量之间存在显著的线性关系，自变量的变化确实能够反映因变量的线性变化，回归方程显著。

如果 $F<F_\alpha(1,n-k-1)$（或者 $p>\alpha$），则接受原假设 H_0，认为所有回归系数同时与 0 无显著差异，自变量和因变量之间不存在显著的线性关系，自变量的变化无法反映因变量的线性变化，回归方程不显著。

若 $F=F_\alpha(1,n-k-1)$（或者 $p=\alpha$），则一般无法得出准确结论，可采用重新抽取样本计算的方式处理。下文分析中遇到相似情况做同样处理。

（3）回归系数的显著性检验（t 检验）

回归系数的显著性检验检验各自变量 $x_1,x_2,\cdots,x_k$ 对因变量 y 的影响是否显著，从而找出哪些自变量对 y 的影响是重要的，哪些是不重要的。

与一元线性回归一样，要检验自变量 x_i 对因变量 y 的线性作用是否显著，要使用 t 检验。对于多元线性回归方程

$$t=\frac{\beta_i}{S_{\beta_i}}\sim t(n-k-1)(i=1,2,\cdots,k)$$

式中，n 为样本大小，$n-k-1$ 为自由度，S_{β_i} 为回归系数 β_i 的标准误差。

可见，如果某个自变量 x_i 的回归系数 β_i 的标准误差较大，则必然得到一个相对较小的 t 值，表明该自变量 x_i 的解释说明因变量变化的能力较差。因此，当某个自变量 x_i 的 t 值小到一定程度时，该自变量 x_i 就不应保留在回归方程中。

t 检验的基本步骤如下。

① 提出假设。

$$H_0:\beta_i=0(i=1,2,\cdots,k)$$
$$H_1:\beta_i\neq 0(i=1,2,\cdots,k)$$

式中，H_0 表示原假设，H_1 表示备择假设。如果原假设成立，则说明 x_i 对 y 没有显著的影响；如果备择假设成立，则说明 x_i 对 y 具有显著的影响。

② 在 H_0 成立的条件下，计算回归系数的 t 统计量。

$$t=\frac{\beta_i}{S_{\beta_i}}$$

给定显著性水平 α，确定临界值 $t_{\frac{\alpha}{2}}(n-k-1)$，或者计算 t 值对应的相伴概率值 p 的大小。

应该注意的是，t 检验的临界值是由显著性水平 α 和自由度决定的，因为这里进行的检验是双侧检验，所以临界值为 $t_{\frac{\alpha}{2}}(n-k-1)$。

如果 $|t|>t_{\frac{\alpha}{2}}(n-k-1)$（或者 $p<\sigma$），就拒绝原假设 H_0，接受备择假设 H_1，认为该回归系数与 0 有显著差异，即自变量对因变量存在显著的线性作用，它的变化确实能够较好地反映因变量的线性变化，应将其保留在回归方程中。

如果 $|t|<t_{\frac{\alpha}{2}}(n-k-1)$（或者 $p>\sigma$），则不能拒绝原假设 H_0，可以认为该回归系数与 0 无显著差异，自变量对因变量不存在显著的线性作用，它的变化无法较好地反映因变量的线性变化，应将其剔除出回归方程。

（4）多重共线性检验

线性回归模型中的自变量之间可能存在精确相关关系或高度相关关系，从而使模型估计失真或难以估计准确，这就是多重共线性问题。一般来说，经济数据的限制使得模型设计不当，导致数据矩阵中的自变量间会存在 3 种关系：完全共线性，即变量间相关系数为 1；不存在共线性，即变量间相关系数为 0；不完全共线性，即变量间存在不等于 0 的相关系数。多重共线性是一个容许度的问题，当多重共线性问题严重到影响了模型的估计和形式时，就需要做相应的处理。

Stata 提供了多种多重共线性的检验方法，说明如下。

① 容许度（Tolerance）

$$\text{Tol}_i=1-R_i^2(i=1,2,\cdots,k)$$

容许度 Tol_i 的数值越小，自变量 x_i 与其他自变量之间的多重共线性越强。

② 方差膨胀因子（Variance Inflation Factor，VIF）

$$\text{VIF}_i=\frac{1}{1-R_i^2}=\frac{1}{\text{Tol}_i}\quad(i=1,2,\cdots,k)$$

方差膨胀因子 VIF_i 数值越大，说明自变量 x_i 引起的多重共线性越严重。

从经验上看，当方差膨胀因子 VIF≥5 时，可能存在多重共线性；当方差膨胀因子 VIF≥10 时，可能存在严重的多重共线性。

③ 条件指数（Condition Index，CI）

条件指数越大，说明自变量间多重共线性越严重。

CI≥15 时，可能存在多重共线性。

CI≥30 时，可能存在严重的多重共线性。

④ 特征值和方差比例

该检验方法会计算不同维度下的特征值和对应的变量方差比例。若特征值较小并接近于 0，则说明变量间存在很高的相关性，这时继续观察同一维度（序号）的特征值对应的变量方差比例，方差比例越大的变量，引起多重共线性的可能性越大。

检验出引起多重共线性问题的自变量后，可采用直接删除该自变量，或对自变量进行形态转变等方法来消除多重共线性问题。

7.1.2　Stata 基本命令

Stata 中用于完成经典线性回归分析的命令主要有 3 个：regress、predict 和 test 命令。regress 命令用于完成基本的因变量对自变量的回归分析，predict 命令用于计算因变量的预测值、残差值，test 命令用于进行相关的统计检验。

1．regress 命令

确定因变量与自变量之间存在线性相关关系后，可通过 regress 命令完成基本回归分析，regress 命令的输出结果包括参数估计、参数的标准差，*F* 检验、*t* 检验的统计量值和相伴概率，以及 95%的置信区间。

regress 命令的基本语法为：

```
. regress depvar indepvars [if] [in] [weight] [, reg_options]
```

depvar 为因变量，indepvars 为自变量，自变量可以是一个，也可以是多个。if 和 in 是挑选观测个案的条件，weight 为权重变量。reg_options 为选项，通过选项的设定可以实现一些特殊的回归模型分析。reg_options 选项的内容说明如表 7-1 所示。

表 7-1　reg_options 选项内容说明

选项	内容说明	选项	内容说明
noconstant	回归模型无常数项	beta	输出标准化的自变量参数估计值
hascons	由用户指定常数项值	noheader	运行结果不输出表名
level(#)	设定显著性水平（默认为 95%）		

2．predict 命令

predict 命令是 regress 命令的后续命令，即必须在做完回归分析后才能使用。在完成线性回归模型的参数估计后，利用 predict 命令可以计算并保存最近一次回归的因变量预测值和残差值。

predict 命令的语法为：

```
. predict [type] newvar [if] [in] [, pre_options]
```

type 用来指定存放预测值和残差值的格式。newvar 用来设定预测值或残差值的变量名称。pre_options 为选项，用来指定输出的是预测值还是残差值，默认输出拟合的预测值。

常用的 predict 命令格式有

```
. predict yhat
. predict e, resid
```

上述第 1 行命令表示输出 y 变量的预测值，第 2 行命令表示计算残差项的数值 e， resid 表示需要输出残差值。

3．test 命令

test 命令也是 regress 命令的后续命令，主要用于完成用户指定的各种统计检验。

test 命令主要用于完成以下 3 种类型的统计检验。

（1）检验回归系数是否等于某一个特定的数值

满足这一目的的 test 命令的语法为：

```
. test var1 var2…
. test var==c
```

第 1 个命令用于检验 var1、var2…自变量的回归系数是否为 0，第 2 个命令用于检验 var 的回归系数是否等于某一特定值 c。

（2）检验两个回归系数是否相等

满足这一目的的 test 命令的语法为：

```
. test var1==var2
```

（3）检验回归系数之间的代数关系

满足这一目的的 test 命令的语法为：

```
. test var1=expression(var2 var3…)
```

test 命令后需要将检验的所有变量名称均列出来，testparm 是 test 命令的又一形式，它后面可以接变量串的简写。例如：

```
. test gdp income wage
. testparm gdp-wage
```

第 1 个命令用于检验 gdp、income、wage 这 3 个自变量的回归系数是否为 0，第 2 个命令用于检验从 gdp 到 wage 自变量的回归系数是否为 0。

4．vif 命令

vif 命令也是 regress 命令的后续命令，主要用于计算方差膨胀因子，用于多重共线性问题的检验。

vif 命令的格式较为简单。

```
. vif
```

5．逐步回归

用户不想自主判断自变量的保留和剔除时，可以利用逐步回归的方法，用相同的规则进行自变量的剔除处理。此时使用的命令为 sw regress，在该命令下，可以同时放入多个自变量，并且按照自变量参数的显著性大小逐步剔除那些不显著的自变量。

sw regress 命令的基本语法为：

```
. sw regress depvar indepvars [, sw_options]
```

sw_options 命令的常用选项及内容说明如表 7-2 所示。

表 7-2　　sw_options 命令的常用选项及内容说明

选项	内容说明
pr(#)	常用 pr(.05)，表示剔除在 95%的显著性水平下不显著的自变量
lockterm	保证某些自变量不被剔除，如 lockterm1 表示不剔除第 1 个自变量
()	将括号内的自变量看成一个整体
hier	从最后一个自变量开始剔除，而不是从最不显著的自变量开始剔除

7.1.3　案例详解与 Stata 实现：童装制造企业销售额影响因素分析

1．数据

现有 40 家童装制造企业 2009 年产品销售额（sales）、库存资金（stock）、广告投入（adver）、员工报酬（salary）、企业所在地区（area，1 表示东部地区，2 表示中部地区，3 表示西部地区）的数据。数据详情如表 7-3 所示。

表 7-3　　童装制造企业数据详情

id	sales/万元	stock/万元	adver/万元	salary/万元	area	id	sales/万元	stock/万元	adver/万元	salary/万元	area
1	1090.4	75.2	30.6	20.1	3	21	2001.5	88.4	46.2	28.4	1
2	1133.0	77.3	30.5	19.3	3	22	1963.8	102.3	39.5	25.6	2
3	1242.1	80.9	31.6	21.3	3	23	1846.7	156.8	36.9	24.3	1
4	1003.2	76.9	29.8	22.5	3	24	1469.5	98.6	30.6	22.5	3
5	1283.2	74.6	28.6	21.8	3	25	1369.7	92.3	32.6	23.6	3
6	1012.9	80.6	30.5	20.6	1	26	1445.8	102.5	32.6	21.5	2
7	1298.5	79.6	31.6	19.8	3	27	1269.5	110.6	33.5	22.4	3
8	1046.8	77.5	30.6	20.9	3	28	1635.7	96.7	34.6	21.3	2
9	965.6	81.6	29.6	18.6	2	29	2301.8	123.6	47.6	30.6	2
10	987.6	82.6	28.4	19.8	3	30	1753.4	87.6	40.1	25.6	2
11	899.4	81.7	28.1	18.9	3	31	1648.9	88.6	38.4	24.6	1
12	1426.9	82.0	38.6	26.5	2	32	2214.8	126.9	42.8	29.1	1
13	1289.4	89.6	36.5	20.6	2	33	1963.4	101.4	40.3	27.6	3
14	1236.7	90.5	35.4	23.5	2	34	1856.4	99.3	37.6	26.7	1
15	1125.0	86.5	30.6	20.8	3	35	1843.2	98.1	36.1	27.1	1
16	1569.8	84.9	39.6	25.8	2	36	1769.2	92.6	39.2	26.0	2
17	1458.9	79.6	40.6	25.6	2	37	1469.5	88.1	33.2	25.1	3
18	1327.6	88.2	35.7	22.8	2	38	1587.9	81.6	32.6	22.6	2
19	1847.6	90.6	41.6	28.7	2	39	1943.8	92.6	40.9	25.9	1
20	2013.9	86.4	44.8	30.5	1	40	2000.5	125.8	47.8	28.0	1

2. 研究目的

探讨库存资金、广告投入、员工报酬是否对童装制造企业的销售额产生显著作用，作用的强度是怎样的？

3. 软件实现

将表 7-3 中的数据导入 Stata，并将数据文件保存为 regress.dta，如图 7-1 所示。

首先判断因变量 sales 与自变量 stock、adver、salary 之间的线性相关关系，作为线性回归分析的基础。

皮尔逊线性相关分析的命令及运行结果如图 7-2 所示，运行结果包括变量之间的皮尔逊简单相关系数及显著性检验的相伴概率，可以看出，因变量 sales 与 3 个自变量之间均具有显著的线性相关关系，即建立线性回归模型是可行的。

	id	sales	stock	adver	salary	area
1	1	1090.4	75.2	30.6	20.1	3
2	2	1133	77.3	30.5	19.3	3
3	3	1242.1	80.9	31.6	21.3	3
4	4	1003.2	76.9	29.8	22.5	3
5	5	1283.2	74.6	28.6	21.8	3
6	6	1012.9	80.6	30.5	20.6	1
7	7	1298.5	79.6	31.6	19.8	3
8	8	1046.8	77.5	30.6	20.9	3
9	9	965.6	81.6	29.6	18.6	2
10	10	987.6	82.6	28.4	19.8	3
11	11	899.4	81.7	28.1	18.9	3
12	12	1426.9	82	38.6	26.5	2
13	13	1289.4	89.6	36.5	20.6	2
14	14	1236.7	90.5	35.4	23.5	2
15	15	1125	86.6	30.6	20.8	3
16	16	1669.8	84.9	39.6	25.8	2
17	17	1458.9	79.6	40.6	25.6	2
18	18	1327.6	88.2	35.7	22.8	2
19	19	1847.6	90.6	41.6	28.7	2
20	20	2013.9	86.4	44.8	30.5	1
21	21	2001.5	88.4	46.2	28.4	1
22	22	1963.8	102.3	39.5	25.6	2
23	23	1846.7	156.8	36.9	24.3	1
24	24	1469.5	98.6	30.6	22.5	3
25	25	1369.7	92.3	32.6	23.6	3

图 7-1　regress.dta 数据详情（部分）

```
. pwcorr stock adver salary sales, sig

             |    stock    adver   salary    sales
-------------+------------------------------------
       stock |   1.0000
             |
             |
       adver |   0.4840   1.0000
             |   0.0016
             |
      salary |   0.4524   0.9009   1.0000
             |   0.0034   0.0000
             |
       sales |   0.6206   0.8779   0.8922   1.0000
             |   0.0000   0.0000   0.0000
```

图 7-2　pwcorr 命令及运行结果

构建线性回归模型，regress 命令及运行结果如图 7-3 所示。回归分析的运行结果包括 3 部分，第一部分为左上角部分，是数据基本信息的描述，也是构建 F 统计量的基础。第二部分为右上角部分，是线性回归模型的基本信息，包括观测个案数目、F 检验统计量值、F 检验的相伴概率、拟合优度以及调整的拟合优度等。从模型拟合基本信息看，模型整体的线性关系显著，模型拟合优度达到 0.8 以上，线性模型很好地拟合了实际数据。

输出结果的第三部分为下半部的参数估计及检验信息，结果包括 3 个自变量和 1 个截距项（_cons）的最小二乘估计结果、标准误、t 检验统计量值、显著性检验相伴概率以及 95%的置信区间。从输出结果看，所有自变量的相伴概率均小于 0.05 的显著性水平，因此判断它们对因变量的线性作用关系均显著。图 7-4 中所用命令与图 7-3 中所用命令的区别在于输出结果包括标准化后的自变量参数估计值（Beta），这时输出结果不再包括置信区间。Beta 参数值是标准化回归系数，它可以解释为：控制其他变量时，某个自变量每变动一个单位的标准差时，引起因变量变动的标准差数。且通过比较 Beta 值可以判断自变量的作用强弱。

```
. regress sales stock adver salary

      Source |       SS           df       MS      Number of obs   =        40
-------------+----------------------------------   F(3, 36)        =     80.90
       Model |  4906120.56         3  1635373.52   Prob > F        =    0.0000
    Residual |  727762.438        36  20215.6233   R-squared       =    0.8708
-------------+----------------------------------   Adj R-squared   =    0.8601
       Total |     5633883        39  144458.538   Root MSE        =    142.18

------------------------------------------------------------------------------
       sales |      Coef.   Std. Err.      t    P>|t|     [95% Conf. Interval]
-------------+----------------------------------------------------------------
       stock |   5.569045   1.560536     3.57   0.001     2.404131    8.733959
       adver |   20.28271    9.70434     2.09   0.044     .6013986    39.96403
      salary |   58.93422   15.76701     3.74   0.001     26.95725     90.9112
       _cons |  -1138.172   175.4267    -6.49   0.000    -1493.954   -782.3904
------------------------------------------------------------------------------
```

图 7-3 regress 命令及运行结果

```
. regress sales stock adver salary, beta

      Source |       SS           df       MS      Number of obs   =        40
-------------+----------------------------------   F(3, 36)        =     80.90
       Model |  4906120.56         3  1635373.52   Prob > F        =    0.0000
    Residual |  727762.438        36  20215.6233   R-squared       =    0.8708
-------------+----------------------------------   Adj R-squared   =    0.8601
       Total |     5633883        39  144458.538   Root MSE        =    142.18

------------------------------------------------------------------------------
       sales |      Coef.   Std. Err.      t    P>|t|                     Beta
-------------+----------------------------------------------------------------
       stock |   5.569045   1.560536     3.57   0.001                 .2445158
       adver |   20.28271    9.70434     2.09   0.044                  .294282
      salary |   58.93422   15.76701     3.74   0.001                 .5164185
       _cons |  -1138.172   175.4267    -6.49   0.000                        .
------------------------------------------------------------------------------
```

图 7-4 regress 命令（加 Beta）及运行结果

根据回归模型的输出结果，可以写出线性回归方程为

$$sales=0.2445stock+0.2943adver+0.5164salary$$

为了便于观察，回归方程中自变量参数估计数值采用了保留小数点后 4 位的形式呈现。从 beta 数值看，salary 对 sales 的作用最为显著，其次是 adver，stock 的影响最弱。

构建回归模型之后，可以对因变量、残差进行预测，还可以进行多重共线性诊断，相关命令及运行结果如图 7-5 和图 7-6 所示。图 7-5 给出了因变量 sales 的模型估计值 saleshat，以及残差项 e 的数值，图 7-6 给出了 VIF 值用于判断多重共线性的严重程度，可以看出 VIF 数值最大的变量为 adver，数值略高于 5，因此判断这些自变量均没有引起严重的多重共线性，模型效果较好。

```
. predict saleshat
(option xb assumed; fitted values)

. predict e, resid

. list saleshat e

     +----------------------+
     | saleshat           e |
     |----------------------|
  1. | 1085.849    4.551313 |
  2. | 1048.368    84.63199 |
  3. | 1208.596    33.50397 |
  4. | 1220.532    -217.332 |
  5. |  1142.13      141.07 |
     |----------------------|
  6. |  1143.36   -130.4604 |
  7. | 1112.955    185.5451 |
  8. | 1145.805   -99.00481 |
  9. | 1012.807   -47.20658 |
 10. | 1064.757   -77.15736 |
     |----------------------|
 11. |  1000.62   -101.2196 |
 12. | 1663.159   -236.2589 |
 13. | 1315.178   -25.77805 |
 14. | 1468.788   -232.0885 |
 15. | 1190.033   -65.03282 |
     |----------------------|
 16. | 1658.338    -88.5378 |
 17. | 1637.318   -178.4178 |
 18. |  1420.81   -93.21049 |
 19. | 1901.556   -53.95618 |
 20. | 2049.152   -35.25241 |
```

图 7-5 predict 命令及运行结果图（部分数据）

```
. vif

    Variable |       VIF       1/VIF
-------------+----------------------
       adver |      5.52    0.180997
      salary |      5.32    0.187980
       stock |      1.31    0.764327
-------------+----------------------
    Mean VIF |      4.05
```

图 7-6　vif 命令及运行结果

7-2　含虚拟自变量的线性回归分析

7.2　含虚拟自变量的线性回归分析

在经典线性回归模型中，因变量和自变量都是可以直接用数字计量的，即可以获得其实际观测值，这类变量称作数量变量、定量变量或数量因素。然而，在实际问题的研究中经常会碰到一些非数量变量，如性别、民族、职业、文化程度、地区等定性变量。受到这些定性变量影响，定性变量的取值不同，构建的回归模型的参数也会发生变化。这时需要将这些定性变量纳入回归模型，从而准确地描述定性变量之间的关系。

在线性回归模型或非线性回归模型分析中，若自变量中含有定性变量，则可设置虚拟自变量构建模型，反映不同属性样本下自变量对因变量的作用关系。

7.2.1　虚拟变量的设置

在回归分析中，对一些是定性变量的自变量先做数量化处理，处理的方法是引进只取“0”和“1”两个值的 0–1 型虚拟变量。当某一属性出现时，虚拟变量取值为“1”，否则取值为“0”。虚拟变量也称为哑变量。需要指出的是，虽然虚拟变量取某一数值，但这一数值没有任何数量大小的意义，它仅仅用来说明观察单位的性质和属性。

如果在回归模型中需要引入多个 0–1 型虚拟变量 D，则虚拟变量的个数应按下列原则确定：对于包含一个具有 k 种特征或状态的定性变量的回归模型，如果回归模型不带常数项，则需引入 k 个 0–1 型虚拟变量 D；如果带有常数项，则只需引入 k–1 个 0–1 型虚拟变量 D。k=2 时，只需要引入 1 个 0–1 型虚拟变量 D。

分情况讨论如下。

1．自变量中只含一个定性变量，且这个定性变量下有 k 个水平

若虚拟变量以加法模式进入模型，则基准模型不包含截距项时，需要引入 k 个 0–1 型虚拟变量，最终线性回归模型为：

$$y=\beta_0 x+\beta_1 D_1+\beta_2 D_2+\cdots+\beta_k D_k+\varepsilon$$

基准模型包含截距项时，需要引入 k–1 个 0–1 型虚拟变量，最终建立的线性回归模型为：

$$y=\beta_0+\beta_1 D_1+\beta_2 D_2+\cdots+\beta_{k-1} D_{k-1}+\beta_k x+\varepsilon$$

2．自变量中含多个定性变量时

当一个回归模型中含有多个定性变量，每个定性变量下包含不同水平时，不仅要考虑单个定性变量的影响，而且要考虑定性变量之间的交互作用。

例如，两个定性变量，每个定性变量下均有 2 个水平，则在线性回归模型中只需引入两个虚拟变量，以加法模型建立的线性回归模型为：

$$y = \beta_0 + \beta_1 D_1 + \beta_2 D_2 + \beta_3 D_1 D_2 + \beta_4 x_1 + \beta_5 x_2 + \varepsilon$$

在 Stata 中对含有虚拟变量的回归模型进行参数估计时，其操作步骤与对一般线性回归模型进行参数估计的操作步骤是一致的。

7.2.2　虚拟变量的引入方式

1．加法模式

在加法模式下引入虚拟变量，虚拟变量下不同水平之间的变化只体现在截距项上。例如，模型中只有 1 个定性变量，该定性变量下只有 2 个水平时，只需引入 1 个虚拟变量。在加法模式下，引入虚拟变量的回归方程为：

$$y = \beta_0 + \beta_1 x + \beta_2 D$$

D=0 时，回归方程为：$y = \beta_0 + \beta_1 x$。

D=1 时，回归方程为：$y = (\beta_0 + \beta_2) + \beta_1 x$。

2．乘法模式

在乘法模式下引入虚拟变量，虚拟变量下不同水平之间的变化不仅体现在截距项上，还体现在自变量的斜率上。例如，模型中只有 1 个定性变量，该定性变量下只有 2 个水平时，只需引入 1 个虚拟变量。在乘法模式下，引入虚拟变量的回归方程为：

$$y = \beta_0 + \beta_2 D + (\beta_1 + \beta_3 D)x$$

D=0 时，回归方程为：$y = \beta_0 + \beta_1 x$。

D=1 时，回归方程为：$y = (\beta_0 + \beta_2) + (\beta_1 + \beta_3)x$。

在复杂情况下，虚拟变量的引入数量遵循 7.2.1 节的规则，读者可以自己构建模型。

7.2.3　Stata 基本命令

引入虚拟变量的回归分析使用的主要命令仍为 regress，其语法与经典回归分析中的语法相同，唯一区别在于首先要将类别变量设置为虚拟变量，虚拟变量的生成在 2.2.5 节中已介绍，将虚拟变量引入回归模型中，只需将其看作普通的变量即可。

在加法模式下，引入虚拟变量的回归分析命令举例为：

```
. regress y x d
```

此时，x 为自变量，d 为生成的虚拟变量。

在乘法模式下，需要先生成新变量，再将其引入回归模型，对应的回归分析命令举例为：

```
. gen t=x*d
. reg y x d t
```

reg 为 regress 的简写形式。

7.2.4　案例详解与 Stata 实现：童装制造企业销售额的影响因素作用的地区差异

1．数据

沿用 40 家童装制造企业 2009 年的相关数据，数据文件为 regress.dta。

2．研究目的

在前述构建的线性回归模型基础上，进一步探讨企业销售额的影响因素作用是否在地区之间存在差异。

3．软件实现

在前述案例分析的基础上，要进一步判断东部、中部、西部地区企业销售额的影响因素作用是否在地区间存在差异，可将 area 变量设置为虚拟变量，根据虚拟变量的设置规则，area 取值有 3 个水平，因此设置 2 个虚拟变量即可，第一虚拟变量表示东部地区，第二虚拟变量表示中部地区，虚拟变量的设置命令及运行结果如图 7-7 所示。

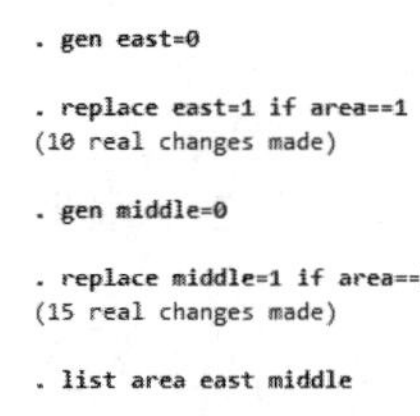

```
. gen east=0

. replace east=1 if area==1
(10 real changes made)

. gen middle=0

. replace middle=1 if area==2
(15 real changes made)

. list area east middle
```

	area	east	middle
1.	3	0	0
2.	3	0	0
3.	3	0	0
4.	3	0	0
5.	3	0	0
6.	1	1	0
7.	3	0	0
8.	3	0	0
9.	2	0	1
10.	3	0	0
11.	3	0	0
12.	2	0	1
13.	2	0	1
14.	2	0	1
15.	3	0	0
16.	2	0	1

图 7-7　虚拟变量的设置命令及运行结果（部分数据）

将虚拟变量引入基准回归模型，加法模式和乘法模式的设置及运行结果如下。

在加法模式下，将虚拟变量引入回归模型，此时模型的基本形式可以表示为：

$$\text{sales} = \alpha_0 + \alpha_1\text{east} + \alpha_2\text{middle} + \alpha_3\text{adver} + \alpha_4\text{stock} + \alpha_5\text{salary}$$

模型估计和检验结果如图 7-8 所示，esat 和 middle 的 t 检验相伴概率均大于 0.05，因此判断这两个虚拟变量对因变量并无显著作用，即在东部、中部、西部企业销售额模型中，彼此的截距项并不存在显著的差异。

```
. reg sales stock adver salary east middle

      Source |       SS           df       MS      Number of obs   =        40
-------------+----------------------------------   F(5, 34)        =     46.63
       Model |  4916928.68         5  983385.737   Prob > F        =    0.0000
    Residual |  716954.313        34  21086.8916   R-squared       =    0.8727
-------------+----------------------------------   Adj R-squared   =    0.8540
       Total |     5633883        39  144458.538   Root MSE        =    145.21

------------------------------------------------------------------------------
       sales |      Coef.   Std. Err.      t    P>|t|     [95% Conf. Interval]
-------------+----------------------------------------------------------------
       stock |   5.396983   1.645243     3.28   0.002     2.053447     8.74052
       adver |   17.09991   11.38424     1.50   0.142    -6.035646    40.23547
      salary |   60.19545   16.74817     3.59   0.001     26.15907    94.23184
        east |   56.14234   79.06399     0.71   0.482     -104.535    216.8197
      middle |   33.84779   65.91136     0.51   0.611    -100.1002    167.7958
       _cons |  -1064.857   207.8336    -5.12   0.000    -1487.226   -642.4887
------------------------------------------------------------------------------
```

图 7-8　加法模式下虚拟变量模型构建命令及运行结果

在乘法模式下，不同地区不仅在截距项上存在差异，而且自变量的参数值也可能存在差异。由于该模型含有3个自变量，在全模型的情况下过于复杂，因此本案例只探讨不同地区企业广告投入对销售额的影响差异，此时模型的基本形式可以表示为：

$$\text{sales} = \alpha_0 + \alpha_1\text{east} + \alpha_2\text{middle} + (\alpha_3 + \alpha_4\text{east} + \alpha_5\text{middle})\text{adver} + \alpha_6\text{stock} + \alpha_7\text{salary}$$

在乘法模式下还需再构建两个新的变量，分别为east*adver和middle*east，模型构建命令及运行结果如图7-9所示。从模型拟合及检验结果看出，east、middle、advere(east*adver)、adverm(middle*east)这4个变量参数均未通过显著性检验，因此可以判断地区的差异并未影响童装制造企业广告投入对销售额的作用。引入虚拟变量是无效的。

```
. gen advere=adver*east

. gen adverm=adver*middle

. regress sales stock adver salary east middle advere adverm

      Source |       SS           df       MS      Number of obs   =        40
-------------+----------------------------------   F(7, 32)        =     32.31
       Model |  4935564.51         7  705080.645   Prob > F        =    0.0000
    Residual |  698318.485        32  21822.4527   R-squared       =    0.8761
-------------+----------------------------------   Adj R-squared   =    0.8489
       Total |     5633883        39  144458.538   Root MSE        =    147.72

------------------------------------------------------------------------------
       sales |      Coef.   Std. Err.      t    P>|t|     [95% Conf. Interval]
-------------+----------------------------------------------------------------
       stock |   5.273198   1.700404     3.10   0.004     1.809589    8.736807
       adver |   25.57553   18.29592     1.40   0.172    -11.69205    62.84311
      salary |   61.60219   17.97675     3.43   0.002     24.98474    98.21964
        east |   284.0511   591.4564     0.48   0.634    -920.7063    1488.808
      middle |   526.2429   543.3344     0.97   0.340    -580.4931    1632.979
      advere |  -7.639145   16.96275    -0.45   0.655    -42.19114    26.91285
      adverm |  -14.57861    16.1714    -0.90   0.374    -47.51868    18.36145
       _cons |  -1350.782   422.6011    -3.20   0.003    -2211.592   -489.9718
------------------------------------------------------------------------------
```

图7-9　乘法模式下虚拟变量模型构建命令及运行结果

7-3　可转化为线性形式的非线性回归分析

7.3　可转化为线性形式的非线性回归分析

在实际问题中，变量之间的相关关系往往是非线性的，因而不能用线性回归方程来描述它们之间的相关关系，而要采用适当的非线性回归方程。非线性回归问题大多可以转化为线性回归问题来求解，即根据经验或者绘制散点图，选择适当的非线性回归方程，通过变量置换，把非线性回归方程化为线性回归方程，并用线性回归分析中采用的方法来确定各回归系数的值，并对各回归系数进行显著性检验。

较为常用的非线性函数有以下10种，每种函数都有其固定的自变量与因变量散点图形态，可以根据散点图形态大致判断可以选择的非线性回归方程形式。

二次函数：$y = b_0 + b_1x + b_2x^2$。

复合函数：$y = b_0(b_1)^x$。

生长函数：$y = e^{(b_0 + b_1x)}$。

对数函数：$y = b_0 + b_1\ln x$。

三次函数：$y = b_0 + b_1x + b_2x^2 + b_3x^3$。

S形曲线：$y = e^{(b_0 + b_1/x)}$。

指数函数：$y = b_0 e^{b_1 x}$。

逆函数：$y = b_0 + \frac{b_1}{x}$。

幂函数：$y = b_0 x^{b_1}$。

Logistic 函数：$y = (1/u + b_0 b_1 x)^{-1}$。

以上函数表达式中，x 为自变量，y 为因变量，b_0 为常数，b_1、b_2、b_3 为回归系数。

7.3.1 常见的可转化为线性回归模型的非线性回归模型

1．幂函数非线性回归模型

幂函数非线性回归模型对应的回归方程为：

$$y = \beta_0 x_1^{\beta_1} x_2^{\beta_2} \cdots x_k^{\beta_k}$$

线性化方法：令 $y' = \ln y$，$\beta_0' = \ln \beta_0$，$x_1' = \ln x_1, \cdots, x_k' = \ln x_k$

则转换为线性回归方程

$$y' = \beta_0' + \beta_1 x_1' + \beta_2 x_2' + \cdots + \beta_k x_k'$$

线性回归模型和线性回归方程的区别在于，前者带有残差项，主要探讨随机性问题，后者为确定性的函数关系，回归方程中不再含有残差项。读者在阅读本部分内容时请注意区分。

2．指数函数非线性回归模型

指数函数用于描述几何级数递增或递减的现象。一般的自然增长及大多数经济数列属于此类。

指数函数非线性回归模型对应的回归方程为：

$$y = \beta_0 e^{\beta_1 x}$$

线性化方法：令 $y' = \ln y$，$\beta_0' = \ln \beta_0$，$x' = x$。

则转换为线性回归方程

$$y' = \beta_0' + \beta_1 x'$$

3．多项式函数非线性回归模型

多项式函数非线性回归模型在非线性回归分析中占有重要的地位。因为根据级数展开的原理，任何曲线、曲面、超曲面的问题，在一定的范围内都能够用多项式函数任意逼近。所以，当因变量与自变量之间的关系未知时，可以用适当幂次的多项式函数来近似反映。

当涉及的自变量只有一个时，所采用的多项式函数方程称为一元多项式，其一般形式为：

$$y = \beta_0 + \beta_1 x + \beta_2 x^2 + \cdots + \beta_k x^k$$

线性化方法：$x_2 = x^2, x_3 = x^3, \cdots, x_k = x^k$。

则转换为线性回归方程

$$y = \beta_0 + \beta_1 x + \beta_2 x_2 + \cdots + \beta_k x_k$$

利用最小二乘法确定系数 $\beta_0, \beta_1, \cdots, \beta_k$，代入原方程即可。

4．对数函数非线性回归模型

对数函数是指数函数的反函数，其非线性回归模型对应的回归方程形式为：

$$y = \beta_0 + \beta_1 \ln x$$

线性化方法：令 $y' = y$，$x' = \ln x$。

则转换为线性回归方程

$$y' = \beta_0 + \beta_1 x'$$

5. S 形曲线非线性回归模型

若因变量 y 随自变量 x 的增加而增加（或减少），最初增加（或减少）很快，以后逐渐放慢并趋于稳定，则可以选用 S 形曲线来拟合。S 形曲线模型形式为：

$$y = e^{\beta_0 + \frac{\beta_1}{x}}$$

线性化方法：令 $y' = \ln y$，$x' = \frac{1}{x}$。

则转换为线性回归方程

$$y' = \beta_0 + \beta_1 x'$$

7.3.2 Stata 基本命令

非线性回归的处理方式是变曲线为直线，在各个阶段使用的主要命令说明如下。

通过绘制散点图判断合适的非线性回归模型形式，命令为 scatter。

非线性向线性模式的转变利用 generate 命令，将引起非线性的变量通过线性化方法转换为另一个变量，即生成一个新变量。

对新生成的自变量进行线性回归模型构建，使用的命令为 regress 命令。

在此过程中使用的命令的基本语法和使用规则在之前的章节介绍过了，这里不再赘述。

Stata 为构建单变量的非线性回归模型提供了一个便捷命令，即 nl 命令。nl 命令的基本语法为：

```
. nl depvar=<sexp> [if] [in] [weight] [, nls_options]
```

其中，depvar 表示因变量，sexp 用以表达非线性函数形式，if 和 in 的使用在第 2 章中已介绍，weight 用于添加权重变量，nls_options 为选项。Stata 提供了 nl 命令常用的非线性回归模型的形式，详见表 7-4。

表 7-4 nl 命令常用的非线性回归模型的形式

选项	内容与解释
exp3	指数函数：$y = b_0 + b_1 b_2^x$
exp2	指数函数：$y = b_1 b_2^x$
exp2a	负指数函数：$y = b_1(1 - b_2^x)$
log4	Logistic 函数，b_0 为初始水平，$b_0 + b_1$ 为渐进上限，$y = b_0 + \frac{b_1}{1 + \exp(-b_2(x - b_3))}$
log2	Logistic 函数，0 为初始水平，b_1 为渐进上限，$y = \frac{b_1}{1 + \exp(-b_2(x - b_3))}$
gom4	Gompertz 函数，b_0 为初始水平，$b_0 + b_1$ 为渐进上限，$y = b_0 + b_1 \exp(-\exp(-b_2(x - b_3)))$
gom3	Gompertz 函数，0 为初始水平，b_1 为渐进上限，$y = b_1 \exp(-\exp(-b_2(x - b_3)))$

以如下的命令为例，可以看到该命令以 y 为因变量，x 为自变量，构建 $y = b_1 b_2^x$ 形式的非线性回归模型。

```
nlexp2 y x
```

7.3.3 案例详解与 Stata 实现：儿童年龄对锡克试验阴性率的作用分析

1. 数据

在儿童年龄与锡克试验阴性率的关系试验中，得到了 7 名不同年龄（age）的儿童样本锡克试验阴性率（rate）数据，如表 7-5 所示。

表 7-5　　　　儿童年龄与锡克试验阴性率

age/岁	rate/%
1	57.1
2	76.0
3	90.9
4	93.0
5	96.7
6	95.6
7	96.2

2. 研究目的

判断儿童年龄对锡克试验阴性率的作用是否存在，以怎样的方式产生作用？

3. 软件实现

将案例数据输入 Stata 软件，形成数据文件，文件名为 curve.dta。

在该案例中，因变量为锡克试验阴性率（rate），自变量为儿童年龄（age），构建回归模型的第一步是判断因变量与自变量之间的变动趋势关系。采用散点图（见图 7-10）和相关分析命令（见图 7-11）即可完成。

散点图绘制命令为：

```
. scatter rate age
```

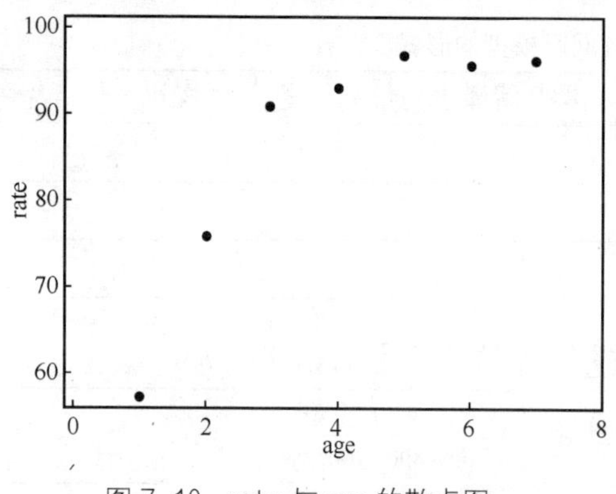

图 7-10　rate 与 age 的散点图

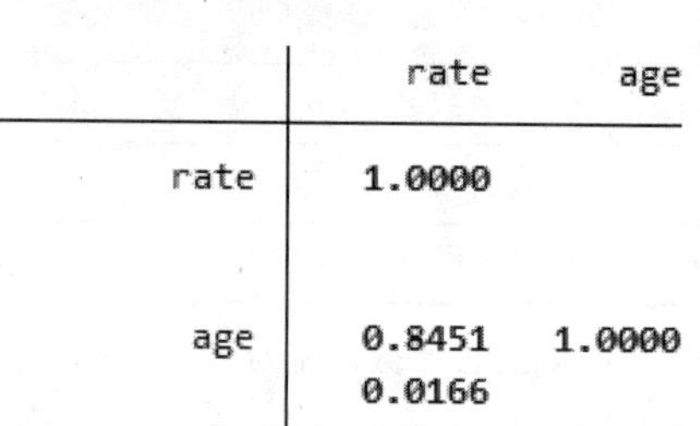

```
. pwcorr rate age, sig

             |     rate      age
-------------+------------------
        rate |   1.0000
             |
             |
         age |   0.8451   1.0000
             |   0.0166
```

图 7-11　相关分析命令及运行结果

通过图 7-11 的相关分析运行结果可以发现，因变量与自变量之间的皮尔逊相关系数为 0.8451，显著性检验相伴概率为 0.0166。因此可以得出因变量和自变量间具有显著的线性相关关系，可以使用线性回归模型进行分析，构建线性回归模型的命令及运行结果如图 7-12 所示。

```
. reg rate age, beta

      Source |       SS           df       MS      Number of obs   =         7
-------------+----------------------------------   F(1, 5)         =     12.50
       Model |  940.760216         1  940.760216   Prob > F        =    0.0166
    Residual |  376.399738         5  75.2799477   R-squared       =    0.7142
-------------+----------------------------------   Adj R-squared   =    0.6571
       Total |  1317.15995         6  219.526659   Root MSE        =    8.6764

------------------------------------------------------------------------------
        rate |      Coef.   Std. Err.      t    P>|t|                     Beta
-------------+----------------------------------------------------------------
         age |   5.796428   1.639686     3.54   0.017                 .8451236
       _cons |   63.31429   7.332898     8.63   0.000                        .
------------------------------------------------------------------------------
```

图 7-12　构建线性回归模型的命令及运行结果

线性回归模型构建的运行结果显示，模型调整后拟合优度为 0.6571，线性回归模型较好地拟合了自变量对因变量的作用关系。从参数值上看，age 对 rate 具有显著的线性作用关系，作用强度为 0.8451（Beta 数值，保留 4 位小数），参数显著性检验的相伴概率为 0.017。

此时构建的非标准化线性回归方程为：

$$rate=63.3143+5.7964age$$

但是从散点图上可以发现，除了线性回归关系外，因变量 rate 与自变量 age 之间具有明显的非线性变动趋势。从散点图的形态上观察，其较为符合指数函数的形式，因此尝试构建指数函数回归模型。

构建指数函数回归模型时，先要将原始变量进行非线性形式向线性形式的转变，构建新变量的命令及运行结果如图 7-13 所示。新生成的变量为 z ，为原自变量 age 的指数形式。

```
. gen z=ln(age)

. list rate age z

     +-----------------------+
     | rate   age          z |
     |-----------------------|
  1. | 57.1     1          0 |
  2. |   76     2   .6931472 |
  3. | 90.9     3   1.098612 |
  4. |   93     4   1.386294 |
  5. | 96.7     5   1.609438 |
     |-----------------------|
  6. | 95.6     6   1.791759 |
  7. | 96.2     7    1.94591 |
     +-----------------------+
```

图 7-13　构建新变量的命令及运行结果

经过变换后，以 rate 为因变量，以 z 为自变量，构建线性回归模型，相关命令及运行结果如图 7-14 所示。此时构建的指数函数回归模型运行结果显示，模型调整后的拟合优度为 0.8953，远远高于之前构建的线性回归模型调整后的拟合优度，说明模型是有较大程度的优化的。变量 z 的参数显著性检验结果表明，*t* 统计量相伴概率为 0.001，作用关系显著。

从整体上看，指数函数回归模型更好地反映了儿童年龄与锡克试验阴性率的作用关系，非标准化的指数函数回归方程可以写为：

$$\text{rate}=61.3259+20.6704\ln(\text{age})$$

```
. reg rate z, beta

      Source |       SS           df       MS      Number of obs   =         7
-------------+----------------------------------   F(1, 5)         =     52.32
       Model |  1202.26029         1  1202.26029   Prob > F        =    0.0008
    Residual |  114.899668         5  22.9799335   R-squared       =    0.9128
-------------+----------------------------------   Adj R-squared   =    0.8953
       Total |  1317.15995         6  219.526659   Root MSE        =    4.7937

------------------------------------------------------------------------------
        rate |      Coef.   Std. Err.      t    P>|t|                     Beta
-------------+----------------------------------------------------------------
           z |    20.6704   2.857749     7.23   0.001                 .9553885
       _cons |   61.32592   3.923774    15.63   0.000                        .
------------------------------------------------------------------------------
```

图 7-14　构建指数函数回归模型的命令及运行结果

7.4　Logistic 回归分析

7-4　Logistic 回归分析

在许多实际问题中经常会出现因变量是定性变量的情况，特别是因变量的结果只取两种可能情况的应用很广泛。

可用于处理定性因变量的数据分析方法有：判别分析、Probit 分析、Logistic 回归分析和对数线性模型分析等。在社会科学中应用最多的是 Logistic 回归分析。Logistic 回归分析根据因变量取值类别不同，又可以分为二元 Logistic 回归分析和多元 Logistic 回归分析。在二元 Logistic 回归模型中，因变量只能取两个值 1、0（虚拟因变量），而在多元 Logistic 回归模型中，因变量可以取多个值。本节只讨论二元 Logistic 回归，并将其简称为 Logistic 回归。

7.4.1　Logistic 回归基本原理

1. Logistic 回归模型的概念和构建

Logistic 函数的形式为：

$$f(x)=\frac{\mathrm{e}^x}{1+\mathrm{e}^x}$$

设因变量 y 是只取 0、1 两个值的定性变量，以简单线性回归模型为例

$$y = \beta_0 + \beta_1 x + \varepsilon$$

因为y只取0、1两个值，所以因变量y的均值为：

$$E(y) = \beta_0 + \beta_1 x$$

由于y是0–1型伯努利随机变量，因此有如下概率分布。

$$P(y=1) = p$$

$$P(y=0) = 1-p$$

式中，p代表自变量为x时y=1的概率。

根据离散型随机变量期望值的定义，可得

$$E(y) = 1(p) + 0(1-p) = p$$

进而得到

$$E(y) = p = \beta_0 + \beta_1 x$$

因此，从以上分析可以看出，当因变量是0、1时，因变量均值$E(y) = \beta_0 + \beta_1 x$总是代表给定自变量时$y$=1的概率。虽然这是从简单线性回归函数分析而得，但也适合复杂的多元回归函数情况。

因为因变量y本身只取0、1两个离散值，不适合直接作为回归模型中的因变量，而$E(y) = p = \beta_0 + \beta_1 x_1 + \beta_2 x_2 + \cdots + \beta_k x_k$表示在自变量为$x_i (i = 1, 2, \cdots, k)$条件下$y$=1的概率，所以可以用它来代替$y$本身作为因变量，其Logistic回归方程为：

$$f(p) = \frac{\mathrm{e}^p}{1+\mathrm{e}^p} = \frac{\mathrm{e}^{(\beta_0 + \beta_1 x_1 + \beta_2 x_2 + \cdots + \beta_k x_k)}}{1+\mathrm{e}^{(\beta_0 + \beta_1 x_1 + \beta_2 x_2 + \cdots + \beta_k x_k)}}$$

从数学上看，函数$f(p)$对x的变化在$f(p)=0$或$f(p)=1$的附近是不敏感的、缓慢的，且非线性的程度较高。于是要寻求一个$f(p)$的函数$g(p)$，使得$g(p)$在$f(p)=0$或$f(p)=1$附近时变化幅度较大，而函数的形式又不是很复杂。因此，引入$f(p)$的Logistic变换（或称为Logit变换），即

$$g(p) = \operatorname{logit}(f(p)) = \ln\left(\frac{f(p)}{1-f(p)}\right)$$

其中，$\ln\left(\frac{f(p)}{1-f(p)}\right)$、$\operatorname{logit}(f(p))$是因变量$y$=1的差异比或似然比的自然对数，称为对数差异比、对数似然比或分对数。

很明显，$g(p)$以$\operatorname{logit}(f(p))=0$为中心对称，在$f(p)=0$和$f(p)=1$的附近变化幅度很大，当$f(p)$从0变到1时，$g(p)$从$-\infty$变到$+\infty$。这就弥补了以前$f(p)$函数的不足。而且在$f(p)$对$x_i$不是线性关系的情况下，通过Logit变换可以使得$g(p)$对$x_i$是线性的关系，即

$$g(p) = \ln\left(\frac{f(p)}{1-f(p)}\right) = \beta_0 + \beta_1 x_1 + \beta_2 x_2 + \cdots + \beta_k x_k + \varepsilon$$

对于上述模型，可以采用最大似然估计法（Maximum Likelihood Estimate，MLE）对其回归参数进行估计。最大似然估计法是利用总体的分布密度或概率分布的表达式及其样本所提供信息建立起的求未知参数估计量的一种方法。它与用于估计一般线性回归模型参数的普通最小二乘估计法形成对比。普通最小二乘估计法（OLS）通过使得样本观测数据的残差平方和最小来估计参数，而最大似然估计法通过最大化对数似然值来估计参数。最大似然估计法是一种迭代算法，它以一个预测估计值作为参数的初始值，根据算法确定能增大对数似然值的参数的方

向和变动。进行 MLE 估计时，先根据算法得出初始函数形式，估计该初始函数后，对残差进行检验并用改进的函数重新估计，直到收敛为止（即对数似然值不再显著变化）。

设 y 是 0–1 型变量，$x_1,x_2,\cdots,x_k$ 是与 y 相关的确定性变量，n 组观测数据为 $(x_{i1},x_{i2},\cdots,x_{ik};y_i)(i=1,2,\cdots,n)$，其中，$y_1,y_2,\cdots,y_n$ 是取值为 0 或 1 的随机变量，y_i 与 $x_{i1},x_{i2},\cdots,x_{ik}$ 的关系为：

$$E(y_i)=p_i=\beta_0+\beta_1x_{i1}+\beta_2x_{i2}+\cdots+\beta_kx_{ik}$$

对于 Logistic 回归

$$f(p_i)=\frac{\mathrm{e}^{p_i}}{1+\mathrm{e}^{p_i}}=\frac{\mathrm{e}^{(\beta_0+\beta_1x_{i1}+\beta_2x_{i2}+\cdots+\beta_kx_{ik})}}{1+\mathrm{e}^{(\beta_0+\beta_1x_{i1}+\beta_2x_{i2}+\cdots+\beta_kx_{ik})}}$$

y_i 的概率函数为：

$$P(y_i)=f(p_i)^{y_i}[1-f(p_i)]^{1-y_i}$$

$y_i=0,1(i=1,2,\cdots,n)$。

于是 $y_1,y_2,\cdots,y_n$ 的似然函数为：

$$L=\prod_{i=1}^{n}P(y_i)=\prod_{i=1}^{n}f(p_i)^{y_i}[1-f(p_i)]^{1-y_i}$$

对似然函数取自然对数，得

$$\ln L=\sum_{i=1}^{n}\{y_i\ln f(p_i)+(1-y_i)\ln[1-f(p_i)]\}$$

$$\ln L=\sum_{i=1}^{n}\left[y_i\left(\beta_0+\beta_1x_{i1}+\cdots+\beta_kx_{kp}\right)-\ln\left(1+\mathrm{e}^{(\beta_0+\beta_1x_{i1}+\cdots+\beta_kx_{kp})}\right)\right]$$

最大似然估计就是选取 $\beta_0,\beta_1,\beta_2,\cdots,\beta_k$ 的估计值 $\hat{\beta}_0,\hat{\beta}_1,\hat{\beta}_2,\cdots,\hat{\beta}_k$，使得上式值最大，可以使用 Stata 计算得到自变量参数的极大似然估计值。

2．Logistic 回归模型的检验

估计完模型参数后，必须对其进行检验。下面解释一些常用的检验统计量。

（1）对数似然值

与任何概率一样，似然值的取值范围为 $[0,1]$，对数似然值是它的自然对数形式。对数似然值通过最大似然估计的迭代算法计算而得。因为对数似然值近似服从于卡方分布且在数学上更为方便，所以对数似然值可用于检验 Logistic 回归模型的显著性。对数似然值反映了在模型中包括所有自变量后的误差，用于处理因变量无法解释的变动部分的显著性问题。当对数似然值的实际显著性水平大于给定的显著性水平 α 时，表示因变量的变动中无法解释的部分是不显著的，也意味着回归模型的拟合程度较好。对数似然值的计算公式为：

$$\mathrm{LL}=-2\ln L=\sum_{i=1}^{n}[y_i(\beta_0+\beta_1x_{i1}+\cdots+\beta_kx_{kp})-\ln(1+\mathrm{e}^{(\beta_0+\beta_1x_{i1}+\cdots+\beta_kx_{kp})})]$$

对数似然值卡方统计量的计算公式为：

$$\chi^2=-2(\ln L_0-\ln L_t)$$

（2）伪拟合优度（伪 R^2）

伪 R^2 与线性回归模型的 R^2 相对应，其意义相似，但它小于 1。

$$\text{pseudo} = 1 - \frac{\ln L_t}{\ln L_0}$$

其中，$\ln L_0$ 表示初始模型的对数似然值，$\ln L_t$ 表示当前模型的对数似然值。

（3）*Z* 统计量

Stata 中采用 *Z* 统计量作为自变量参数的显著性检验统计量。检验的原假设和备择假设分别为：

$$H_0: \ \beta_i = 0 (i = 1, 2, \cdots, k)。$$

$$H_1: \ \beta_i \neq 0。$$

如果要考虑每个自变量在回归方程中的重要性，则可以直接比较 *Z* 统计量的大小（或 *p* 值），*Z* 统计量大者（或 *p* 值小者）显著性高，也就更重要。

7.4.2　Stata 基本命令

Stata 提供了可以进行 Logistic 回归分析的两个命令：logit 命令和 logistic 命令。

1．logit 命令

logit 命令的基本语法为：

```
. logit depvar [indepvars] [if] [in] [weight] [, logit_options]
```

其中，depvar 为因变量，indepvars 为自变量，if 和 in 的使用方法在第 2 章已介绍，weight 用于添加权重变量，logit_options 为选项，其内容详见表 7-6。

表 7-6　　logit_options 内容

选项	内容及解释
nonconstant	不添加常数项，Stata 默认添加常数项，如果不要常数项，则需要增加该选项
offset	设定某些变量的系数为 1，读者可根据需要自行选择
robust	稳健回归，在统计推断中使用稳健的方差，未添加此选项时，如果回归结果与直觉相差较大，则建议添加此选项
bootstrap	一种非线性计算方法
jackknife	另一种非线性计算方法
level()	置信水平设置，默认值为 95%
or	报告优势比（Odds Ration）

2．logistic 命令

logit 命令估计自变量的参数值时，只是得到系数值，而由于 Logistic 回归模型的构建原理，这里的系数值并不具备实际的解释意义，若要获得自变量的实际作用解释，则需要使用 logistic 命令。logistic 命令的基本语法为：

```
. logistic depvar indepvars [if] [in] [weight] [, logistic_options]
```

其中，depvar 为因变量，indepvars 为自变量，if 和 in 的使用方法在第 2 章已介绍，weight 用于添加权重变量，logistic_options 为选项，具体内容与 logit_options 选项的内容基本相同，只是在 logistic 的回归结果中，参数估计值直接输出 or 值，不需要通过选项设置来得到。

7.4.3 案例详解与 Stata 实现：高血压患病原因的 Logistic 回归分析

1．数据

在关于高血压患病原因的研究中，共搜集到 20 名病人的信息，包括病人是否患有高血压（result，取值为 1 代表患有高血压，取值为 0 代表未患高血压）、病人年龄（age）、病人性别（sex，取值为 1 代表男性，取值为 0 代表女性）、病人体重（weight），数据文件为 logistic.dta，数据详情如图 7-15 所示。

	id	result	age	sex	weight
1	1	1	56	1	69
2	2	1	54	0	52
3	3	1	51	1	68
4	4	0	49	1	75
5	5	0	50	0	53
6	6	1	63	0	56
7	7	0	68	1	69
8	8	0	59	1	75
9	9	0	64	0	49
10	10	1	39	1	66
11	11	0	48	1	78
12	12	0	56	0	50
13	13	1	48	0	48
14	14	0	43	0	56
15	15	1	56	1	79
16	16	0	66	1	80
17	17	1	67	0	54
18	18	1	69	1	86
19	19	0	51	0	52
20	20	0	45	1	76

图 7-15　logistic.dta 数据详情

2．研究目的

请分析个体的性别、年龄和体重这些因素是否是患高血压的原因。

3．软件实现

进行 Logistic 回归分析可以使用两种命令，首先使用 logit 命令进行 Logistic 回归分析。其中因变量为 result，该变量是二分类变量，将 age、sex、weight 均设置为自变量，构建 Logistic 回归模型，logit 命令的语法和运行结果如图 7-16 所示。

运行结果包括 3 个部分。

第一部分是运行 Logistic 回归模型的迭代结果，输出每次迭代的对数似然值，对数似然值越小越好，如果对数似然值不再减小，则模型运行完毕。

第二部分是模型的基本信息，在图 7-16 中间右侧位置，包括样本量（Number of obs）、对数似然值的卡方统计量及检验结果，可以看到卡方统计量为 0.44，相伴概率为 0.9312，大于显著性水平 0.05，说明该 Logistic 回归模型的效果较好，Pseudo R 2 为伪拟合优度（伪 R^2），该值越大说明模型运行的效果越好。

第三部分为自变量的参数估计和检验结果。logit 命令下输出了各个自变量的参数估计值，这个值及对应的 Z 统计量检验只能说明该自变量是否对因变量产生影响，并不具备实际上的解释意义。从运行结果可以看出，3 个自变量加上截距项（_cons）的 Z 统计量检验相伴概率均大于 0.05 的显著性水平，说明这 4 个变量均不是患高血压的显著原因。

```
. logit result age sex weight

Iteration 0:   log likelihood = -13.762776
Iteration 1:   log likelihood = -13.541408
Iteration 2:   log likelihood = -13.541306
Iteration 3:   log likelihood = -13.541306

Logistic regression                             Number of obs     =         20
                                                LR chi2(3)        =       0.44
                                                Prob > chi2       =     0.9312
Log likelihood = -13.541306                     Pseudo R2         =     0.0161

------------------------------------------------------------------------------
      result |      Coef.   Std. Err.      z    P>|z|     [95% Conf. Interval]
-------------+----------------------------------------------------------------
         age |   .0301365   .0567422     0.53   0.595    -.0810762    .1413491
         sex |   1.316391   2.506095     0.53   0.599    -3.595466    6.228247
      weight |  -.0567863   .1038764    -0.55   0.585    -.2603802    .1468077
       _cons |   1.076588   5.243797     0.21   0.837    -9.201064    11.35424
------------------------------------------------------------------------------
```

图 7-16　logit 命令及运行结果

若希望得到各个子变量参数的实际解释意义，则可以使用两种方法，一是在 logit 命令中加上 or 选项，二是利用 logistic 命令来进行 Logistic 回归分析。两种方法的运行结果是一致的，如图 7-17 和图 7-18 所示。

此时，自变量参数估计值输出的是 or 值，即优势比，表示出现某种结果的概率与不出现某种结果的概率之比，即 Odds，当自变量发生变化时，变化前和变化后两个比值的比值称为比值比（Odds Ratio），也叫优势比。可以把优势比是否大于 1 作为两种情形下某种结果出现概率大小的比较。例如，age 变量的优势比为 1.030595，即年龄每上升一个单位，患高血压与不患高血压的概率比值是变化前的 1.030595 倍。其他自变量的优势比（or）可做相同解释。由于在该案例中，所有自变量均未通过显著性检验，因此自变量对应的 or 值也不再具有实际的解释意义。

```
. logit result age sex weight, or

Iteration 0:   log likelihood = -13.762776
Iteration 1:   log likelihood = -13.541408
Iteration 2:   log likelihood = -13.541306
Iteration 3:   log likelihood = -13.541306

Logistic regression                             Number of obs     =         20
                                                LR chi2(3)        =       0.44
                                                Prob > chi2       =     0.9312
Log likelihood = -13.541306                     Pseudo R2         =     0.0161

------------------------------------------------------------------------------
      result | Odds Ratio   Std. Err.      z    P>|z|     [95% Conf. Interval]
-------------+----------------------------------------------------------------
         age |   1.030595   .0584782     0.53   0.595     .9221234    1.151827
         sex |   3.729935   9.347572     0.53   0.599     .0274479    506.8663
      weight |    .944796    .098142    -0.55   0.585     .7707585    1.158131
       _cons |   2.934649    15.3887     0.21   0.837     .0001009    85326.49
------------------------------------------------------------------------------
Note: _cons estimates baseline odds.
```

图 7-17　logit 命令（添加 or 选项）及运行结果

```
. logistic result age sex weight

Logistic regression                             Number of obs     =         20
                                                LR chi2(3)        =       0.44
                                                Prob > chi2       =     0.9312
Log likelihood = -13.541306                     Pseudo R2         =     0.0161

------------------------------------------------------------------------------
      result | Odds Ratio   Std. Err.      z    P>|z|     [95% Conf. Interval]
-------------+----------------------------------------------------------------
         age |   1.030595   .0584782     0.53   0.595     .9221234    1.151827
         sex |   3.729935   9.347572     0.53   0.599     .0274479    506.8663
      weight |    .944796    .098142    -0.55   0.585     .7707585    1.158131
       _cons |   2.934649    15.3887     0.21   0.837     .0001009    85326.49
------------------------------------------------------------------------------
Note: _cons estimates baseline odds.
```

图 7-18 logistic 命令及运行结果

习 题

1．线性回归分析的基本命令是什么？

2．对于非线性回归分析，常用的方法和命令有哪些？

3．Logistic 回归的基本原理是什么？

上机实训

1．某冷饮批发商将连续 18 个月的月份（month）、销售额（sales）、广告投入（adver）、员工薪酬（salary）等方面的数据进行了汇总，如表 7-7 所示。

表 7-7 冷饮批发商销售相关数据

month	sales/万元	adver/万元	salary/万元
1	1090	30.6	21.2
2	1136	31.3	21.4
3	1242	32.5	22.9
4	1003	33.5	21.5
5	1289	29.5	21.4
6	1015	32.5	21.7
7	1087	25.9	21.5
8	825	25.1	21.6
9	1006	23.6	21.3
10	1550	33.4	21.0

续表

month	sales/万元	adver/万元	salary/万元
11	1198	27.6	22.3
12	1489	45.6	24.8
13	1405	42.6	23.2
14	1557	40.2	24.1
15	1600	40.0	23.4
16	2314	45.8	28.9
17	2129	51.7	24.6
18	2254	66.5	26.5

请进行以下分析。

（1）该冷饮批发商的销售额是否受到了广告投入、员工薪酬的影响，影响是怎么样的？

（2）若将月份按照季度划分为春夏季（4 月—9 月）和秋冬季（10 月—第二年 3 月），请分析春夏季和秋冬季冷饮批发商销售额的影响因素和作用是否存在差异。

2. 某医师想要研究病人的年龄（age）、性别（sex）、体重（weight）是否与患冠心病（result）（1 表示患病，0 表示未患病）有关，现将 20 名病人的数据汇总如表 7-8 所示。

表 7-8　　冠心病研究相关数据

id	result	age/岁	sex	weight/千克
1	1	56	男	69
2	1	54	女	52
3	1	51	男	68
4	0	49	男	75
5	0	50	女	53
6	1	63	女	56
7	0	68	男	69
8	0	59	男	75
9	0	64	女	49
10	1	39	男	66
11	0	48	男	78
12	0	56	女	50
13	1	48	女	48
14	0	43	女	56

续表

id	result	age/岁	sex	weight/千克
15	1	56	男	79
16	0	66	男	80
17	1	67	女	54
18	1	69	男	86
19	0	51	女	52
20	0	45	男	76

请进行以下分析。

对于冠心病而言，性别、年龄和体重是否是显著的影响因素？其作用的强度是怎样的？

第8章 Stata综合案例分析

本章通过 3 个综合案例的分析过程，希望读者能够理解数据分析的基本流程，掌握数据分析方法的基本运用机理，并锻炼读者综合运用多种数据分析方法来完成数据分析任务的能力。

学习目标

（1）掌握数据分析的基本流程和基本方法。

（2）能够综合运用多种数据分析方法，得到科学的结果解释。

知识框架

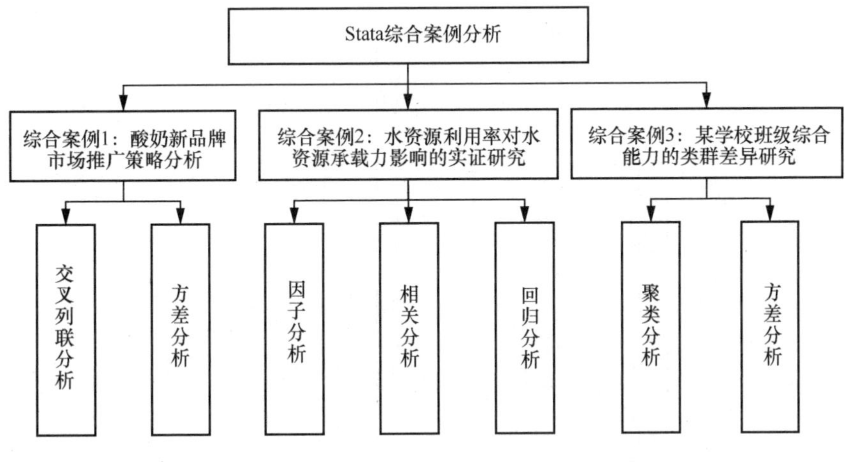

8.1 综合案例 1：酸奶新品牌市场推广策略分析

8-1 综合案例 1：酸奶新品牌市场推广策略分析

8.1.1 案例背景和研究目的

某企业研制了两种新口味的酸奶，在将其正式投放市场之前，希望通过市场调查的方式获得消费者关于酸奶口味的满意度反馈。该企业委托某市场调研公司抽选北京、上海、广州和成都 4 个城市作为调研地点，在每个城市采用街头访问的方式随机挑选一些消费者进行调查。

调查方式为：每位受访者在 10 个品牌的受试酸奶中挑选一种进行品尝，并给出对于口味的评价，满分为 9 分，分值越大，说明对其口味越满意。挑选的 10 个受试酸奶品牌分别是：世*、伊*、子*、卡*、三*、中*、海*、香*、新口味 1 和新口味 2。其中新口味 1 和新口味 2 是该企业研制的两种新口味的酸奶。为了保证数据的平衡性，每个品牌的酸奶在每个城市的样本量控制为 30~60 份，总样本量为 1751。数据详见数据文件 case1.dta。

研究目的如下。

（1）分析在 10 种受试酸奶中哪种最受欢迎。

（2）新口味 1 和新口味 2 的主要竞争对手是哪些品牌，与它们之间的差距明显吗？

（3）消费者的口味在 4 个城市之间存在显著地区差异吗？

8.1.2 数据分析与 Stata 实现

1．数据

数据文件 case1.dta 的部分数据如图 8-1 所示。

城市（city）的数据对应关系为：1=“上海”、2=“北京”、3=“广州”、4=“成都”。

品牌（brand）的数据对应关系为：E=“世*”、F=“伊*”、G=“子*”、H=“卡*”、I=“三*”、J= “中*”、K=“新口味 1”、L=“海*”、M=“香*”、N=“新口味 2”。

	city	brand	score
1	1	G	7
2	1	E	8
3	1	L	9
4	1	F	8
5	1	H	6
6	1	G	9
7	1	K	9
8	1	M	9
9	1	J	4
10	1	H	9
11	1	M	8
12	1	K	8
13	1	E	7
14	1	H	5
15	1	I	8
16	1	M	7
17	1	H	5
18	1	J	6
19	1	I	6
20	1	E	7
21	1	M	7
22	1	G	7
23	1	K	5
24	1	M	6
25	1	K	6
26	1	L	7
27	1	F	9
28	1	N	5
29	1	E	7
30	1	J	7
31	1	N	8

图 8-1 case1.dta 部分数据

在进行数据分析之前，首先需要了解样本分布状态。在进行数据分析时，一般要求数据满足平衡数据的要求，即各个类别下的样本量几乎一致，这样在进行如方差分析等数据分析时会较少出现问题。

本案例中利用交叉列联表命令进行城市与品牌的混合样本分布状态分析，如图 8-2 所示。可以看出城市与品牌交叉的单元格内，样本量虽然不一样，但差异不大，因此可以判断该数据基本满足平衡数据的要求，不需要进行样本量的调整和优化，具备进行其他数据分析的基础。

```
. tabulate brand city
```

brand	city 1	2	3	4	Total
E	40	44	33	45	162
F	40	41	43	38	162
G	37	42	46	44	169
H	45	44	51	38	178
I	37	36	57	43	173
J	51	47	36	48	182
K	48	42	48	44	182
L	48	46	38	44	176
M	43	53	36	55	187
N	46	52	37	45	180
Total	435	447	425	444	1,751

图 8-2　样本分布状态

2. 最受欢迎品牌判断

受访者对不同品牌酸奶的满意度的评价高低可以通过分值的均值描述统计分析获得。不仅可构建品牌的一维列联表，还可构建城市和品牌的二维交叉列联表进行分析。

对酸奶品牌进行列联表分析，并统计输出各个品牌的分值平均值、标准差和受访者样本量，如图 8-3 所示。10 个酸奶品牌的分值总体均值为 6.1559 分，其中新口味 1（K）的平均分值是最高的，为 6.7473 分，与它的分值较为接近的 4 个品牌分别是子*（G）、新口味 2（N）、海*（L）和香*（M），这 5 个酸奶品牌的平均分值也高于所有受访者给出的平均分值。

```
. tabulate brand, sum(score)
```

brand	Summary of score Mean	Std. Dev.	Freq.
E	5.845679	1.7251194	162
F	5.5987654	2.0504806	162
G	6.6923077	2.0236695	169
H	5.6797753	1.992567	178
I	5.8959538	1.8895785	173
J	5.7362637	2.0128601	182
K	6.7472527	1.889742	182
L	6.4090909	1.9893221	176
M	6.3850267	2.1556104	187
N	6.4944444	1.9245466	180
Total	6.1559109	2.0091841	1,751

图 8-3　酸奶品牌平均分值

对城市和品牌进行交叉列联分析，并输出每个交叉分类下口味评分的平均分值，如图 8-4 所示。从各个城市受访者对所有酸奶品牌给予的平均分值看，成都的平均分值最高，达到 6.3063，说明成都消费者对酸奶的喜爱程度更高。从交叉分类的统计分析看，新口味 1（K）在成都调研的平均分值是所有单元格分值中最高的，达到 7.0909 分，同时可以发现新口味 2（N）、海*（L）在成都的平均分值也相对较高。

. tabulate brand city, sum(score)

Means, Standard Deviations and Frequencies of score

brand	city 1	2	3	4	Total
E	5.975	5.8409091	5.5757576	5.9333333	5.845679
	1.3104609	1.940309	1.8376327	1.776104	1.7251194
	40	44	33	45	162
F	5.625	5.3170732	5.744186	5.7105263	5.5987654
	2.2610129	2.1844796	2.0011071	1.7538821	2.0504806
	40	41	43	38	162
G	6.7837838	7.5	5.8695652	6.7045455	6.6923077
	1.6182146	2.1892197	2.2171924	1.6506453	2.0236695
	37	42	46	44	169
H	5.8888889	5.3863636	5.7254902	5.7105263	5.6797753
	1.9332288	2.1154571	1.8447594	2.1423389	1.992567
	45	44	51	38	178
I	6.1891892	6.1388889	5.7368421	5.6511628	5.8959538
	1.5605882	1.8693433	2.0918747	1.8883568	1.8895785
	37	36	57	43	173
J	5.7254902	5.5957447	5.8611111	5.7916667	5.7362637
	1.811943	2.3093343	1.914647	2.0312278	2.0128601
	51	47	36	48	182
K	6.7083333	6.6190476	6.5833333	7.0909091	6.7472527
	1.7130082	2.3368979	1.7963714	1.7093203	1.889742
	48	42	48	44	182
L	6.8125	6	6.0526316	6.7045455	6.4090909
	1.6714912	2.3570226	1.9444636	1.8499471	1.9893221
	48	46	38	44	176
M	6	6.7169811	6.0277778	6.6	6.3850267
	2.544836	2.2818461	1.764509	1.8915015	2.1556104
	43	53	36	55	187
N	6.5	6.4423077	6	6.9555556	6.4944444
	1.9522067	2.0138098	1.9293062	1.7314675	1.9245466
	46	52	37	45	180
Total	6.2229885	6.1655481	5.92	6.3063063	6.1559109
	1.9015941	2.2419509	1.9469861	1.9065897	2.0091841
	435	447	425	444	1751

图 8-4　城市和品牌交叉分类下平均分值

综上，可以看出该企业开发的两种新口味酸奶的市场反响均不错，其中新口味 1 得到受访者较高的评价，具备一定的市场推广消费者基础。

3．竞争对手判断

如果从口味评价的平均分值看，新口味 1 和新口味 2 的主要竞争对手为子*（G）、海*（L）和香*（M），对于它们之间的差异性，可以采用单因素方差分析进行判断。

由于品牌变量（brand）为字符变量，不可直接参与方差分析的相关运算，因此首先需要将字符变量转变为数值变量，可以采用 gen 和 replace 的综合命令，对于本案例可以采用更为便捷的 encode 命令，直接对原字符变量按照字母顺序进行赋值，将其转变为数值变量，encode 命令如下。

```
encode brand, gen(brandi)
```

相关命令及部分运行结果如图 8-5 所示。

. list brand brandi in 1/15, nolab

	brand	brandi
1.	G	3
2.	E	1
3.	L	8
4.	F	2
5.	H	4
6.	G	3
7.	K	7
8.	M	9
9.	J	6
10.	H	4
11.	M	9
12.	K	7
13.	E	1
14.	H	4
15.	I	5

图 8-5　encode 命令及部分运行结果

新生成的变量 brandi 为数值变量，不同取值代表对应的酸奶品牌，因此可将 brandi 作为分类变量进行方差分析。

方差分析的命令有 anova 和 oneway 两种，anova 命令及运行结果如图 8-6 所示，通过运行结果可以判断，brandi 变量的 F 检验相伴概率为 0.0000，说明在所有酸奶品牌中，至少有两个品牌的口味分值存在显著性差异，但是无法判断究竟是哪两个品牌的口味分值存在显著性差异。因此需要借助 oneway 命令做多重比较。

```
. anova score brandi

                         Number of obs =      1,751    R-squared     =  0.0430
                         Root MSE      =    1.97056    Adj R-squared =  0.0381

                  Source | Partial SS         df         MS        F    Prob>F
              -----------+----------------------------------------------------
                   Model |  303.96798          9   33.774219     8.70   0.0000
                         |
                  brandi |  303.96798          9   33.774219     8.70   0.0000
                         |
                Residual |  6760.4683      1,741    3.883095
              -----------+----------------------------------------------------
                   Total |  7064.4363      1,750   4.0368208
```

图 8-6　anova 命令及运行结果

在利用 oneway 命令进行方差分析的同时，输出多重比较的计算和运行结果，如图 8-7 所示。

```
. oneway score brandi, scheffe

                        Analysis of Variance
    Source              SS         df      MS            F     Prob > F
------------------------------------------------------------------------
Between groups      303.967975      9   33.7742195      8.70     0.0000
 Within groups      6760.46835   1741   3.88309497
------------------------------------------------------------------------
    Total           7064.43632   1750   4.03682076

Bartlett's test for equal variances:  chi2(9) =  10.7954  Prob>chi2 = 0.290
```

Comparison of score by brandi (Scheffe)

Row Mean-Col Mean	E	F	G	H	I	J
F	-.246914 0.999					
G	.846629 0.085	1.09354 0.003				
H	-.165904 1.000	.08101 1.000	-1.01253 0.007			
I	.050275 1.000	.297188 0.993	-.796354 0.125	.216178 0.999		
J	-.109415 1.000	.137498 1.000	-.956044 0.015	.056488 1.000	-.15969 1.000	
K	.901574 0.037	1.14849 0.001	.054945 1.000	1.06748 0.002	.851299 0.057	1.01099 0.005
L	.563412 0.648	.810325 0.114	-.283217 0.994	.729316 0.207	.513137 0.748	.672827 0.318
M	.539348 0.689	.786261 0.130	-.307281 0.989	.705251 0.233	.489073 0.785	.648763 0.351
N	.648765 0.416	.895679 0.041	-.197863 1.000	.814669 0.084	.598491 0.521	.758181 0.146

Row Mean-Col Mean	K	L	M
L	-.338162 0.977		
M	-.362226 0.959	-.024064 1.000	
N	-.252808 0.997	.085354 1.000	.109418 1.000

图 8-7　oneway 命令及运行结果

oneway 命令的运行结果包括两个部分。上半部分是方差分析的运行结果，得出的结论与 anova 命令的结论没有差异。下半部分是多重比较的运行结果，即对任意两个品牌口味评分的差异性进行显著性检验，可以看出新口味 1（K）与世*（E）、伊*（F）、卡*（H）和中*（J）均存在显著性差异，新口味 2（N）仅与伊*（F）存在显著性差异。

4．酸奶口味地区差异分析

对酸奶口味的地区差异分析可分为两个层次进行，一种是单纯的地区差异分析，另一种是地区和品牌差异的交互分析。单纯的地区差异分析是单纯以地区为分类因素，探讨消费者对所有酸奶品牌总体的口味差异，这时采用单因素方差分析的方法，因为希望进一步知道两个城市之间的差异，因此采用 oneway 命令，oneway 命令及运行结果如图 8-8 所示。方差分析的结果显示，*F* 统计量的相伴概率为 0.0313，因此拒绝原假设，认为这 4 个城市中至少有两个城市的酸奶口味分值存在显著差异，从多重比较的结果看，广州（3）和成都（4）在酸奶口味分值上存在显著差异，而其他城市之间无显著差异。

```
. oneway score city, scheffe

                        Analysis of Variance
    Source              SS         df      MS            F     Prob > F
------------------------------------------------------------------------
Between groups      35.6944241      3   11.8981414      2.96     0.0313
 Within groups       7028.7419   1747   4.02332106
------------------------------------------------------------------------
    Total           7064.43632   1750   4.03682076

Bartlett's test for equal variances:  chi2(3) =  17.2278  Prob>chi2 = 0.001

                      Comparison of score by city
                              (Scheffe)
Row Mean-|
Col Mean |          1          2          3
---------+---------------------------------
       2 |    -.05744
         |      0.981
         |
       3 |   -.302989   -.245548
         |      0.179      0.353
         |
       4 |    .083318    .140758    .386306
         |      0.945      0.778      0.045
```

图 8-8　酸奶口味分值的地区差异 oneway 命令及运行结果

一维方差分析只能对酸奶口味分值的总体地区差异进行判断，但是对于不同品牌和不同地区的差异未进行判断，地区和品牌差异的交互分析正是用于解决这个问题，利用 anova 命令进行双因素方差分析可以同时判断品牌和地区的差异显著性，anova 命令及运行结果如图 8-9 所示。双因素方差分析的结果显示，品牌和地区都是显著性分类因素，即至少有两个品牌或两个城市在酸奶口味分值上存在显著差异，这与前述研究结论是相符的，而品牌和城市的交互作用（brandi#city）是不显著的，其相伴概率为 0.2633，说明不同城市、不同酸奶品牌之间不存在口味分值上的显著差异。

```
. anova score brandi city brandi#city

                         Number of obs =      1,751    R-squared     =  0.0647
                         Root MSE      =    1.96509    Adj R-squared =  0.0434

                  Source | Partial SS         df         MS        F    Prob>F
             ------------+----------------------------------------------------
                   Model |  457.3085          39    11.725859     3.04  0.0000
                         |
                  brandi |  296.33955          9    32.926617     8.53  0.0000
                    city |  32.495043          3    10.831681     2.81  0.0385
             brandi#city |  120.6665          27    4.4691297     1.16  0.2633
                         |
                Residual |  6607.1278      1,711    3.8615592
             ------------+----------------------------------------------------
                   Total |  7064.4363      1,750    4.0368208
```

图 8-9　双因素（brandi#city）方差分析结果

8.1.3　结论

本案例为商业数据分析案例，以包括两种新产品在内的 10 个酸奶品牌的 4 个地区（北京、上海、广州和成都）市场调研数据为基础，判断新产品的市场基础和产品差异。经过交叉列联分析和方差分析等方法的应用，得到如下结论。

该企业的新口味 1 和新口味 2 两种新产品得到了受访者的较高评价。一维列联表和二维交叉列联表的口味均值统计分析结果表明，新口味 1 是最受好评的酸奶，且成都地区的受访者对它最为满意。

该企业新口味 1 和新口味 2 的主要竞争对手为伊*，但同时不可放松对其他评分较为相近的品牌的关注。与新口味 1 和新口味 2 评价分值较为接近的品牌有子*（G）、海*（L）和香*（M），但从差异度视角看，新口味 1 与世*（E）、伊*（F）、卡*（H）和中*（J）在口味分值上均存在显著性差异，而新口味 2 仅与伊*（F）存在显著性差异。

对于酸奶消费市场而言，仅广州和成都存在口味上的显著差异，但是在城市与品牌混合分类的情况下，不同城市和不同品牌的酸奶分值之间并无显著差异。

8.2　综合案例 2：水资源利用率对水资源承载力影响的实证研究

8-2　综合案例 2：水资源利用率对水资源承载力影响的实证研究

8.2.1　案例背景和研究目的

水资源是基础性自然资源，也是支撑经济社会发展的战略性资源。黄河流域是中国的第二大流域，对黄河流域水资源承载力的正确判断和评价是在流域范围内合理利用和配置水资源的基础。水资源利用率是水资源管理的重要依据，探讨水资源利用率对水资源承载力的影响，可为各沿黄区域经济社会的发展模式优化提供路径参考。

黄河流域分为中上、中下游流域，共流经 9 个省级行政区。位于中上游的青海、四川、宁夏和甘肃的 4 省流经区域经济社会统计资料相对缺乏，因此选取位于中下游的内蒙古、陕西、山西、河南、山东的 31 个主要流经城市作为研究对象。根据驱动力–压力–状态–影响–响应–管理（Driving-Force-Pressure-State-Impact-Response-Management，DPSIRM）模型，选取 9 个指标构建水资源承载力综合评价指标体系，并用年供水量与水资源总量的占比关系反映水资源利用率，相关指标如表 8-1 所示。

本案例所用数据均来自 2018 年各省统计年鉴、水资源公报，各城市统计年鉴、水资源公报、水资源规划及各城市统计局、环保局等相关部门公报。缺失数据采用近 5 年均值插补方法替代。

表 8-1　　水资源承载力综合评价指标

指标名称	含义	单位
urban	城镇化率	%
pergdp	人均 GDP	元
wacost	第二产业用水量	亿立方米
perwater	人均水资源量	立方米/人

续表

指标名称	含义	单位
rain	年降水量	毫米
forest	造林面积	公顷
sewage	污水处理率	%
green	建成区绿化覆盖率	%
wasupply	供水普及率	%
yearsup	年供水量	亿立方米
watresource	水资源总量	亿立方米

注：为了输出结果简洁，将 waterresource 简写为 watresource。

研究目的如下。

综合测度黄河中下游流域沿黄城市的水资源承载力，并探讨水资源利用率对水资源承载力的作用关系。

本案例所用基础数据文件为 case2.dta，数据详情如图 8-10 所示。

	city	urban	pergdp	wacost	perwater	rain	forest	sewage	green	wasupply	yearsup	watresource
1	呼和浩特市	69.8	104719	1.27	337.449	78.65	18000	99.5056	40.3125	99.3742	10.22	10.55
2	包头市	83.57	138168	2.86	332.329	104.64	30700	95.8304	44.5	100	10.7	9.6
3	鄂尔多斯市	74.49	217107	2.86	1498.75	339.08	60800	99.8723	42.3857	99.8492	15.61	31.15
4	乌海市	95	103248	.82	51.4823	3.6	600	98.1	43	100	2.57	.29
5	巴彦淖尔市	54.86	54739	.91	611.943	141.55	34000	98.75	36.2729	98.0443	51.06	10.34
6	太原市	84.8763	88272	2.8691	136.116	35.8411	17278	94.7067	44.6674	100	7.8223	6.0183
7	晋中市	55.3734	57819	1.2303	373.678	77.8517	24065	97.7446	37.2061	99.7868	7.3139	12.6362
8	运城市	50.1954	28229	1.1908	183.003	70.8486	11887	95.0096	37.2076	99	15.1051	9.8083
9	忻州市	50.9538	31209	.8903	695.163	143.789	40889	95.6896	38.0282	91.9355	6.6866	22.0505
10	临汾市	52.5399	32066	.1847	202.693	95.9466	34073	100	39.363	99.3517	8.1119	9.1217
11	吕梁市	50.5859	36585	.9935	482.955	119.379	107540	94.6604	40.5777	98.9247	6.0124	18.7657
12	渭南市	48.5	21373.7	1.17	153.349	55.59	34242	90.5083	39.3913	84.4996	14.42	8.17
13	延安市	62.31	66592.5	.78	508.985	223.33	68972	92.8702	40.76	89.9928	2.74	11.5
14	榆林市	58.94	100267	2.29	711.569	245.14	49816	94.0367	36.236	83.6159	8.51	24.32
15	郑州市	73.4	101352	5.267	91.6137	42.63	4270	98.047	40.8307	98.9141	20.706	7.21
16	开封市	48.8	43933	2.255	176.236	35.89	7670	95.7139	38.3864	93.9394	17.029	9.27
17	洛阳市	57.6	67707	5.373	263.725	106.86	10550	99.3137	40.707	97.4235	14.941	18.83
18	新乡市	53.4	43696	2.503	170.989	50.96	8390	93.0998	40.1	99.3921	19.133	10.56
19	焦作市	59.4	66329	3.332	193.899	23.41	6310	98.887	41.0238	99.8002	13.32	7.31
20	濮阳市	45.3	45644	2.82	142.607	25.59	2380	95.5369	40.5873	95.9437	13.32	5.69
21	三门峡市	56.3	67275	1.376	479.654	63.46	16240	96.696	36.4721	92.1085	4.226	11.08
22	济源市	62.4	87761	.698	371.831	13.91	3940	98.71	41.9265	99.6405	2.674	2.64
23	济南市	72.1047	106302	1.88	260.71	64.42	4902	98.4332	40.7315	99.6775	15.33	19.46
24	淄博市	71.4939	107720	3.39	366.243	54.46	2837	97.5217	45.2248	99.9342	9.92	17.22
25	东营市	69.0488	191942	2.22	853.552	79.84	6047	97.3099	41.9644	100	10.45	18.54
26	济宁市	58.854	58972	2.47	308.655	85.29	11041	97.4712	41.4899	99.4928	21.53	25.76
27	泰安市	61.8741	64714	1.81	309.929	63.53	5678	97.0106	45.05	92.2598	11.59	17.48
28	德州市	57.0138	58252	1.63	265.749	66.92	15311	97.3764	42.5016	96.4811	20.09	15.44
29	聊城市	51.7738	51935	3.03	214.503	56.72	14146	97.0034	42.141	96.4309	18.67	13.03
30	滨州市	57.6444	67405	3.03	436.201	71.13	18722	97.4999	44.1492	100	17.14	17.11
31	菏泽市	50.2544	35184	1.63	247.347	81.04	7869	97.2568	40.5284	94.2368	22.39	21.68

图 8-10　case2.dta 数据详情

8.2.2　数据分析与 Stata 实现

数据分析的基本思路为：利用因子分析方法将 9 个综合评价指标进行线性重组，提取适当公共因子变量，并利用公共因子变量得分加权汇总值测度每一个沿黄城市的水资源承载力综合水平，并将此综合指数值作为因变量，将水资源利用率指标作为自变量，探讨水资源利用率对水资源承载力的作用关系。

1. 数据基本信息描述

由于无法判断提取公共因子变量的个数，因此先进行初步的因子分析，并获得数据适用性的相关判断。初步因子分析使用的命令及运行结果如图 8-11 所示。

```
. factor urban pergdp wacost perwater rain forest sewage green wasupply, pcf
(obs=31)

Factor analysis/correlation                    Number of obs    =        31
    Method: principal-component factors        Retained factors =         3
    Rotation: (unrotated)                      Number of params =        24
```

Factor	Eigenvalue	Difference	Proportion	Cumulative
Factor1	2.98764	0.34812	0.3320	0.3320
Factor2	2.63952	1.54521	0.2933	0.6252
Factor3	1.09431	0.21769	0.1216	0.7468
Factor4	0.87662	0.27502	0.0974	0.8442
Factor5	0.60161	0.23568	0.0668	0.9111
Factor6	0.36593	0.08484	0.0407	0.9517
Factor7	0.28109	0.17371	0.0312	0.9830
Factor8	0.10738	0.06149	0.0119	0.9949
Factor9	0.04589	.	0.0051	1.0000

LR test: independent vs. saturated: chi2(36) = 164.95 Prob>chi2 = 0.0000

Factor loadings (pattern matrix) and unique variances

Variable	Factor1	Factor2	Factor3	Uniqueness
urban	0.7289	0.2943	0.2930	0.2962
pergdp	0.6132	0.6970	0.1133	0.1254
wacost	0.5061	-0.0351	0.3356	0.6300
perwater	-0.0807	0.9291	-0.1493	0.1080
rain	-0.3152	0.8939	0.0146	0.1014
forest	-0.5400	0.6162	0.0800	0.3224
sewage	0.6148	0.1477	-0.6880	0.1269
green	0.7044	0.0120	0.4518	0.2995
wasupply	0.7434	-0.0456	-0.4203	0.2687

图 8-11 anova 命令及运行结果

从初步分析的结果看，特征值大于 1 的公共因子变量只有 3 个，这 3 个公共因子变量总共能够解释全部原始变量信息总量的 74.68%，这说明如果提取 3 个公共因子变量，那么要损失将近 25%的数据信息，相对来说较大。如果提取 4 个公共因子变量，则总共可以解释原始变量信息总量的 84.42%，基本达到了 85%的信息提取要求，因此相对而言，提取 4 个公共因子变量是较为合理的。

在因子分析的基础上，还可通过 estat 命令了解变量的基本信息，变量以及变量间相关关系的基本情况如图 8-12 和图 8-13 所示。可以看出 9 个变量的综合 KMO 值为 0.5185，大于 0.5，虽然 KMO 值不是特别高，但是已经具备进行因子分析的基础。

```
. estat sum

Estimation sample factor                      Number of obs =        31
```

Variable	Mean	Std. Dev.	Min	Max
urban	61.2468	11.97009	45.3	95
pergdp	75694.09	44772.71	21373.69	217106.5
wacost	2.097829	1.233516	.1847	5.373
perwater	368.8034	284.2477	51.48234	1498.749
rain	87.78342	70.5929	3.6	339.08
forest	21908.55	23608.75	600	107540
sewage	96.77971	2.219213	90.50826	100
green	40.76525	2.562636	36.23603	45.22476
wasupply	96.7758	4.475531	83.61591	100

(Factor analysis correlation matrix)

图 8-12 变量基本信息描述

```
. estat kmo

Kaiser-Meyer-Olkin measure of sampling adequacy
```

Variable	kmo
urban	0.4372
pergdp	0.4891
wacost	0.3446
perwater	0.4604
rain	0.5681
forest	0.5804
sewage	0.5408
green	0.7793
wasupply	0.5865
Overall	0.5185

图 8-13 estat kmo 命令及运行结果

2．水资源承载力测度——因子分析

在确定了需要提取 4 个公共因子变量之后，重新进行因子分析，factor 命令及运行结果如图 8-14 所示。

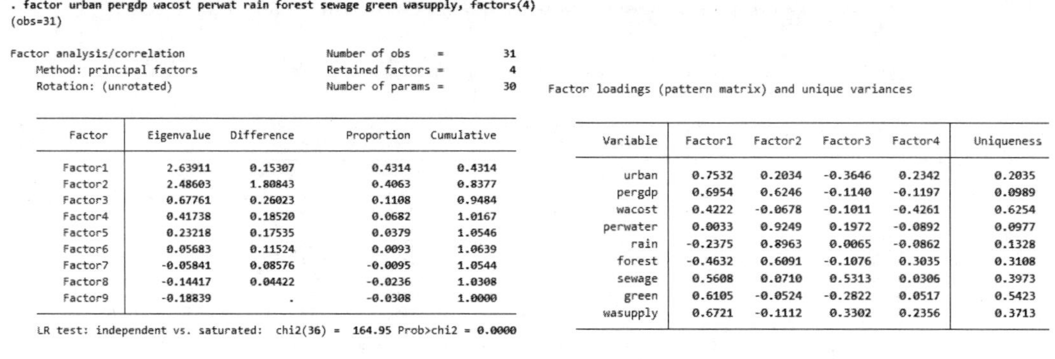

```
. factor urban pergdp wacost perwat rain forest sewage green wasupply, factors(4)
(obs=31)

Factor analysis/correlation                    Number of obs    =        31
    Method: principal factors                  Retained factors =         4
    Rotation: (unrotated)                      Number of params =        30
```

Factor	Eigenvalue	Difference	Proportion	Cumulative
Factor1	2.63911	0.15307	0.4314	0.4314
Factor2	2.48603	1.80843	0.4063	0.8377
Factor3	0.67761	0.26023	0.1108	0.9484
Factor4	0.41738	0.18520	0.0682	1.0167
Factor5	0.23218	0.17535	0.0379	1.0546
Factor6	0.05683	0.11524	0.0093	1.0639
Factor7	-0.05841	0.08576	-0.0095	1.0544
Factor8	-0.14417	0.04422	-0.0236	1.0308
Factor9	-0.18839	.	-0.0308	1.0000

```
LR test: independent vs. saturated:  chi2(36) =  164.95 Prob>chi2 = 0.0000
```

（a）

Factor loadings (pattern matrix) and unique variances

Variable	Factor1	Factor2	Factor3	Factor4	Uniqueness
urban	0.7532	0.2034	-0.3646	0.2342	0.2035
pergdp	0.6954	0.6246	-0.1140	-0.1197	0.0989
wacost	0.4222	-0.0678	-0.1011	-0.4261	0.6254
perwater	0.0033	0.9249	0.1972	-0.0892	0.0977
rain	-0.2375	0.8963	0.0065	-0.0862	0.1328
forest	-0.4632	0.6091	-0.1076	0.3035	0.3108
sewage	0.5608	0.0710	0.5313	0.0306	0.3973
green	0.6105	-0.0524	-0.2822	0.0517	0.5423
wasupply	0.6721	-0.1112	0.3302	0.2356	0.3713

（b）

图 8-14　提取 4 个公共因子变量 factor 命令及运行结果

在提取公共因子变量的命令运行结果中，需要重点关注的是各个公共因子变量的方差贡献率，第一个公共因子变量的方差贡献率为 0.4314，第二个公共因子变量的方差贡献率为 0.4063，第三个和第四个公共因子变量的方差贡献率分别为 0.1108 和 0.0682，此处的方差贡献率可以作为水资源承载力综合指数构建时各个公共因子变量得分的权重，如图 8-14（a）所示。图 8-14（b）所示为因子分析时每个原始变量信息的最终提取程度，可以看出，在所有原始变量中，人均 GDP 和人均水资源量这两个指标的信息损失较大，其余指标的信息提取程度相对较高。

除了因子分析的输出表格外，还可绘制碎石图反映公共因子变量的提取过程和个数，图 8-15 所示为公共因子变量信息变化的直观体现，读者可以借鉴。

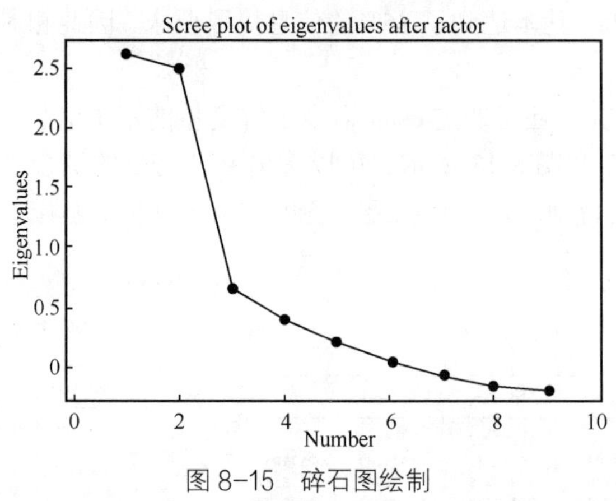

图 8-15　碎石图绘制

由于本案例关注的重点不是公共因子变量的构建过程，因此可不再进行因子载荷矩阵的旋转和公共因子变量的解释等步骤。但是，本案例需要构建因子得分指标，并利用公共因子变量得分作为计算水资源承载力综合水平的测度。4 个公共因子变量得分指标的构建结果如图 8-16 所示，4 个公共因子变量得分指标分别命名为 f1、f2、f3 和 f4，对应 4 个公共因子变量得分。

```
. predict f1 f2 f3 f4, regression

Scoring coefficients (method = regression)
```

Variable	Factor1	Factor2	Factor3	Factor4
urban	0.14945	0.09277	-0.25199	0.78573
pergdp	0.59006	0.15825	-0.48960	-0.74721
wacost	0.07028	-0.02663	-0.02064	-0.21850
perwater	-0.20593	0.45467	0.67193	0.41736
rain	-0.14439	0.38812	-0.12719	-0.48947
forest	-0.08480	0.10684	-0.22321	0.54402
sewage	0.16643	-0.04973	0.40238	0.09907
green	0.10344	-0.00878	-0.15864	-0.06557
wasupply	0.19350	0.01826	0.35142	0.20003

图 8-16　公共因子变量得分指标构建结果

在公共因子变量得分指标构建和计算的基础上，将公共因子变量的方差贡献率作为权重变量，进行加权汇总，从而得到每个沿黄城市的水资源承载力综合指数值，并将综合指数命名为 f ，并设置为回归分析中的因变量。

综合指数的计算函数如下。

$$f = 0.4314 \times f_1 + 0.4063 \times f_2 + 0.1108 \times f_3 + 0.0682 \times f_4$$

公共因子变量得分 f_1, f_2, f_3, f_4 和综合指数 f 的运算结果如图 8-17 所示。

3．水资源利用率测度

水资源利用率是本案例分析中的自变量，该指标通过下述公式计算得到。

$$水资源利用率 = \frac{年供水量}{年水资源总量}$$

将水资源利用率命名为 utilization，利用 generate（简写为 gen）命令构建该指标，其运行结果（部分）如图 8-17 所示。

```
. gen utilization=yearsup/watresource

. list f1 f2 f3 f4 f utilization
```

	f1	f2	f3	f4	f	utiliz~n
1.	.7960567	.019753	.2219938	.4003231	.4033435	.9687204
2.	1.324807	.4731179	-1.515726	.3260003	.6180404	1.114583
3.	1.030343	3.888706	.7144557	-.5788944	2.064152	.5011236
4.	1.518979	-.7043678	-1.033251	1.754726	.3742912	8.862069
5.	-.7318689	.6177266	1.481988	.6633151	.1446965	4.938105
6.	.937613	-.4215607	-1.424806	1.067977	.1481737	1.299752
7.	-.2904258	-.1241667	.9743609	.4608841	-.0363472	.5788053
8.	-.7901549	-.6085557	.5268296	-.0475186	-.532997	1.540032
9.	-1.604247	.718963	.8061811	.6139364	-.2687621	.3032403
10.	-.4364605	-.4030102	1.042964	.7700357	-.1839553	.8892969
11.	-1.239925	.603696	-.1300288	2.076522	-.1624103	.3203931
12.	-1.806784	-.6413979	-1.706053	-.3682318	-1.254191	1.764994
13.	-1.316262	1.246916	-1.499759	.3280477	-.2050138	.2382609
14.	-1.321908	1.627832	-1.210759	-1.135011	-.1204428	.3499178
15.	1.217098	-.6748946	-.6029375	-.5417412	.1470943	2.871845
16.	-.566814	-.8494159	.1109136	-.6793244	-.623682	1.837001
17.	.329393	-.2957377	.4478653	-1.090982	-.0028396	.7934679
18.	-.4190915	-.6673349	-.1857351	-.4297193	-.5018206	1.813554
19.	.5374776	-.81411	.5742108	-.1308256	-.0442048	1.822161
20.	-.3291917	-1.012423	.1343673	-1.112241	-.6143277	2.340949
21.	-.6054075	-.0370413	.4518355	.0419522	-.2232982	.3814079
22.	.6226044	-.4363664	.6803702	.4093857	.194601	1.012879

图 8-17　新指标构建结果（部分）

4．水资源利用率对水资源承载力作用测度——相关分析和回归分析

在利用回归模型探讨水资源利用率对水资源承载力的作用时，首先要确定模型的数学形式，即线性模型是否适用，因此对因变量 f 和自变量 utilization 进行线性相关分析，pwcorr 命令及输出结果如图 8-18 所示。从相关分析输出结果不难看出，因变量和自变量之间不存在显著的线性相关关系。由此绘制因变量与自变量的散点图，如图 8-19 所示，可以看出变量之间线性关系较为薄弱，从散点的变化轨迹看，与二次函数模型下因变量 *f* 与自变量 utilization 的散点图的形态较为贴近，因此可以尝试构建非线性回归模型。

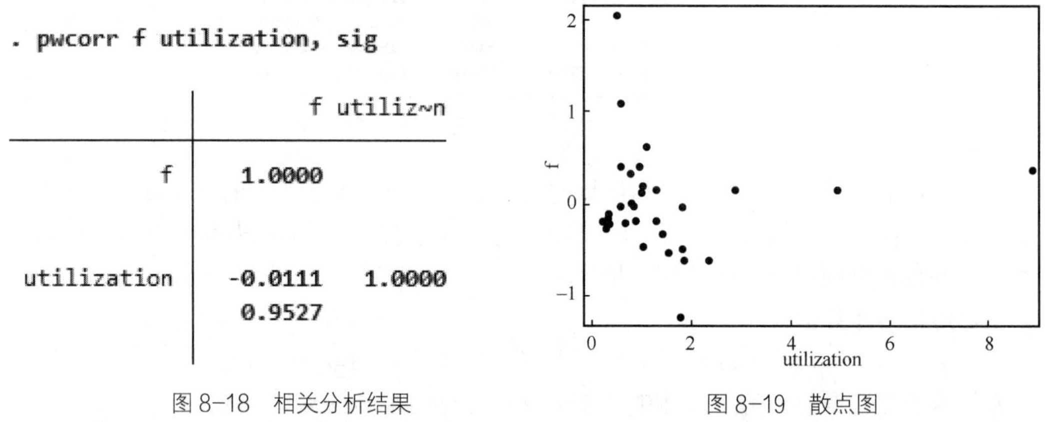

```
. pwcorr f utilization, sig

                 |        f utiliz~n
-----------------+------------------
               f |   1.0000
                 |
                 |
     utilization |  -0.0111   1.0000
                 |   0.9527
                 |
```


图 8-18　相关分析结果　　　　图 8-19　散点图

利用水资源承载力 f 与水资源利用率 utilization 构建线性回归模型得到的运行结果如图 8-20 所示。很明显，自变量和截距项的相伴概率分别为 0.953 和 0.969，均大于显著性水平 0.05，因此判定自变量和截距项都对因变量无显著作用，考虑此结果的出现主要是模型数学形式设定有误造成的。

```
. reg f utilization

      Source |       SS           df       MS      Number of obs   =        31
-------------+----------------------------------   F(1, 29)        =      0.00
       Model |  .001243551         1  .001243551   Prob > F        =    0.9527
    Residual |   10.063949        29  .347032724   R-squared       =    0.0001
-------------+----------------------------------   Adj R-squared   =   -0.0344
       Total |  10.0651925        30  .335506418   Root MSE        =    .58909

------------------------------------------------------------------------------
           f |      Coef.   Std. Err.      t    P>|t|     [95% Conf. Interval]
-------------+----------------------------------------------------------------
 utilization |   -.003866   .0645827    -0.06   0.953    -.1359525    .1282205
       _cons |   .0055792   .1410013     0.04   0.969    -.2828009    .2939594
------------------------------------------------------------------------------
```

图 8-20　线性回归模型命令及运行结果

经过上述分析，拟采用二次函数构建回归方程，二次函数的基本形式为

$$y=\alpha_0+\alpha_1x^2+\alpha_2x$$

要构建非线性回归模型，在确定基本模型形式后，需要将非线性关系变量进行变形，即构建一个新的变量，让其为原始变量的非线性变换，此案例中采用的方法是构建一个新的变量 x，让其为 utilization 的平方，具体命令为 gen x=utilization2。新变量构建完成后，绘制 f 与 x、 utilization 的散点图，如图 8-21 所示。从图 8-21 中可以看出，f 与 x、utilization 之间具有一定的线性变动关系，但是可以明显看出存在两个极值点，即 x 取值大于 20 的两个观测样本。

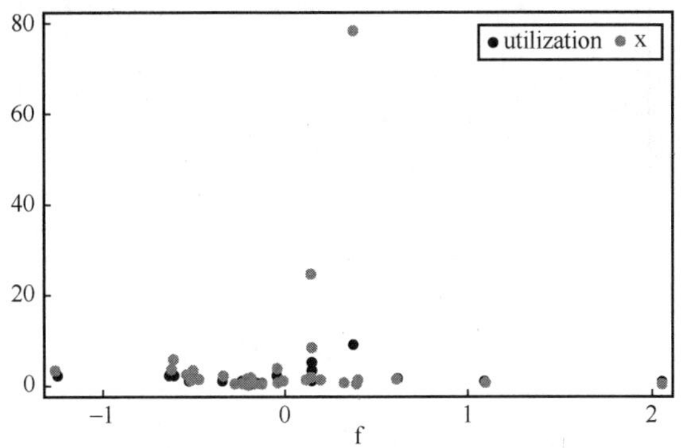

图 8-21　f 与 x、utilization 的散点图

直接构建非线性回归模型，reg 命令及运行结果如图 8-22 所示。从模型输出结果看，*F* 统计量检验的相伴概率为 0.2135，大于显著性水平 0.05，因此可以看出模型整体线性性不显著，拟合优度也不高。从自变量参数的显著性检验看，x 和 utilization 参数显著性 *t* 检验的相伴概率分别为 0.082 和 0.094，在 0.1 的显著性水平下是显著的，但是在 0.05 的显著性水平下则说明水资源利用率和利用率的平方项对水资源承载力无显著作用。

```
. gen x=utilization^2

. reg f x utilization

      Source |       SS           df       MS      Number of obs   =        31
-------------+----------------------------------   F(2, 28)        =      1.63
       Model |  1.05122515         2  .525612574   Prob > F        =    0.2135
    Residual |   9.0139674        28  .321927407   R-squared       =    0.1044
-------------+----------------------------------   Adj R-squared   =    0.0405
       Total |  10.0651925        30  .335506418   Root MSE        =    .56739

------------------------------------------------------------------------------
           f |      Coef.   Std. Err.      t    P>|t|     [95% Conf. Interval]
-------------+----------------------------------------------------------------
           x |   .0414141   .0229317     1.81   0.082    -.0055594    .0883875
 utilization |  -.3439517   .1983188    -1.73   0.094    -.7501894     .062286
       _cons |    .298969   .2117421     1.41   0.169    -.1347651    .7327031
------------------------------------------------------------------------------
```

图 8-22　非线性回归模型命令及运行结果

上述二次函数回归模型效果并不好，主要原因在于极值点的影响，因此可将明显造成非线性关系的极值点（观测个案）删除，用余下的观测个案建立回归模型。删除观测个案利用 drop 命令即可完成，如图 8-23 所示。

```
. drop if x>20
(2 observations deleted)
```

图 8-23　drop 命令

删除两个特殊观测个案后，用余下的观测个案采用 scatter 命令继续绘制因变量与自变量的散点图，如图 8-24 所示。此时可以看到，自变量 utilization 对因变量 *f* 的线性作用关系较为显著。因此可以考虑构建一元线性回归模型。

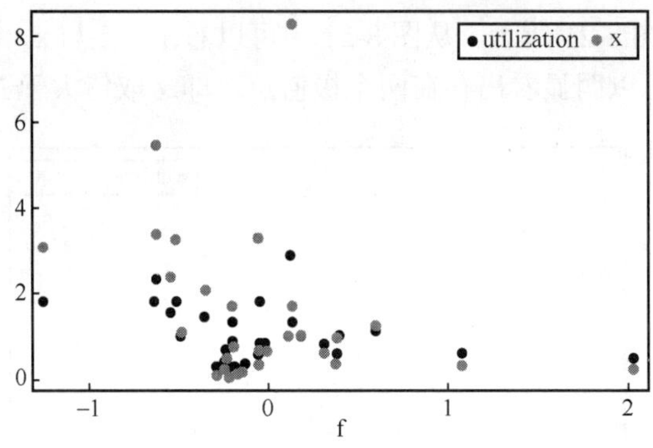

图 8-24　删除观测个案后的散点图

用余下的 29 个观测个案构建线性回归模型，模型运行结果如图 8-25 所示。此时模型整体线性有所提升，F 检验相伴概率为 0.0619，utilization 的参数估计值为−0.3209，t 检验相伴概率为 0.062，与原模型相比已有较大改进，在 0.1 的显著性水平下可以认为水资源利用率对水资源承载力呈现负向作用，即水资源利用率上升会引起水资源承载力相对下降。

```
. reg f utilization

      Source |       SS           df       MS      Number of obs   =        29
-------------+----------------------------------   F(1, 27)        =      3.79
       Model |  1.21923299         1  1.21923299   Prob > F        =    0.0619
    Residual |  8.67564073        27  .321320027   R-squared       =    0.1232
-------------+----------------------------------   Adj R-squared   =    0.0907
       Total |  9.89487372        28  .353388347   Root MSE        =    .56685

------------------------------------------------------------------------------
           f |      Coef.   Std. Err.      t    P>|t|     [95% Conf. Interval]
-------------+----------------------------------------------------------------
 utilization |  -.3208913   .1647341    -1.95   0.062    -.6588978    .0171151
       _cons |   .3244355   .2048532     1.58   0.125    -.0958885    .7447596
------------------------------------------------------------------------------
```

图 8-25　删除个案后线性回归模型运行结果

8.2.3　结论

本案例选取黄河中下游流域 31 个沿黄城市作为研究对象，探讨沿黄城市水资源承载力的测度方法，以及水资源利用率与水资源承载力的作用关系。在 DPSIRM 模型的基础上，构建包含 9 个指标的水资源承载力综合评价指标体系，通过因子分析模型将 9 个原始指标转化为 4 个公共因子变量，将公共因子变量得分的加权汇总值作为水资源承载力的测度指标值；在水资源承载力测度的基础上，计算得到水资源利用率指标，并构建回归模型探讨水资源利用率对水资源承载力的作用关系。在回归模型构建过程中，根据变量数据特征尝试多种方法优化模型。

经过分析，得出除个别特殊地区（乌海市、巴彦淖尔市）外，其他沿黄城市的水资源利用率对水资源承载力呈现出一定的反向作用关系。乌海市和巴彦淖尔市水资源相对较为富足，其水资源承载力和水资源利用率相对其他地区而言有显著性差异。而其他黄河中下游流域沿黄城市多是缺水型城市，水资源开发程度越高，说明生产生活对水资源的需求程度越高，因此水资源压力增大，水资源承载力反而会被削弱。

8.3　综合案例 3：某学校班级综合能力的类群差异研究

8-3　综合案例 3：某学校班级综合能力的类群差异研究

8.3.1　案例背景和研究目的

某学校希望对其三年级 18 个班级的综合能力进行科学评估。评估方法为：在校内挑选三年级的 20 位授课教师和领导作为评委，每个评委对班级的基础学习能力、扩展学习能力、社团活动能力、班级凝聚力和服务社会能力 5 个方面的表现进行评分，评分采用 10 分制，分数越高表示评价越好。将 20 位评委的打分取等权重的算术平均值，得到该班级 5 个方面的平均得分，并将平均得分作为班级综合能力类群差异研究的基础数据。5 种能力为 5 个分析指标，分别命名为 x1、x2、x3、x4 和 x5，单位均为分。

研究目的如下。

（1）以 5 个班级能力评价指标为基础，将该学校三年级 18 个班级划分为合适的类群。

（2）对划分出的不同类群在 5 方面的差异性进行评价和分析。

8.3.2　数据分析与 Stata 实现

1．数据

案例数据文件为 case3.dta，数据详情如图 8-26 所示。其中 class 为班级编号。

	class	x1	x2	x3	x4	x5
1	301	8.4	8.5	6.5	9	8.7
2	302	9.1	8.8	7.9	8.1	7.6
3	303	7.8	6.7	7.2	6.5	7.7
4	304	5.5	5.7	6.3	6.5	6.8
5	305	5.7	5.9	6.7	7	7.1
6	306	8.6	8.6	7.3	7.8	8.2
7	307	4.5	5.1	5.3	5.8	5.7
8	308	8.9	9.1	6.8	7.9	6.5
9	309	6.3	7.2	8.3	7.5	6.5
10	310	5.8	5.3	7.2	6.5	6.8
11	311	4.4	5.1	6.8	7.1	6.2
12	312	4.8	4.9	7.2	7.2	8.2
13	313	9.2	9.1	8.7	8.6	8.6
14	314	8.6	8.9	8.5	7.9	8.6
15	315	9	9.1	8.9	9.1	9.4
16	316	6.1	6.5	7.8	6.2	8.9
17	317	4.4	5.8	7.8	7.2	6.5
18	318	9	8.5	7.8	7.5	8.9

图 8-26　case3.dta 数据详情

2．数据基本信息描述

首先对数据基本信息进行描述统计分析，使用 summarize（简写为 sum）命令即可完成，如图 8-27 所示。class 是班级编号，但是为数值变量，这时对其进行的描述统计是没有意义的，可以不予考虑。sum 命令给出了所有变量的观测个案数、均值、标准差、最小值和最大值。

```
. sum

    Variable |        Obs        Mean    Std. Dev.       Min        Max
-------------+---------------------------------------------------------
       class |         18       309.5    5.338539        301        318
          x1 |         18    7.005556    1.876628        4.4        9.2
          x2 |         18    7.155556    1.643963        4.9        9.1
          x3 |         18    7.388889    .9222025        5.3        8.9
          x4 |         18    7.411111    .9336135        5.8        9.1
-------------+---------------------------------------------------------
          x5 |         18    7.605555    1.119071        5.7        9.4
```

图 8-27　sum 命令及运行结果

若需要了解某个变量的详细信息，则可以使用 sum, d 命令完成。如图 8-28 所示，对变量 x4 进行了详细的描述统计分析，除基本统计量外，还给出分位数、偏度和峰度等指标，可以看出变量 x4 的分布呈现出右偏（正偏）、尖顶的特征。

```
. sum x4, d

                             x4
-------------------------------------------------------------
      Percentiles      Smallest
 1%          5.8            5.8
 5%          5.8            6.2
10%          6.2            6.5       Obs                  18
25%          6.5            6.5       Sum of Wgt.          18

50%         7.35                      Mean           7.411111
                        Largest       Std. Dev.      .9336135
75%          7.9            8.1
90%            9            8.6       Variance       .8716342
95%          9.1              9       Skewness       .2070804
99%          9.1            9.1       Kurtosis       2.284601
```

图 8-28　sum,d 命令及运行结果

3．系统聚类

首先利用系统聚类分析方法做分类的判断，采用 cluster 命令即可完成。

```
.cluster singlelinkage x1 x2 x3 x4 x5
cluster name:_ clus_ 1
```

以 5 个评价指标信息为基础，采用最短距离法进行系统聚类分析，命令执行后 Stata 自动生成 3 个变量，并都以_clus_1 为变量名的前缀。系统聚类完成之后可以观测数据计算结果和图形展示结果，图 8-29 所示为系统聚类分析下给出的 3 种相关统计量。

```
. list class _clus_1_id _clus_1_ord _clus_1_hgt
```

	class	_clus~id	_clus~rd	_clus_1~t
1.	301	1	3	2.1954501
2.	302	2	16	2.3685439
3.	303	3	9	2.2847321
4.	304	4	7	2.0149443
5.	305	5	12	1.8193403
6.	306	6	4	.76157702
7.	307	7	5	.97979579
8.	308	8	10	1.5937378
9.	309	9	11	1.2609522
10.	310	10	17	2.4899805
11.	311	11	8	1.6093477
12.	312	12	1	1.5427249
13.	313	13	2	1.0488088
14.	314	14	13	.96436505
15.	315	15	14	.98488508
16.	316	16	15	1.0295624
17.	317	17	6	.99999981
18.	318	18	18	.

图 8-29　系统聚类分析相关统计量

绘制系统聚类分析的树状图，并将其水平放置，相关命令及图形绘制结果如图 8-30 所示。

```
.cluster dendrogram_ clus_ 1, horizontal
```

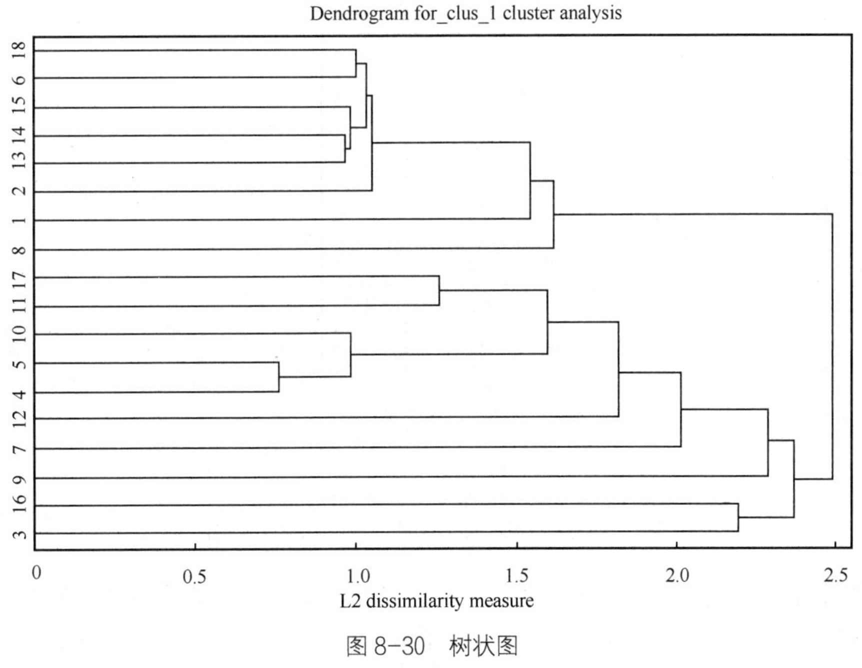

图 8-30　树状图

从系统聚类的树状图可以看出，在该方法下将所有班级划分为 3 个或 4 个类群是比较合适的，因此利用 cluster gen 命令分别生成 3 类和 4 类两种分类方式下每个观测个案的类别归属，分类结果如图 8-31 和图 8-32 所示。

```
. cluster gen type1=group(3)

. list class type1
```

	class	type1
1.	301	3
2.	302	3
3.	303	1
4.	304	2
5.	305	2
6.	306	3
7.	307	2
8.	308	3
9.	309	2
10.	310	2
11.	311	2
12.	312	2
13.	313	3
14.	314	3
15.	315	3
16.	316	1
17.	317	2
18.	318	3

图 8-31　3 类分类方式下观测个案（部分）类别归属

```
. cluster gen type2=group(4)

. list class type1 type2
```

	class	type1	type2
1.	301	3	4
2.	302	3	4
3.	303	1	1
4.	304	2	3
5.	305	2	3
6.	306	3	4
7.	307	2	3
8.	308	3	4
9.	309	2	2
10.	310	2	3
11.	311	2	3
12.	312	2	3
13.	313	3	4
14.	314	3	4
15.	315	3	4
16.	316	1	1
17.	317	2	3
18.	318	3	4

图 8-32　4 类分类方式下观测个案（部分）类别归属

从观测个案的分类结果看，采用 4 类分类方式时，出现了大量的观测个案集中在某一个类别内，而剩下的类别只含有少量观测个案的情况，如 309 班属于一个单独的类别。一般地，某一类别内样本量过少不利于类群之间的差异性分析。

因为聚类分析本质上是探索性数据分析方法，所以读者可以使用其他系统聚类方法作为划分类别的基础，并在不同的聚类模型中比较。在已经确定将所有观测个案分为 3 类或 4 类是比较合理的情况下，可以利用快速聚类方法，通过迭代将所有观测个案分为不同的类群。

4. 快速聚类

利用 cluster kmeans 命令分别进行 3 类和 4 类的快速聚类，并将系统聚类下的 3 类和 4 类类别变量（type1 和 type2），以及快速聚类下的 3 类和 4 类类别变量（type3 和 type4）进行展示，如图 8-33 所示。

```
. cluster kmeans x1 x2 x3 x4 x5, k(3) name(type3)

. cluster kmeans x1 x2 x3 x4 x5, k(4) name(type4)

. list class type1 type2 type3 type4
```

	class	type1	type2	type3	type4
1.	301	3	4	2	4
2.	302	3	4	2	4
3.	303	1	1	1	2
4.	304	2	3	1	1
5.	305	2	3	1	1
6.	306	3	4	2	4
7.	307	2	3	3	1
8.	308	3	4	2	3
9.	309	2	2	1	2
10.	310	2	3	1	1
11.	311	2	3	1	1
12.	312	2	3	1	1
13.	313	3	4	2	4
14.	314	3	4	2	4
15.	315	3	4	2	4
16.	316	1	1	1	2
17.	317	2	3	1	1
18.	318	3	4	2	4

图 8-33　快速聚类命令及所有聚类结果展示

可以看出，在快速聚类方法下，观测个案的分配更为合理一些，过分集聚的情况有所改善。其中快速聚类分为 4 类时，观测个案分配结果最为合理，因此以该分类为基础进行 4 个类别的目标变量差异性分析，如图 8-34 所示。

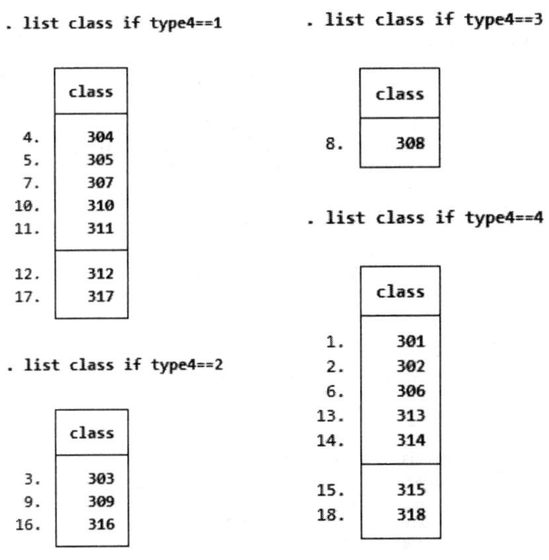

```
. list class if type4==1
```

	class
4.	304
5.	305
7.	307
10.	310
11.	311
12.	312
17.	317

```
. list class if type4==2
```

	class
3.	303
9.	309
16.	316

```
. list class if type4==3
```

	class
8.	308

```
. list class if type4==4
```

	class
1.	301
2.	302
6.	306
13.	313
14.	314
15.	315
18.	318

图 8-34　观测个案类别归属（4 类）

5. 方差分析

将18个观测个案分为4个类群后，探讨类群在基础学习能力（x1）、扩展学习能力（x2）、社团活动能力（x3）、班级凝聚力（x4）和服务社会能力（x5）5个方面的差异。这里采用方差分析的方法进行，不仅输出方差分析结果，而且对任意两个类群之间的差异性进行显著性检验。

基础学习能力（x1）的差异性检验结果如图8-35所示。从结果看，除了第3类群和第4类群在基础学习能力上不存在显著性差异外，其他任意两个类群之间均存在显著性差异。

```
. oneway x1 type4, scheffe

                        Analysis of Variance
    Source              SS         df      MS            F     Prob > F
------------------------------------------------------------------------
Between groups      55.2275387      3   18.4091796     55.52     0.0000
 Within groups       4.6419048     14   .331564628
------------------------------------------------------------------------
    Total           59.8694435     17   3.52173197

Bartlett's test for equal variances:  chi2(3) =   4.3227  Prob>chi2 = 0.229

                        Comparison of x1 by type4
                                (Scheffe)
Row Mean-|
Col Mean |          1           2           3
---------+---------------------------------
       2 |   -1.71905
         |      0.007
         |
       3 |        2.2     3.91905
         |      0.003       0.000
         |
       4 |    2.06667     3.78571    -.133333
         |      0.002       0.000       0.991
```

图8-35 基础学习能力（x1）的4类群方差分析

扩展学习能力（x2）的差异性检验结果如图8-36所示。与基础学习能力的分析结果较为类似，除了第3类群和第4类群在扩展学习能力上不存在显著性差异外，其他任意两个类群之间均存在显著性差异。

```
. oneway x2 type4, scheffe

                        Analysis of Variance
    Source              SS         df      MS            F     Prob > F
------------------------------------------------------------------------
Between groups      44.4577818      3   14.8192606    139.55     0.0000
 Within groups      1.48666714     14    .10619051
------------------------------------------------------------------------
    Total           45.9444489     17   2.70261464

Bartlett's test for equal variances:  chi2(3) =   2.9365  Prob>chi2 = 0.402

                        Comparison of x2 by type4
                                (Scheffe)
Row Mean-|
Col Mean |          1           2           3
---------+---------------------------------
       2 |       -1.4
         |      0.000
         |
       3 |    2.23333     3.63333
         |      0.000       0.000
         |
       4 |        1.9         3.3    -.333333
         |      0.000       0.000       0.594
```

图8-36 扩展学习能力（x2）的4类群方差分析

社团活动能力（x3）的差异性检验结果如图 8-37 所示。方差分析结果显示，第 2 类群与第 3 类群在社团活动能力上存在显著性差异，其他的任意两个类群之间均在社团活动能力上无显著性差异存在。

```
. oneway x3 type4, scheffe

                        Analysis of Variance
    Source              SS         df      MS            F     Prob > F
------------------------------------------------------------------------
Between groups      8.46196648      3   2.82065549      6.59     0.0053
 Within groups      5.99580934     14   .428272096
------------------------------------------------------------------------
    Total           14.4577758     17   .850457401

Bartlett's test for equal variances:  chi2(3) =   3.1405  Prob>chi2 = 0.370

                          Comparison of x3 by type4
                                  (Scheffe)
Row Mean-|
Col Mean |          1           2           3
---------+---------------------------------
       2 |   -1.00952
         |      0.220
         |
       3 |    .933333     1.94286
         |      0.415       0.007
         |
       4 |   -.506667     .502857       -1.44
         |      0.773       0.641       0.065
```

图 8-37　社团活动能力（x3）的 4 类群方差分析

班级凝聚力（x4）的差异性检验结果如图 8-38 所示。结果显示第 1 类群与第 2 类群、第 3 类群与第 4 类群在班级凝聚力上不存在显著性差异，而第 1 类群与第 3 类群、第 1 类群与第 4 类群、第 2 类群与第 3 类群、第 2 类群与第 4 类群在班级凝聚力上均存在显著性差异。

```
. oneway x4 type4, scheffe

                        Analysis of Variance
    Source              SS         df      MS            F     Prob > F
------------------------------------------------------------------------
Between groups      10.255305       3    3.418435      10.49     0.0007
 Within groups     4.56247589      14   .325891135
------------------------------------------------------------------------
    Total          14.8177809      17   .871634171

Bartlett's test for equal variances:  chi2(3) =   0.2208  Prob>chi2 = 0.974

                          Comparison of x4 by type4
                                  (Scheffe)
Row Mean-|
Col Mean |          1           2           3
---------+---------------------------------
       2 |     .02381
         |      1.000
         |
       3 |        1.8     1.77619
         |      0.015       0.005
         |
       4 |    1.32667     1.30286    -.473333
         |      0.049       0.014       0.735
```

图 8-38　班级凝聚力（x4）的 4 类群方差分析

服务社会能力（x5）的差异性检验结果如图 8-39 所示。结果显示，仅有第 2 类群和第 3 类群在服务社会能力上存在显著性差异，其他的班级类群之间均不存在显著性差异。

```
. oneway x5 type4, scheffe

                        Analysis of Variance
    Source              SS         df      MS            F     Prob > F
------------------------------------------------------------------------
Between groups      10.5376356      3   3.51254521      4.57     0.0196
 Within groups      10.7518068     14   .767986203
------------------------------------------------------------------------
    Total           21.2894425     17   1.25232014

Bartlett's test for equal variances:  chi2(3) =   1.5922  Prob>chi2 = 0.661

                        Comparison of x5 by type4
                                (Scheffe)
Row Mean-|
Col Mean |          1           2           3
---------+---------------------------------
       2 |   -.942857
         |      0.509
         |
       3 |    1.16667     2.10952
         |      0.472       0.029
         |
       4 |        .28     1.22286    -.886667
         |      0.978       0.177       0.602
```

图 8-39 服务社会能力（x5）的 4 类群方差分析

8.3.3 结论

以衡量班级综合能力的 5 个调查指标为基础，利用聚类分析方法将某学校三年级 18 个班级划分为 4 个类群。4 个类群的班级分布较为平均，第 1 类群和第 3 类群包含的班级相对较少，但不影响分析结果。

从 4 个类群的指标差异上看，在基础学习能力和扩展学习能力方面，类群间差异较显著，但是第 3 类群和第 4 类群均不存在显著性差异；在社团活动能力方面，类群间差异并不大，仅第 2 类群与第 3 类群在社团活动能力上存在显著性差异；在班级凝聚力方面，第 1 类群与第 2 类群、第 3 类群与第 4 类群在班级凝聚力上不存在显著性差异；在服务社会能力方面，仅有第 2 类群和第 3 类群在服务社会能力上存在显著差异，其他的班级类群之间均不存在显著性差异。

参考文献

[1] 马慧慧. Stata 统计分析与应用[M]. 3 版. 北京：电子工业出版社, 2016.

[2] 王天夫, 李博柏. STATA 实用教程[M]. 北京：中国人民大学出版社, 2008.

[3] 杨维忠. Stata 统计分析与实验指导[M]. 北京：清华大学出版社, 2020.

[4] 杨维忠, 张甜. Stata 统计分析从入门到精通[M]. 北京：清华大学出版社, 2022.

[5] 宋志刚, 谢蕾蕾. 数据分析与 SPSS 软件应用[M]. 北京：人民邮电出版社, 2021.

[6] 汪海波, 罗莉, 吴为, 等. SAS 统计分析与应用：从入门到精通[M]. 2 版. 北京：人民邮电出版社, 2013.

[7] 张文彤, 钟云飞. IBM SPSS 数据分析与挖掘实战案例精粹[M]. 北京：清华大学出版社, 2013.

[8] 杨维忠, 张甜, 王国平. SPSS 统计分析与行业应用案例详解[M]. 4 版. 北京：清华大学出版社, 2018.

[9] 张文彤, 闫洁. SPSS 统计分析高级教程[M]. 北京：高等教育出版社, 2011.

[10] 张文彤, 闫洁. SPSS 统计分析基础教程[M]. 北京：高等教育出版社, 2004.

[11] 何晓群. 多元统计分析[M]. 5 版. 北京：中国人民大学出版社, 2019.

[12] 许琪. Stata 数据管理教程[M]. 北京：北京大学出版社, 2021.

[13] 李明明, 刘海明. 金融计量 Stata 软件与应用[M]. 北京：经济科学出版社, 2022.

[14] 郭志刚. 应用 STATA 做统计分析[M]. 重庆：重庆大学出版社, 2011.

[15] 贾俊平, 何晓群, 金勇进. 统计学[M]. 7 版. 北京：中国人民大学出版社, 2018.

[16] 徐芳燕, 陈昭. 计量经济学软件 Stata 15.0 应用教程：从基础到前沿[M]. 北京：中国人民大学出版社, 2022.

[17] 何晓群, 刘文卿. 应用回归分析[M]. 5 版. 北京：中国人民大学出版社, 2019.

[18] 朱顺泉. Stata 数据分析应用[M]. 北京：北京大学出版社, 2015.

[19] 林建忠. 回归分析与线性统计模型[M]. 上海：上海交通大学出版社, 2018.

[20] 陈强. 高级计量经济学及 Stata 应用[M]. 2 版. 北京：高等教育出版社, 2014.